# الإعلام الإسلامي
## دراسة تأصيلية

بطاقة فهرسة

فهرسة أثناء النشر إعداد الهيئة العامة لدار الكتب والوثائق القومية

إدارة الشئون الفنية

البر، محمد موسى

الإعلام الإسلامي: دراسة تأصيلية /د. محمد موسى البر. ط1 – القاهرة: دار النشر للجامعات، 2010م.

ص، 24سم.

تدمك: 978 977 316 348 4

1-   الإعلام الإسلامي

أ- العنوان

306,4

تـاريخ الإصـدار:      1431هـ - 2010م

حقـوق الطبـع:      محفوظة للناشر

رقـم الإيـداع:      2010/2905

الترقـيم الـدولي:      ISBN: 978 - 977 – 316 – 348 - 4

الكـــود:      2/317

دار النشر للجامعات

ص.ب (130 محمد فريد) القاهرة 11518
ت: 26347976 – 26321753 ف: 26440094
E-mail: darannshr@link.net

# الإعلام الإسلامي
## دراسة تأصيلية

الدكتور

# محمد موسى البر

الأستاذ المشارك بكلية الدعوة والإعلام
ورئيس قسم الدعوة ونظم الاتصال – سابقًا
عميد عمادة شئون المكتبات
جامعة القرآن الكريم والعلوم الإسلامية
أم درمان – السودان

بِسْمِ اللَّهِ الرَّحْمَٰنِ الرَّحِيمِ

﴿وَلَقَدْ وَصَّلْنَا لَهُمُ الْقَوْلَ لَعَلَّهُمْ يَتَذَكَّرُونَ ﴿٥١﴾﴾

[القصص]

صدق الله العظيم

* * *

**قال ﷺ: « نضّر الله عبدًا سمع مقالتي فوعاها، ثم أدّاها لمن لم يسمعها، فرُبَّ حامل فقه لا فقه له، ورُبَّ حامل فقه إلى من هو أفقه منه، ثلاثة لا يغل عليهن قلب المؤمن: إخلاص العمل، وطاعة ذوي الأمر، ولزوم الجماعة؛ فإن دعوتهم تكون من وراءه ».**

(مسند أحمد:16800)

# إهـــداء

أهـدي هـذا الكتـاب ( الإعـلام الإسـلامي ) إلى الجيـل الصاعـد مـن المسلمين؛ ذلـك الجيـل الـذي يطمـح أن يعيـد الحيـاة الإسلامية سـيرتها الأولى، والـذي آل عـلى نفسـه أن يدافع عن المسلمين والإسلام بالبنان واللسان والسنان.

وذلك تبصيراً منـي بأهميـة الإعـلام في العصرـ الحـديث، وكيف أنه سلاح متقدم في معارك الثقافة والتوجيـه، لاسـيما وأن الحـرب النفسية الآن تعـد مـن أخطـر الحـروب، وأن الإعلام هو سلاح المعارك المعاصرة، وأن صرير الأقـلام أصبح أهم من أزيز ودويِّ المدافع.

كـذلك أهديـه إلى زمـلائي مـن قـادة الـرأي والتوجيـه، العاملين في ميادين الدعوة والإعلام والتربية والتعليم.

# مقدمة

يأتي هذا الكتاب في زمنٍ الأمة الإسلامية فيه في أمس الحاجة إلى التأصيل والمعاصرة، كما يأتي ولا نعلـم كتابًا أو بحثًا بهذا العنوان. وحيث كتب العلماء -الأقدمون منهم والمتأخرون- عن نظم الإسلام كلها؛ فـألفوا في: نظام الإسلام السياسي، ونظام الإسلام الاقتصادي، ونظام الإسلام التربوي، بل إن كـل الـنظم الإسلامية أخذت حظها من الدراسة. وجريًا وراء هذا التأليف جاء بحثنا هذا تحت عنوان: (الإعلام الإسلامي - دراسة تأصيلية). وهو مشروع ضخم يمكن للعلماء أن يضيفوا إليه حتى يكتمل، فلا أدعي أنني أتيت بالكمال في هذا البحث بل ما هي إلا محاولة، وأسأل اللـه أن يتقبلها مني.

لقد عشت فترة طويلة أقوم بتدريس الإعلام الإسلامي، وأساهم بالكتابة عن طريق المـنهج الإسلامي في إطار نظام الإعلام الإسلامي، فبدا لي أن أكتب هذا الكتاب حتى أسد فراغًا في المكتبة الإسلامية، والتي هـي في أشد الحاجة إلى سد ثغراتها، وودت أن ألفت النظر إلى نظام الإعلام الإسلامي، في زمن أصبح الإعلام فيه هو الذي يوجه الأمم في حالة الحرب والسلم. ومعروف أن كل الأمم لها نظمها الإعلامية التي تدافع عنها.

إن نظام الإعلام الإسلامي لم يكن وليد العصر، وإنما كان منذ أن صدع رسول اللـه ﷺ بهذا الدين، والإعلام من طبيعة القرآن والإسلام؛ لأن الدين الإسلامي بطبيعته دين إعلام وليس دين كتمان. فالإعلام الإسلامي بدأ مع رسول اللـه ﷺ إذ قال اللـه تعالى: ﴿هُوَ ٱلَّذِى بَعَثَ فِى ٱلْأُمِّيِّنَ رَسُولًا مِّنْهُمْ يَتْلُوا۟ عَلَيْهِمْ ءَايَٰتِهِۦ وَيُزَكِّيهِمْ وَيُعَلِّمُهُمُ ٱلْكِتَٰبَ وَٱلْحِكْمَةَ وَإِن كَانُوا۟ مِن قَبْلُ لَفِى ضَلَٰلٍ مُّبِينٍ ٢﴾ [الجمعة] .

لقد كان الطور السرِّي للدعوة الإسلامية في مكة طور استثنائي قصير، ومن ثم بدأت مسيرة الإسلام الإعلامية والإعلانية، فالعلن هو منهج الوحي وأسلوبه في خطاب الناس ونشر الحقائق، والوحي هو النبأ العظيم: ﴿عَمَّ يَتَسَآءَلُونَ ١ عَنِ ٱلنَّبَإِ ٱلْعَظِيمِ ٢ ٱلَّذِى هُمْ فِيهِ مُخْتَلِفُونَ ٣﴾ [النبأ]. حتى أن الراغب في دخول الإسلام يدخله بموقف إعلامي مشهود[1].

---

[1] انظر: مقال زين العابدين الركابي بعنوان "النظرية الإسلامية في الإعلام والعلاقات الإنسانية"، من كتاب" الإعلام الإسلامي والعلاقات الإنسانية - النظرية والتطبيق. أبحاث ووقائع اللقاء الثالث للشباب الإسلامي". الرياض، سنة 1396هـ - 1976م، ص 291 - 335 .

ومما دعاني لكتابة هذا الكتاب علمي أن الدين الإسلامي دين إعلامي بطبيعته؛ لأنه يقوم على الإفصاح والبيان عكس بعض الأديان الأخرى -كاليهودية مثلًا- التي لا تختص برسالة وتتذرع بالكتمان والسرية: ﴿إِنَّ ٱلَّذِينَ يَكۡتُمُونَ مَآ أَنزَلۡنَا مِنَ ٱلۡبَيِّنَٰتِ وَٱلۡهُدَىٰ مِنۢ بَعۡدِ مَا بَيَّنَّٰهُ لِلنَّاسِ فِي ٱلۡكِتَٰبِ أُوْلَٰٓئِكَ يَلۡعَنُهُمُ ٱللَّهُ وَيَلۡعَنُهُمُ ٱللَّٰعِنُونَ ﴿١٥٩﴾ إِلَّا ٱلَّذِينَ تَابُواْ وَأَصۡلَحُواْ وَبَيَّنُواْ فَأُوْلَٰٓئِكَ أَتُوبُ عَلَيۡهِمۡ وَأَنَا ٱلتَّوَّابُ ٱلرَّحِيمُ ﴿١٦٠﴾﴾ [البقرة] . والآيات التي يمكن أن ندلل بها على أهمية نظام الإعلام الإسلامي كثيرة، وكذلك الأحاديث التي تحثنا على الإعلام بهذا الدين، ومواقف رسول الله ﷺ توضح أن الإسلام له نظام إعلامي كامل لا يقل أهمية عن النظم الإسلامية الأخرى.

والآن دعت الحاجة إلى هذا النظام ليسهم في تشكيل الرأي العام المسلم، ويدافع عن الإسلام ويرد الحملات المعاصرة؛ إذ إن للإعلام الإسلامي مفهوم ووظائف وخصائص وأهداف.

وفي بحثنا هذا قدَّمت صورًا واقعية للإعلام الإسلامي، وتطبيقات قام بها رسول الله ﷺ. كما أصّلت لنظام الإعلام الإسلامي من الكتاب والسنة، ولأن الاتصال والإعلام من الأهمية بمكان كان لابد أن نضع ضوابط لنظام الإعلام الإسلامي، وهذه الضوابط تتمثل في: الضوابط العقدية، والشرعية، والأخلاقية، التي تميز نظام الإعلام الإسلامي عن غيره من النظم المعاصرة ، ففي هذه الطبعة المزيدة والمنقحة تم زيادة مبحث بعنوان: ضوابط أخلاقية.

أسأل الله أن يجعل لي بهذا الكتاب أجرًا، وينفعني وسائر المسلمين به، كما أسأله أن يكون ضربًا من ضروب الدفاع عن الإسلام والمسلمين، ومن المصدات التي تذب عن الإسلام كيد الإعلام المعاصر، وأن يتقبله مني ويثقل به موازين حسناتي ﴿إِلَّا مَنۡ أَتَى ٱللَّهَ بِقَلۡبٖ سَلِيمٖ ﴿٨٩﴾﴾.

[الشعراء]

**د. محمد موسى محمد أحمد البر**

# الفصل الأول

# مفهوم نظام الإعلام الإسلامي

ويحتوي على ثلاثة مباحث كما يلي :

المبحــث الأول : تعريف الإعلام الإسلامي

المبحث الثاني: أصول الإعلام الإسلامي

المبحث الثالث: مصطلحات إعلامية

\* \* \*

# المبحث الأول

## تعريف الإعلام الإسلامي

نستعرض في هذا المبحث بعض التعريفات للإعلام الإسلامي، والتي أوردها بعض العلماء المختصين في دراسة الإعلام الإسلامي والاتصال:

1- تزويد الجماهير بحقائق عن الدين الإسلامي المستمدة من كتاب الله وسنة رسوله ﷺ بصورة مباشرة، أو من خلال وسيلة إعلامية عامة، بواسطة قائمٍ بالاتصال لديه خلفية واسعة متعمقة في موضوع الرسالة التي يتناولها؛ وذلك بغية تكوين رأي عام يعنى بالحقائق الدينية، وترجمتها في سلوكه ومعاملاته[1].

2- الأصل في الإعلام الإسلامي أنه إعلام عام غير مخصص لمجتمع مسلم أو دولة إسلامية أو حكومة إسلامية؛ لكن واقع مجتمعاتنا الإسلامية يحتم علينا القول بأن الإعلام الإسلامي في ظروفنا المعاصرة هو صورة من صور الإعلام المتخصص؛ وهو الإعلام الديني[2].

3- إن مفهوم الإعلام الإسلامي عام في محتواه ووسائله، يلتزم في كل ما ينشره أو ما يذيعه أو ما يعرضه على الناس بالتصور الإسلامي للإنسان، والكون، والحياة المستمد أساسًا من القرآن الكريم وصحيح السنة النبوية، وما ارتضته الأمة من مصادر التشريع في إطارهما[3].

فالدين الإسلامي دين إعلامي بطبيعته، لأنه يقوم على الإفصاح والبيان، بخلاف بعض الأديان الأخرى كاليهودية مثلًا! التي لا تختص برسالة وتتذرع بالكتمان والسرية: ﴿إِنَّ ٱلَّذِينَ يَكۡتُمُونَ مَآ أَنزَلۡنَا مِنَ ٱلۡبَيِّنَٰتِ وَٱلۡهُدَىٰ مِنۢ بَعۡدِ مَا بَيَّنَّٰهُ لِلنَّاسِ فِي ٱلۡكِتَٰبِ أُوْلَٰٓئِكَ يَلۡعَنُهُمُ ٱللَّهُ وَيَلۡعَنُهُمُ ٱللَّٰعِنُونَ ١٥٩ إِلَّا ٱلَّذِينَ تَابُواْ وَأَصۡلَحُواْ وَبَيَّنُواْ فَأُوْلَٰٓئِكَ أَتُوبُ عَلَيۡهِمۡ وَأَنَا ٱلتَّوَّابُ ٱلرَّحِيمُ ١٦٠﴾ [البقرة].

4- كما يُعرَّف الإعلام الإسلامي بأنه: استخدام منهج إسلامي بأسلوب فني إعلامي، يقوم به مسلمون عالمون، عاملون بدينهم، متفهمون لطبيعة الإعلام ووسائله الحديثة

---

(1) الإعلام الإسلامي - الأصول والقواعد والأهداف، محيي الدين عبد الحليم، مؤسسة اقرأ الخيرية، طبعة 1992م، ص54.

(2) المسئولية الإعلامية في الإسلام، محمد سيد أحمد، الطبعة الأولى، القاهرة: مكتبة الخانجي، 1983م، ص 36.

(3) وظائف الإعلام الإسلامي، محمد محمد يونس، ورقة مقدمة إلى ندوة الإعلام الدولي وقضايا العالم الإسلامي، القاهرة: 28-29 نوفمبر 1998م.

وجماهيره المتباينة، يستخدمون تلك الوسائل المتطورة لنشر الأفكار المتحضرة والأخبار الحديثة والقيم والمبادئ والمثل للمسلمين ولغير المسلمين -في كل زمان ومكان- في إطار الموضوعية التامة، بهدف التوجيه والتوعية والإرشاد لإحداث التأثير المطلوب[1].

ويعد التعريف الأخير من أحسن التعريفات لمفهوم الإعلام الإسلامي، إذ إنه يشمل كافة مواصفات ووظائف الإعلام الإسلامي غير أنه لا يقلل من قيمة التعريفات السابقة.

* * *

---

(1) عبد الوهاب كحيل، الأسس العلمية والتطبيقية للإعلام الإسلامي، الطبعة الأولى (بيروت : عالم الكتب، 1985م) ص 29.

## المبحث الثاني

## أصول نظام الإعلام الإسلامي

الإعلام موجود منذ أن فتح الإنسان عينيه على حقائق الحياة، وهو موجود منذ بدأ البشر يتعرفون على بعضهم البعض: ﴿يَٰٓأَيُّهَا ٱلنَّاسُ إِنَّا خَلَقۡنَٰكُم مِّن ذَكَرٖ وَأُنثَىٰ وَجَعَلۡنَٰكُمۡ شُعُوبٗا وَقَبَآئِلَ لِتَعَارَفُوٓاْۚ إِنَّ أَكۡرَمَكُمۡ عِندَ ٱللَّهِ أَتۡقَىٰكُمۡۚ إِنَّ ٱللَّهَ عَلِيمٌ خَبِيرٞ ١٣﴾ [الحجرات] .

وأما الإعلام الإسلامي فقد بدأ مع رسول الله ﷺ على نحو ما جاء في الآية الكريمة: ﴿هُوَ ٱلَّذِي بَعَثَ فِي ٱلۡأُمِّيِّـۧنَ رَسُولٗا مِّنۡهُمۡ يَتۡلُواْ عَلَيۡهِمۡ ءَايَٰتِهِۦ وَيُزَكِّيهِمۡ﴾ [الجمعة:2]. وقبل ذلك نزل الوحي بالبيان الإعلامي: ﴿ٱقۡرَأۡ بِٱسۡمِ رَبِّكَ ٱلَّذِي خَلَقَ ١﴾ [العلق].

ولما كان الإسلام دينًا للإنسانية كافة أمر الله -سبحانه وتعالى- الرسول ﷺ أن يجهر بالدعوة؛ دعوة تلتمس سبيلها إلى القلوب بالموعظة الحسنة والكلمة الطيبة، والنذير المخلص.

لقد بدئ الرسول ﷺ باختياره للرسالة عن طريق الرؤى الصحيحة؛ فكانت تأتيه هادفة موجهة مستمرة بالنبأ العظيم، حتى جاء الوحي لرسول الله ﷺ في غار حراء بقول الله تعالى: ﴿ٱقۡرَأۡ﴾ فكانت هذه فاتحة الوحي، وهي وسيلة من وسائل الإعلام، لذلك فإن جبريل عليه السلام لما قال له (اقرأ). قال: (ما أنا بقارئ). فكان جواب جبريل عليه السلام: ﴿ٱقۡرَأۡ بِٱسۡمِ رَبِّكَ ٱلَّذِي خَلَقَ ١ خَلَقَ ٱلۡإِنسَٰنَ مِنۡ عَلَقٍ ٢﴾ [العلق] ، فعلم رسول الله ﷺ مهمته السامية بإعلامٍ من الملَك، وتوالت الأحداث وتتابعت، وتتابع إعلام الملَك لرسول الله ﷺ بقواعد هذا الدين العظيم، الدين الإسلامي، بقواعده وأحكامه وقصصه.

لقد كان الرسول ﷺ أميًّا، ولكنه الأميُّ الذكيُّ، فقد درس وبحث، فبدأ يعلم الناس هذا الدين، فأعلم به أول مَنْ أعلم: زوجه السيدة خديجة، ثم علي بن أبي طالب، ثم صعد سطح سلع (جبل بمكة) في مشهد إعلامي أصيل وهتف بأعلى صوته: يا معشر قريش.. إني رسول الله إليكم، فآمنوا بالله ورسوله. على هذه الصورة البسيطة الواضحة، ثم أعلم رسول الله ﷺ أهله وقومه بهذه الرسالة[1].

(1) نوال محمد عمر، دور الإعلام الديني في تغيير بعض قيم الأسرة الحضرية ، الطبعة الأولى: ( القاهرة : مكتبة نهضة الشارقة، 1985م ) ص 17.

وعلى أية حال فالطور السري للدعوة الإسلامية في مكة طور قصير استثنائي، ومن ثم بدأت مسيرة الإسلام الإعلامية والإعلانية، فالعلن هو منهج الوحي وأسلوبه في خطاب الناس ونشر الحقائق، والوحي هو النبأ العظيم ﴿عَمَّ يَتَسَآءَلُونَ ١ عَنِ ٱلنَّبَإِ ٱلْعَظِيمِ ٢ ٱلَّذِى هُمْ فِيهِ مُخْتَلِفُونَ ٣﴾ [النبأ]. ﴿قُلْ هُوَ نَبَؤٌا۟ عَظِيمٌ ٦٧ أَنتُمْ عَنْهُ مُعْرِضُونَ ٦٨﴾ [ص]. والنبأ لا يكون خفيةً ولا سرًّا لأن طبيعته الظهور والعلانية، والإنباء: هو الإعلام بكلام الله. وهو وظيفة الرسل: ﴿قَالَ يَٰٓـَٔادَمُ أَنۢبِئْهُم بِأَسْمَآئِهِمْ﴾ [البقرة:33]. وقال: ﴿وَنَبِّئْهُمْ أَنَّ ٱلْمَآءَ قِسْمَةٌۢ بَيْنَهُمْ كُلُّ شِرْبٍ مُّحْتَضَرٌ ٢٨﴾ [القمر]. وقال: ﴿وَٱتْلُ عَلَيْهِمْ نَبَأَ إِبْرَٰهِيمَ ٦٩﴾ [الشعراء]. وقال: ﴿وَٱتْلُ عَلَيْهِمْ نَبَأَ نُوحٍ﴾ [يونس:71]. وقال: ﴿وَأَوْحَيْنَآ إِلَيْهِ لَتُنَبِّئَنَّهُم بِأَمْرِهِمْ هَٰذَا وَهُمْ لَا يَشْعُرُونَ ١٥﴾ [يوسف].

ويتفق خبراء الإعلام على أن الإعلام إنما هو رسالة، بما ينطوي عليه من شُعَبٍ مترابطة هي:

1- جهة البث والإرسال.

2- جهة التلقي والاستقبال.

3- موضوع البث أو محتوى الرسالة.

4- حامل الرسالة.

والإسلام بطبيعته وبمقياس هذا المفهوم المتفق عليه رسالة إعلامية بالمعنى العلمي للتعبير:

فالله -سبحانه وتعالى- هو المرسل: ﴿إِنَّآ أَرْسَلْنَٰكَ بِٱلْحَقِّ بَشِيرًا وَنَذِيرًا﴾ [البقرة:119].

والناس هم جهة التلقي والإرسال: ﴿وَمَآ أَرْسَلْنَٰكَ إِلَّا كَآفَّةً لِّلنَّاسِ بَشِيرًا وَنَذِيرًا﴾ [سبأ:28]

والحق هو مضمون الرسالة: ﴿وَبِٱلْحَقِّ أَنزَلْنَٰهُ وَبِٱلْحَقِّ نَزَلَ﴾ [الإسراء:105].

وحامل الرسالة هو رسول الله ﷺ: ﴿يَٰٓأَيُّهَا ٱلرَّسُولُ بَلِّغْ مَآ أُنزِلَ إِلَيْكَ مِن رَّبِّكَ﴾ [المائدة:67].

ومعروف أن الراغب في الإسلام يبدأ فيه بموقف إعلامي مشهود، ويتلفظ بالشهادة (أشهد أن لا إله إلا الله)، وفي إبّان الحج رفع الصوت بالتلبية إعلام فردي وجماعي لطاعة الله والتزام أمره؛ إذ ليس لله حاجة في أن يرفع المؤمنون أصواتهم بالتلبية فهو سميع عليم يعلم

العلن ويعلم السر وأخفى؛ ولكن الإعلام بذلك ينبثق من طبيعة الإسلام الإعلامية، وجمعه المعجز بين الإخلاص الخفي والمظهر العلني.

ولقد كان القرآن آية إعلامية في نشر الدعوة الإسلامية[1]، نزل بالحق لتحقيق غرض معين هو: الدعوة إلى الله، وتثبيت عقيدة الوحدانية، ووضع التشريعات التي تنظّم بها شئون الدنيا والآخرة، سالكًا في ذلك جملة وسائل، منها: الحوار المنطقي، والقصة، والموعظة الحسنة، ومناقشة المواقف والقضايا التي تعرض للناس.

ولما كان الإعلام علمًا يحتاج إلى ثقافة عامة ومتنوعة يستوعب كل اهتمامات الإنسان بقدر معلوم، فإن في وسعنا القول بأن القرآن قد جمع بين دفتيه الأطراف المطلوبة لهذه الثقافة المتنوعة، بحكم أن الدين الإسلامي دين إعلامي بطبيعته يقوم على الإفصاح والبيان بعكس بعض الأديان الأخرى.

**وخلاصة القول:**

إنّ أصول الإعلام الإسلامي تنبثق من طبيعة هذا الدين[2].

لقد وجه الأمر بالإعلام بهذا الدين وتبليغه للبشرية إلى الرسول ﷺ بأن يدعو إلى سبيل الله بالحكمة والموعظة الحسنة، فكان أمرًا للناس جميعًا بعموم التكليف والاقتداء بالرسول ﷺ[3]، ﴿لَّقَدْ كَانَ لَكُمْ فِي رَسُولِ اللَّهِ أُسْوَةٌ حَسَنَةٌ لِّمَن كَانَ يَرْجُوا اللَّهَ وَالْيَوْمَ الْآخِرَ وَذَكَرَ اللَّهَ كَثِيرًا ٢١﴾ [الأحزاب].

والذي يقرأ القرآن بتدبر يقف حتمًا عند الآيات التي تحدثت عن البلاغ والإنذار والتبشير والإخبار، وما أكثرها، ويكفي أن نعرف الآيات التي استعملت كلمة (اعلم، وعلم) وما يشتق منها، وقد تجاوزت السبعمائة آية، تكررت بقية الكلمات مرات عديدة، **منها على سبيل المثال:** ﴿أُبَلِّغُكُمْ رِسَالَاتِ رَبِّي وَأَنصَحُ لَكُمْ وَأَعْلَمُ مِنَ اللَّهِ مَا لَا تَعْلَمُونَ ٦٢﴾ [الأعراف].

﴿لِيَعْلَمَ أَن قَدْ أَبْلَغُوا رِسَالَاتِ رَبِّهِمْ﴾ [الجن:28].

---

(1) زين العابدين الركابي، مرجع سابق، ص 303.

(2) عبد العزيز شرف، السيرة النبوية والإعلام الإسلامي (القاهرة: مكتبة مصر، 1977م) ص 34.

(3) المرجع نفسه، ص 34.

﴿ هَٰذَا بَلَٰغٌ لِّلنَّاسِ وَلِيُنذَرُوا۟ بِهِۦ وَلِيَعْلَمُوٓا۟ أَنَّمَا هُوَ إِلَٰهٌ وَٰحِدٌ ﴾ [إبراهيم:52] .

لهذا فالقرآن هو الرسالة الإعلامية المقدسة، وهو معجزة الإسلام الخالدة، وهو الدستور الشامل الجامع المنظم لشئون المسلمين في الأمور كلها، ومن ثم هو المرجع الرئيسي للنشاط الإعلامي الذي ينظم للدعاة خططهم ويحدد مجالات نشاطهم ويحقق أهدافهم، ويستطيع القائم بالاتصال أن ينهل منه ليدعم الحقيقة ويستعين في معالجة قضايا المجتمع المعاصرة.

والباحث المدقق سيجد أن الله ما بعث رسولًا إلا لإبلاغ العالم برسالة الإسلام، وقد حمل ﷺ أمانة الدعوة بكل تجرد وإخلاص من خلال منهج إعلامي متميز، أبرزته دوائر المعارف العالمية، واعترف به المستشرقون المنصفون. منهج يجب أن نقف عنده لنستخلص منه النتائج والعبر ونتعرف من خلاله على الأساليب التي حقق بها هذا الإنجاز، وهو المنهج الذي حدده الحق عز وجل في قوله: ﴿ قُلْ هَٰذِهِۦ سَبِيلِىٓ أَدْعُوٓا۟ إِلَى ٱللَّهِ ۚ عَلَىٰ بَصِيرَةٍ أَنَا۠ وَمَنِ ٱتَّبَعَنِى ﴾.

[يوسف: 108]

إن الجهود الإعلامية التي أنجزها رسول الله ﷺ لتكون أصولًا لنظام الإعلام الإسلامي تؤكد الدور الكبير الذي اضطلع به الإعلام في هذا الصدد وهي جهود استرعتْ انتباه الخبراء والباحثين، وقد حدد الله له ركائز هذا المنهج في كلمات دقيقة واضحة لا تحتمل لبسًا ولا غموضًا في العديد من الآيات الكريمة، منها قوله عز وجل: ﴿ يَٰٓأَيُّهَا ٱلنَّبِىُّ إِنَّآ أَرْسَلْنَٰكَ شَٰهِدًا وَمُبَشِّرًا وَنَذِيرًا ﴿٤٥﴾ وَدَاعِيًا إِلَى ٱللَّهِ بِإِذْنِهِۦ وَسِرَاجًا مُّنِيرًا ﴿٤٦﴾ ﴾ [الأحزاب] وقوله تعالى: ﴿ يَٰٓأَيُّهَا ٱلرَّسُولُ بَلِّغْ مَآ أُنزِلَ إِلَيْكَ مِن رَّبِّكَ ۖ وَإِن لَّمْ تَفْعَلْ فَمَا بَلَّغْتَ رِسَالَتَهُۥ ﴾ [المائدة:67] ، وغيرها من الآيات الكثيرة التي تصلح أن تكون أصلًا من أصول الإعلام الإسلامي[1].

وقد استعرض الدكتور سامي عبدالعزيز الكومي في كتابه (تاريخ وسائل الاتصال -الجزء الأول) أصول الإعلام الإسلامي؛ لذا سوف أستعرض ما جاء فيه باختصار:

بدأ باستعراض البلاغ والدعوة، وذكر أن البلاغ في كتب اللغة وفي القرآن الكريم من معنى الإعلام في العصر الحديث، يقول ابن منظور في (لسان العرب): **والإبلاغ**: الإيصال.

---

(1) محيي الدين عبد الحليم، إشكاليات العمل الإعلامي بين الثوابت والمعطيات العصرية ، الطبعة الأولى (قطر، وزارة الأوقاف والشئون الإسلامية ، 1988م ) ص 60-61.

وكذلك التبليغ، والاسم منه: البلاغ. **ونقول**: في هـذا بلغة وتبلغ. أي: كفاية. **والبلاغ**: في (المعجم الوسيط): أبلغه الشيء أو أبلغه إليه: أوصله إليه. والبلاغ ما يتوصل به إلى الكفاية. **ويقال**: في هـذا الأمر بلاغ. أي: كفاية. **والبلاغ**: ما ذاع في رسالة ونحوها. **والبلاغ** مهمة الرسول واتباعه من بعده، **والبلاغ** يشمل الإقناع والشرح والبيان والتوضيح (وهي مهمة الإعلام)، ووصف البلاغ في القرآن بأنه البلاغ المبين.

وقد ورد البلاغ في آيات كثيرة في القرآن الكريم كقوله تعالى: ﴿إِنَّ ٱلدِّينَ عِندَ ٱللَّهِ ٱلْإِسْلَٰمُ وَمَا ٱخْتَلَفَ ٱلَّذِينَ أُوتُوا۟ ٱلْكِتَٰبَ إِلَّا مِنۢ بَعْدِ مَا جَآءَهُمُ ٱلْعِلْمُ بَغْيًۢا بَيْنَهُمْ وَمَن يَكْفُرْ بِـَٔايَٰتِ ٱللَّهِ فَإِنَّ ٱللَّهَ سَرِيعُ ٱلْحِسَابِ ۝ فَإِنْ حَآجُّوكَ فَقُلْ أَسْلَمْتُ وَجْهِىَ لِلَّهِ وَمَنِ ٱتَّبَعَنِ وَقُل لِّلَّذِينَ أُوتُوا۟ ٱلْكِتَٰبَ وَٱلْأُمِّيِّۦنَ ءَأَسْلَمْتُمْ فَإِنْ أَسْلَمُوا۟ فَقَدِ ٱهْتَدَوا۟ وَّإِن تَوَلَّوْا۟ فَإِنَّمَا عَلَيْكَ ٱلْبَلَٰغُ وَٱللَّهُ بَصِيرٌۢ بِٱلْعِبَادِ ۝﴾ [آل عمران]. ويقول تعالى: ﴿قُلْ أَطِيعُوا۟ ٱللَّهَ وَأَطِيعُوا۟ ٱلرَّسُولَ فَإِن تَوَلَّوْا۟ فَإِنَّمَا عَلَيْهِ مَا حُمِّلَ وَعَلَيْكُم مَّا حُمِّلْتُمْ وَإِن تُطِيعُوهُ تَهْتَدُوا۟ وَمَا عَلَى ٱلرَّسُولِ إِلَّا ٱلْبَلَٰغُ ٱلْمُبِينُ ۝﴾ [النور].

جاء في كتاب (الإعلام قراءة في الإعلام المعاصر والإعلام الإسلامي) تحت عنوان "مصادر الإعلام الإسلامي" ما يمكن أن يكون أصولًا للإعلام الإسلامي نثبته هنا باختصار:

**المقصود بالمصادر**: الأصول. وهي تتمثل في: القرآن الكريم، والسنة التي تشرح القرآن وتبين مقاصده، والسيرة النبوية، والتجارب، والقصص، والإنتاج البشري.

**أولاً: القرآن الكريم:**

يعد القرآن الكريم المصدر الأول لنظام الإعلام الإسلامي، وذلك بما يتضمنه من أحكام وتعاليم وآداب وأخلاق، يلتزم بها الإعلام -وكذلك كل شخص- وهذا المصدر يجعل الرسالة الإعلامية في الإسلام تتسم بالثبات؛ حيث إن مصدرها الله رب العالمين -بخلاف رسالات الإعلاميين الأُخَر- فيكون فيها دور القائمين بالاتصال هو مجرد نقل وتبليغ الرسالة دون أية إضافة أو تحريف، ولهذا يجب أن يكونوا على أعلى درجات الصدق والحذر واليقظة التامة.

أما في نظام الإعلام الإسلامي فلا يكون الالتزام فقط بالقول وإنما بالعمل أحيانًا، فمن الضروري بيان وجوب هذا الالتزام وحكمته وآثاره الطيبة من خلال وسائل الإعلام على اختلافها وتنوعها، وهذا هو المجال الأول بالنسبة للإعلام.

**أما المجال الثاني:** فهو ندب الناس إلى المثل الأعلى بعد التزامهم بالحد الأدنى، أو ندب الناس إلى الفضل بعد أدائهم الحق والتزامهم به، أو ندب الناس إلى التوجيه بعد أدائهم التشريع والتزامهم به، من خلال مختلف الوسائل. وهو أمر لا يقدر عليه غير الإعلام.

**أما المجال الثالث:** فهو عرض القصص القرآني والمثل القرآني في حدود ما يسمح به الشرح، وذلك من خلال الوسائل والأساليب الملائمة. وهذا المجال -إن أُحْسِن استخدامه بغير خروج على القواعد- يشغل الناس بالحق بدلا من أن يشغلهم بالباطل، ويؤدي القصص والمثل القرآني دورًا مهمًا في التربية وفي التوجيه، بل وفي التشريع[1].

ثانيًا : السنة والسيرة النبوية:

المعروف أن القرآن جاء مجملًا في قضاياه والتفصيل والبيان تولته السنة، ونشير هنا إلى آيات كثيرة يأمرنا الله فيها بأن نطيع الرسول ﷺ؛ لأن طاعته من طاعة الله: قال تعالى: ﴿مَّن يُطِعِ ٱلرَّسُولَ فَقَدۡ أَطَاعَ ٱللَّهَ﴾ [النساء:80] وقال تعالى: ﴿وَمَآ ءَاتَىٰكُمُ ٱلرَّسُولُ فَخُذُوهُ وَمَا نَهَىٰكُمۡ عَنۡهُ فَٱنتَهُواْ﴾ [الحشر:7].

وما قيل عن الكتاب من أنه مصدر وأصل لنظام الإعلام الاسلامي يقال كذلك عن السيرة النبوية كما يقال عن السنة؛ من التزام الأحكام وبث الالتزام من خلال وسائل الإعلام، ورفع الناس إلى المثل الأعلى، والاستفادة من القصص والأمثال الواردة بالسنة.

فإذا عدنا إلى سيرة الرسول ﷺ وسيرة تلك النماذج الإسلامية من الصحابة والتابعين نجد فيها المورد الخصب الثر الذي يمكن أن تعرضه وسائل الإعلام في حدود المشروع، بعيدًا عن طريق الترخص والتبذل والإسفاف والمخالفة الشرعية.

ثالثًا : التجارب والقصص والإنتاج البشري :

وهي تجارب من سبقونا بالإيمان، والتي تعرض مثلًا وقدوة وعبرة وتلتَزمُ فيها القواعد الشرعية، فالقصص اعتمد عليها القرآن كوسيلة في سبيل الدعوة والاتصال الجماهيري، وبعد انقطاع الوحي ووفاة الرسول ﷺ مضى المسلمون في طريقة القصص القرآنية التي تعتمد على الصدق، خلافًا لغيرها من القصص التي ربما تضمنت بعض الكذب، مما يجعلها تحتاج إلى تمحيصٍ واجتهادٍ في شرعيتها وإمكانية عرضها والطريقة التي يمكن أن تعرض بها.

---

(1) علي جريشة ، نحو إعلام إسلامي ، (القاهرة : مكتبة وهبه ، 1989م ) ص 89.

وهنالك الإنتاج البشري الذي يحتاج إلى الضبط بالقواعد العقدية والشرعية والخلقية، بحيث لا يعـرض ما يتنافى والعقيدة والشرع أو يخدش الأخلاق [1].

*  *  *

(1) علي جريشة ، نحو إعلام إسلامي (القاهرة : مكتبة وهبة ، 1989م ) ص 9.

المبحث الثالث

مصطلحات إعلامية

أولاً : مصطلح الإعلام:

أ - مفهوم الإعلام في اللغة:

الإعلام قديم النشأة؛ صَاحَبَ الجماعة البشرية منذ تكوينها، وتطور بتطور الفكر البشري، وصار إلى ما صار إليه في عصرنا الحاضر بسبب التقدم العلمي والصناعي، ولكن جوهره الذي يقوم عليه والدعامة التي يرتكز عليها هي الكلمة -منطوقة أو مكتوبة- أو ما ينوب عنها من أصوات ورموز.

**ويمكن تعريفه بأنه**: تبليغ ما يراد تبليغه بوسيلة الكلام أو ما يقوم مقامه من رموز وإشارات[1].

**والإعلام في اللغة**: مشتق من أعلم، **يقال**: أعلمه إعلامًا بمعنى أخبره إخبارًا[2].

والمعروف أن الإعلام قديم قدم الإنسان وقدم المجتمع البشري، فمنذ أن وجد الإنسان على هذا الكوكب استخدم بعض الحركات -الشكل البدائي للإعلام- قبل أن يهتدي الإنسان إلى اللغة، ثم وُجد بشكله البسيط المتمثل في نقل الأخبار والمعلومات بصورة موضوعية. **فالإعلام من حيث اللغة يعني**: إخبار أو إطلاع الآخرين. ويحوي معنى التعليم، وهو يعني بالإنجليزية: Information. أي: المعلومات[3].

جاء في "معجم محيط المحيط" لبطرس البستاني: **الإعلام في اللغة**: مصدر أعلم، وأعلمت كأذنبت، **ويقال**: استعلم لي خبر فلان وأعلمنيه حتى أعلمه، واستعلمي الخبر، وأعلم الفارس، جعل لنفسه علامة الشجعان وأعلم الفرس علق عليه صوفًا أحمر أو أبيض في الحرب وأعلم نفسه وسمها بسيماء الحرب[4].

(1) أحمد عبد العزيز المبارك، أجهزة الإعلام ودورها في توجيه المجتمع ( أبو ظبي : دائرة القضاء الشرعي، 1977م ) س67.

(2) رشاد شحاتة أبو زيد، مسئولية الإعلام الإسلامي، الطبعة الأولى ( القاهرة : دار الفكر العربي، 1999م ) ص8.

(3) رشاد عبد اللطيف، تنمية المجتمع وقضايا العالم التربوية، دار المعرفة الجامعية، ص 135.

(4) بطرس البستاني، محيط المحيط، مادة علم، ص 639.

ب - مفهوم الإعلام في الاصطلاح:

1- الإعلام هو إحاطة الرأي العام علمًا بما يجري من أمور وحوادث سواء في الشئون الداخلية أو الخارجية[1].

2- هو نشر الأخبار والآراء على الجماهير[2].

3- تزويد الناس بالأخبار الصادقة والمعلومات الصحيحة والحقائق الثابتة التي تساعد الناس على تكوين رأي صائب في واقعة معينة[3].

4- النقل الحر والموضوعي للأخبار والمعلومات بإحدى الوسائل الإعلامية، أو نقل الأخبار والوقائع بصورة صحيحة[4].

وإذا كان لفظ الإعلام قد شاع في هذه الأيام كنتاج لحضارة العصر ـ وإمكانيّاته الاتصالية فإن ذلك لا يعني أن الإعلام ظاهرة حديثة.

ثانيًا : مصطلح الدعوة:

هناك علاقة قوية بين مصطلح الدعوة ومصطلح الإعلام، لاسيما الإعلام الإسلامي، ولابد إذن أن نعرف الدعوة، ونحدد العلاقة بين الدعوة والإعلام الإسلامي، ونحدد العلاقة بين هذين المصطلحين وما لهما من علاقة وثيقة بعنوان هذا الكتاب: ( الإعلام الإسلامي - دراسة تأصيلية).

**الدعوة لغة:** النداء للمشاركة في شيء، أو هي التجمع على شيء[5].

**جاء في كتاب الرسول ﷺ الذي بعث به دحية بن خليفة إلى هرقل ما نصه:**

بسم الله الرحمن الرحيم

من محمد بن عبد الله ورسوله إلى هرقل عظيم الروم، سلام على من اتبع الهدى.

أما بعد.. فإني أدعوك بدعاية الإسلام، أسلم تسلم يؤتك الله أجرك مرتين، فإن توليت

---

(1) جمال عفيفي ، جريدة الصحافة، طبع 1971م ، ص 26.

(2) إبراهيم إمام ، العلاقات العامة والمجتمع ( القاهرة ، مكتبة الأنجلو ، 1981م ) ص 316.

(3) ضوابط الإعلام في الشريعة الإسلامية وأنظمة المملكة العربية السعودية ، الرياض ، 1979م ، ص 4.

(4) محمد عبد القادر، دور الإعلام في التنمية، وزارة الثقافة والإعلام، 1982م. ص 102.

(5) القاموس المحيط، تاج العروس ، ترتيب القاموس المحيط ولسان العرب.

فعليك إثم الأريسيين.. ﴿قُلۡ يَٰٓأَهۡلَ ٱلۡكِتَٰبِ تَعَالَوۡاْ إِلَىٰ كَلِمَةٍ سَوَآءِۭ بَيۡنَنَا وَبَيۡنَكُمۡ أَلَّا نَعۡبُدَ إِلَّا ٱللَّهَ وَلَا نُشۡرِكَ بِهِۦ شَيۡـًٔا وَلَا يَتَّخِذَ بَعۡضُنَا بَعۡضًا أَرۡبَابٗا مِّن دُونِ ٱللَّهِۚ فَإِن تَوَلَّوۡاْ فَقُولُواْ ٱشۡهَدُواْ بِأَنَّا مُسۡلِمُونَ ٦٤﴾ [آل عمران].

والكتاب رسالة دعوية أثَّرت في الرومان وأهل الشام ومشركي قريش [1].

**كما كتب رسول الله ﷺ:**

من محمد بن عبد الله إلى كسرى عظيم الفرس، سلام على من اتبع الهدى وآمن بالله ورسوله وشهد أن لا إله إلا الله وحده لا شريك له وأن محمدًا عبده ورسوله.. وأدعوك بدعاء الله، فإني أنا رسول الله إلى الناس كافة لأنذر من كان حيًا ويحق القول على الكافرين، فأسلم تسلم، فإن أبيت فإن إثم المجوس عليك [2].

**وإلى المقوقس كتب رسول الله ﷺ:**

بسم الله الرحمن الرحيم

من محمد بن عبد الله ورسوله إلى المقوقس عظيم القبط، سلام على من اتبع الهدى، أما بعد فإني أدعوك بدعاية الإسلام.. إلخ [3].

فهذه أمثلة لكتب رسول الله ﷺ إلى الملوك والزعماء ورؤساء القبائل في ذلك الزمان، وكان يبدؤها بقوله: أدعوك بدعاية الإسلام. فكان لرسائله ﷺ ردود فعل سجلت في كتب السيرة، وكان لها آثارها الواضحة.

هكذا نجد كلمة دعاية تتكرر في رسائل الرسول ﷺ في حملته الإعلامية الكبرى إلى العالم في السنة السادسة للهجرة، وظلت كلمة دعاية من الكلمات الطيبة التي ما زالت تحمل نفس المعاني السامية في المفهوم الإسلامي [4].

وكلمة دعاية مشتقة من نفس الفعل دعا يدعو بمعنى الاستجابة والترغيب والتحبيب والحث على نشر القيم والمبادئ، وأن هذا الاصطلاح من أقدم المصطلحات الإسلامية التي

(1) انظر الإمام محمد أبو زهرة ، خاتم النبيين ﷺ ، المجلد الثاني ، بدون طبعة (دار الفكر العربي 1977م) ص 97 وما بعدها.

(2) المرجع نفسه، ص 974.

(3) المرجع نفسه، ص 979.

(4) إبراهيم إمام ، أصول الإعلام الإسلامي ، بدون طبعة ( القاهرة : دار الفرقان العربي ، 1977م ) ص ص 26-27.

جاءت في القرآن والسنة المطهرة[1].

**وعليه يمكننا القول:** إن الدعاية في كتابات الرسول ﷺ تعني الدعوة.

**وثمة تعريفات للدعوة لبعض العلماء**، منها أنها تعني: (قيام بعض العلماء والمستنيرين في الدين بتعليم الجمهور من العامة ما يبصرهم بأمور دينهم ودنياهم على قدر الطاقة)[2].

**وتعني كذلك:** (برنامج كامل يضم في أطوائه جميع المعارف التي يحتاج إليها الناس ليبصروا الغاية من محياهم وليستكشفوا معالم الطريق التي تجمعهم راشدين)[3].

**ويعرفها الدكتور أحمد غلوش بأنها:** (العلم الذي تعرف به كافة المحاولات الفنية المتعددة الرامية إلى تبليغ الناس الإسلام بما حوى من عقيدة وشريعة وأخلاق)[4].

**وتعريف آخر يقول:** (هي قيام مَن عنده أهلية النصح الرشيد والتوجيه السديد من المسلمين في كل زمان ومكان بترغيب الناس في الإسلام، اعتقادًا ومنهجًا، وتحذيرهم من غيره بطرق مخصوصة)[5].

**جاء في كتاب الإعلام في صدر الإسلام:** أن دعوة الإسلام انتشرت بالوسائل المعروفة في ذلك الوقت، ولكن كان الدعاة وقت ظهور الرسول ﷺ لا يعرفون هذه المصطلحات الحديثة - الإعلام، والاتصال بأنواعه الثلاثة: الشخصي والجمعي والجماهيري- وقد استخدموا مكانها المصطلح المعروف عندهم بمصطلح الدعوة، الذي يراد به الترغيب وبمعنى آخر الدعاية له، ونحن نعلم علم اليقين أن الرسول ﷺ كان مسئولًا أمام ربه عن عمل واحد فقط هو الإعلام أو التبليغ[6].

**ثالثًا : مصطلح الدعاية :**

يرى صاحب كتاب لسان العرب أن الدعاية والدعوة مترادفان؛ **حيث يقول** ﷺ **في كتابه إلى هرقل:** أدعوك بدعاية الإسلام أي بدعوته، وهي كلمة الشهادة التي يدعى لها أهل الملل الأخرى الكافرة، وفي رواية: "بدعاء الإسلام". وهو مصدر بمعنى الدعوة كالعاقبة، ودعا

(1) المرجع نفسه، ص 25.

(2) أبو بكر ذكري ، الدعوة إلى الإسلام، ص 8.

(3) محمد الغزالي ، الدعوة إلى الإسلام، ص 14.

(4) أحمد غلوش ، الدعوة الإسلامية أصولها ووسائلها ، ص10.

(5) أبو المجد نوفل ، الدعوة إلى الله ، ص 19.

(6) عبد اللطيف حمزة ، الإعلام له تاريخه ومذاهبه ، ص 104.

الرجل دعوةً ودعاء ناداه، والاسم: الدعوة. ودعوت فلانًا أي صحت به واستدعيته.

**والدعاية** يقصد بها عملية الإشارة النفسية بقصد الوصول إلى تلاعب معين في المنطق، فإذا بنا إزاء استجابة لا يمكن أن تحدث لو لم تحدث هذه الإشارة العاطفية، والدعاية بهذا المعنى لا تفترض سوى التلاعب بالمنطق. وكما تتجه إلى الصديق فإنها تتجه إلى غير الصديق [1].

وتشترك الدعاية مع التعليم والإعلام والتوعية في هدف التأثير في اتجاهات الرأي العام، بيد أنها تختلف عنها في محاولتها خَلقَ رأي عام تستطيع أن تفعل فيه غايتها التأثيرية في الأفراد والجماعات للوصول إلى نتائج معينة، تسعى إليها الجهة القائمة بالدعاية دون الاهتمام بالوسائل التي تؤدي هذه الغاية.

**وقد عرفها الترليبيان بأنها:** محاولة التأثير في عقول الجماهير ونفوسهم، والسيطرة على سلوكهم؛ لأغراض مشكوك فيها بتعابير غير علمية، أو مشكوك فيها في مجتمع معين، وفي زمن معين، وهي قد تلجأ في سبيل تحقيق أغراضها إلى الكذب والتضليل اختلاق الأخبار، وإخفاء مصادرها لتحقيق انقياد الجماهير تطبيقيًّا خلف أهدافها [2].

**يرى الدكتور عبد اللطيف حمزة أن الدعاية هي:** (محاولة التأثير في الأفراد والجماهير والسيطرة على سلوكهم لأغراض مشكوك فيها، وذلك في مجتمع معين وزمان معين ولهدف معين) [3].

\* \* \*

---

(1) عبد الوهاب كحيل، الأسس العلمية، مرجع سابق، ص 29 .

(2) عبد الوهاب، مرجع سابق، ص 28.

(3) عبد اللطيف حمزة، الإعلام له أصوله ومذاهبه.

الفصل الثاني

خصائص نظام الإعلام الإسلامي

# الفصل الثاني
## خصائص نظام الإعلام الإسلامي

لنظام الإعلام الإسلامي خصائص تجعله يختلف عن غيره من أنواع الإعلام. وهذا البحث يثبت الخصائص التي أوردها الدكتور محمد منير سعد الدين في كتابه (قراءة في الإعلام المعاصر والإعلام الإسلامي) وهذا عرض له باختصار:

**أولاً: إعلام قاعدته الحرية وقمته المسئولية:**

في النظام الإسلامي تعد الحرية أساس النظام السياسي، وهي قاعدة لنظامه الإعلامي، والحرية فطرة لا يُصَادرها الإسلام، ونظام الإعلام الإسلامي إذا كان قاعدته الحرية فالمسئولية هي قمته، حتى لا تنطلق الحرية بدون ضوابط، ومن هذه الضوابط: العقيدة، والأخلاق، وعدم المساس بالآخرين. وهي خصيصة يمتاز بها نظام الإعلام الإسلامي دون نظام الإعلام الغربي الذي يعد إعلامًا إباحيًا وفاسدًا، والإعلام الإسلامي يتوسط ويتمثل التوازن، وفلسفة نظام الإعلام الإسلامي لا يمكن أن تتم إلا ضمن أطر سلوكية وأخلاقية معينة محددة، ومن خلال محاسبة النفس وإحياء الضمير والوازع الديني في الإنسان، ومن خلال المحاسبة والمساءلة التي فرضها الإسلام وأصلح بها الحياة في شتى نواحيها، فإن النفس الإنسانية إذا تُرِكَتْ لشهواتها انحرفت وفتنت، وليس شيء أضر لها من أن تأمن الحساب وتغدو بعيدة عن يد القانون فيلعب بها الهوى ويوردها موارد الهلاك، ولذلك أقام فيها الإسلام رقيبين يكمل أحدهما الآخر، **أما الأول:** فواعظ الإيمان في قلب كل مسلم يحاسبه ويسدده ويرغبه في مرضاة الله ويخوفه عذابه.

**الثاني:** القانون والمحاسبة: وفيهما يكون كلُّ إنسان مسئولًا عما أوكل إليه، والقانون في الإسلام فرض هيبته على العامة والخاصة [1]، كما أن المحاسبة فيه تسير بالإنسان دائمًا نحو الأفضل وتجعله رقيبًا على نفسه وتحفظه من القول وتسمو به نفسيًا وروحيًا وأخلاقيًا واجتماعيًا وبدنيًا وفكريًا [2].

**ثانيًا: إعلام حرمات وحقوق:**

**والحرمات هي:** حرمة الدين، وحرمة العرض، وحرمة النفس، وحرمة العقل، وحرمة المال، وقد حافظ الشارع على الضرورات الخمس، وهي: الدين، والنفس، والعرض، والعقل، والمال؛ أوجدها وأصلحها وأكملها، وأبعد عنها الموانع ودرأ عنها المفاسد، فأي

---

(1) أحمد محمد العسال ، النظام الاقتصادي في الإسلام ( القاهرة : مكتبة وهبة ، 1977م ) ص 145.

(2) محمد منير سعد الدين ، الإعلام قراءة في الإعلام المعاصر والإعلام الإسلامي .

عمل يخل بها أو يهدمها محرم وعلى المسلم أن يتجنبه.

وفي ظل نظام الإعلام الإسلامي لا يتصور أن يتولاه من يرفض الدين أو يسخر منه، أو من رجاله أو أحكامه، أو يثير حوله الشبهات، أو ينتهك الأعراض، أو يفسد الأخلاق، ويثير الغرائز من خلال إثارة الفن الرخيص[1].

والإسلام يقدر المسئولية ويحافظ على حقوق الفرد في مواجهة الآخرين، وللإسلام ضوابط للإعلام، منها: أن الإعلام يخدم المبدأ ولا يخدم النظام، كما أنه يكون في خدمة الإسلام ولا عكس، وعندما يكون الإعلام إسلاميًا فإن المشرفين عليه يستندون إلى أحكام الشرع في كل ما يقال ويعلن، ولذلك فإن من يكون همه حمل الرسالة السامية إلى العالم لن يجد الوقت الكافي لديه لنشر المهاترات وسفاسف الأمور لملء الفراغ، أو لإلهاء الرعية، ولا فراغ عند الوسيلة الإعلامية. ونظام الإعلام الإسلامي لا يكذب، ولا يتملق، ولا يحرّف، ولا يتلون، ولا ينافق، ولا يستجدي، ولا يخشى في الحق لومة لائم، وهو بالتالي يعلِّم الناس القيم والفضائل، ولا ينشر الفضائح والرذائل، ويعمل على احترام عقول الناس، ويحترم العادات والمشاعر التي تنسجم مع الشرع الإسلامي، وهو يقف مع المظلومين ويحاسب المسئولين[2].

ثالثًا: إعلام ملتزم بالإسلام وأخلاقه:

إنّ الإعلام الوضعي المعاصر انفصل عن الدين لأسباب كثيرة، فالذي يميز نظام الإعلام الإسلامي ارتباطه بالإسلام عقيدة وشريعة وأخلاقًا، وهذا الذي يجعل الإعلام الإسلامي إعلام صدق وأمانة، وثقة ودقة، وشمولية، وموضعية، ولذلك لابد أن يكون إعلامًا أخلاقيًا إسلاميًا، ولا يكون الإعلام كاملًا إلا بأخلاق الشمول الموضوعي؛ نقصد به بيان أن الجميع سواءٌ أمام أحكام الإسلام؛ غنيهم وفقيرهم وشريفهم ووضيعهم، ولا استثناء لأحد، كما لا يكمل إلا بالشمول المكاني، أعني به شمول الإسلام كشريعة لكل أرض الإسلام أو شموله كدعوة لكل العالم[3].

والنشاط الإعلامي في الإسلام خلاف النشاط الإعلامي في النظم الوضعية؛ إذ له طابع تعبدي وهدف سامي ويجعل الرقابة على ممارسة هذا النشاط رقابة ذاتية.

ونظام الإعلام الإسلامي يركز على الأخلاق لأنها ضرورة من ضروريات الحياة والوجود الإنساني.

---

(1) زغلول راغب النجار، أزمة التعليم المعاصر وحلولها الإسلامية، المعهد العالمي للفكر الإسلامي 1990م ، ص135.

(2) عابد الشعراوي، تدوين الفكر الإعلامي في العالم (بيروت : دار النهضة الإسلامية 1989م ) ص 141.

(3) علي جريشة ، نحو إعلام إسلامي ، مرجع سابق، ص 87.

لقد قدم الإسلام للإنسانية دستورًا أخلاقيًا شاملًا تنظمه نظرية مفصلة، توضح كل العناصر الضرورية اللازمة لتكوين فكرة دقيقة عن الطريقة التي ينبغي أن تصور بها معاني الأخلاق، والنظرية الإسلامية في الأخلاق نظرية فريدة، عمدتها الالتزام والمسئولية والجزاء، ولها حد أدنى من الأخلاق الفاضلة تخص الإنسان العادي، وما زاد فهو كمال يحث عليه القرآن الكريم ويدعو إليه.

وتعد الأخلاق الفاضلة أساسًا مهمًا من أسس العملية الإعلامية ونظام الإعلام الإسلامي في كل أبعاده إعلام أخلاقي.

رابعًا: إعلام مستقل رافض للتبعية:

إنّ نظام الإعلام الإسلامي يتميز باستقلاليته ورفضه للهيمنة، وهو ذاتي الانطلاق ويرفض أشكال التبعية، كما أنه عالمي التوجّه ودعوته عالمية، وهو بهذا يرفض كل ما يتعارض مع المصادر الأساسية للإسلام من قرآن كريم وسنة نبوية.

خامسًا: إعلام القدوة الحسنة والمثل الصالح:

لقد ركز الإسلام على القدوة الحسنة، فالرسول ﷺ هو أسوتنا وقدوتنا ومثلنا الأعلى، وخرَّج لنا نماذج بشرية من أصحابه كانوا أيضًا القدوة والمثل، مما أثبت أهمية الصفوة المختارة المتميزة بالحكمة والعلم والبصيرة والصلاح والاستقامة التي يمكن أن تشكل القدوة الحسنة؛ لأن فقدانها سيؤدي إلى أن تقاد البلاد بجهلة متسلطين انتهازيين قليلي الخبرة، لسانهم عربي، وعقولهم وقلوبهم غير ذلك، وهذا يؤدي بالمجتمع إلى الضياع.

سادسًا: إعلام موضوعي هادف:

ونظام الإعلام الإسلامي أيضًا يعتمد على الأسلوب الموضوعي القائم على التحليل والتأمل واتخاذ كافة الوسائل التي تنمي ملكة التفكير لدى الإنسان الذي يجب أن تتوجه إليه بالإقناع لا أن تجره جرًّا بواسطة الغرائز والعواطف والانفعالات(1).

ونظام الإعلام الإسلامي هادف، يركز على بناء الإنسان الصالح الذي يعرف ربه ونفسه ورسالته بحيث يصبح الإنسان لبنة صالحة في بناء المجتمع.

سابعًا: إعلام قائم على الإقناع لا الإكراه:

اعتمد نظام الإعلام الإسلامي في مخاطبة جماهير الناس على الإقناع دون الإكراه، وهو مبدأ إسلامي مهم عرضته الآيات والأحاديث، وطبقه رسول الله ﷺ، ودأب عليه الإسلام إلى يومنا هذا.

---

(1) منير حجاب، نظريات الإعلام الإسلامي، الإسكندرية، الهيئة المصرية العامة للكتاب، 1982م، ص 39.

# الفصل الثالث

# خصائص منهج نظام الإعلام الإسلامي

**ويحتوي على ثلاثة مباحث كما يلي:**

المبحـث الأول  : خصيصة منهج التلقي والبلاغ.

المبحث الثاني : خصيصة منهج شمول التصور.

المبحث الثالث : خصيصة منهج حرية نقل المعلومات والمسئولية الذاتية.

\* \* \*

## المبحث الأول
## خصيصة منهج التلقي والبلاغ

**المنهج هو:** الطريق الواضح، وهو النظام والخطة المرسومة لتنفيذ أمر معين. والمناهج تتعدد؛ لأنها أحكام وأوامر ونواهي وخطط ونظم وطرق من جهة، ولتعلقها بجانب الحياة البشرية، واختلاف أحوال الناس وأوضاعهم من حيث الزمان والمكان من جهة أخرى. ومنهج التلقي والبلاغ واحد من المناهج الخاصة بنظام الإعلام الإسلامي، وهو منهج عمل به النبي ﷺ وعمل به الصحابة رضوان الله عليهم، وكان لابد للعاملين في حقل نظام الإعلام الإسلامي والإعلام بصفة عامة من الكفاءات ذوات الفكر الإسلامي أن يتبعوا هذا المنهج في التلقي والبلاغ، وثمة تراث واسع في هذا المجال.

**والمقصود بمنهج الإعلام الإسلامي:** طريق نظام الإعلام الإسلامي في أداء مهامه.

وفي منهج التلقي والبلاغ، نجد هذا التراث في الآيات القرآنية والأحاديث النبوية. والبلاغ بعد التلقي إنما يقوم على الكلام وبالكلمة، وهذا مرغوب فيه من عند رسول الله ﷺ، حتى أن الكلمة يلقيها صاحبها تدخله الجنة وأخرى تدخله النار، وبالكلمة يتم نشر الدعوة، وذلك بوسائل الإعلان المختلفة التقليدية والحديثة. قال ﷺ: «إن العبد ليتكلم بالكلمة من رضوان الله ما يظن أن تبلغ ما بلغت، فيرضى الله بها عنه إلى يوم القيامة، وإن العبد ليتكلم بالكلمة من سخط الله ما يظن أن تبلغ ما بلغت فيسخطه الله بها إلى يوم يلقاه» (المستدرك: 136). ويقول الله تعالى: ﴿أَلَمْ تَرَ كَيْفَ ضَرَبَ ٱللَّهُ مَثَلًا كَلِمَةً طَيِّبَةً كَشَجَرَةٍ طَيِّبَةٍ أَصْلُهَا ثَابِتٌ وَفَرْعُهَا فِى ٱلسَّمَآءِ ﴿٢٤﴾ تُؤْتِىٓ أُكُلَهَا كُلَّ حِينٍۭ بِإِذْنِ رَبِّهَا ۗ وَيَضْرِبُ ٱللَّهُ ٱلْأَمْثَالَ لِلنَّاسِ لَعَلَّهُمْ يَتَذَكَّرُونَ ﴿٢٥﴾ وَمَثَلُ كَلِمَةٍ خَبِيثَةٍ كَشَجَرَةٍ خَبِيثَةٍ ٱجْتُثَّتْ مِن فَوْقِ ٱلْأَرْضِ مَا لَهَا مِن قَرَارٍ ﴿٢٦﴾ يُثَبِّتُ ٱللَّهُ ٱلَّذِينَ ءَامَنُوا۟ بِٱلْقَوْلِ ٱلثَّابِتِ فِى ٱلْحَيَوٰةِ ٱلدُّنْيَا وَفِى ٱلْـَٔاخِرَةِ ۖ وَيُضِلُّ ٱللَّهُ ٱلظَّـٰلِمِينَ ۚ وَيَفْعَلُ ٱللَّهُ مَا يَشَآءُ ﴿٢٧﴾﴾ [إبراهيم].

والبلاغ أو الدعوة أو الإعلام هي العوامل التي ظلت خلال السنوات الطويلة التي ظلت تدعو وتمهد الطريق إلى نشر الإسلام يوم لم تكن أيّة قوة تدفع عنه ضراوة الوثنية وشراسة الوثنيين، وحين كان الإسلام متمثلًا في فردٍ واحدٍ اصطفاه ربه، أو أعدادٍ قليلة مستضعفة لا حول لها ولا قوة وسط عدد كبير يموج بالكفر والشرك وما يصاحبهما من قسوة وظلم

وطغيان. كان البلاغ يعني الإعلام بكل ما أمر الله تعالى به رسوله ﷺ، قال سبحانه وتعالى: ﴿ هَٰذَا بَلَٰغٌ لِّلنَّاسِ وَلِيُنذَرُوا۟ بِهِۦ ﴾ [إبراهيم:52] ، وقال تعالى: ﴿ وَإِذَا رَأَيْتَ ٱلَّذِينَ يَخُوضُونَ فِىٓ ءَايَٰتِنَا فَأَعْرِضْ عَنْهُمْ حَتَّىٰ يَخُوضُوا۟ فِى حَدِيثٍ غَيْرِهِۦ ۚ وَإِمَّا يُنسِيَنَّكَ ٱلشَّيْطَٰنُ فَلَا تَقْعُدْ بَعْدَ ٱلذِّكْرَىٰ مَعَ ٱلْقَوْمِ ٱلظَّٰلِمِينَ ٦٨ ﴾ [الأنعام]. فمن هذه الآيات المباركات يمكن أن نستخرج منهجًا لنظام الإعلام الإسلامي ومبادئه، منها أن الإعلام والدعوة إلى الإسلام اقتصرت في هذه المرحلة على البلاغ على النحو الذي رأيناه في الآيات القرآنية[1].

إن تبليغ الرسالة والإعلام بالدعوة الإسلامية من أهم واجبات المسلمين وأسماها، ومهما كانت الصعاب التي تكتنف طريق المسلمين فقد وعد الله رسوله ﷺ بأن يعصمه من الناس في سبيل الدعوة إلى الحق ﴿ يَٰٓأَيُّهَا ٱلرَّسُولُ بَلِّغْ مَآ أُنزِلَ إِلَيْكَ مِن رَّبِّكَ ۖ وَإِن لَّمْ تَفْعَلْ فَمَا بَلَّغْتَ رِسَالَتَهُۥ ۚ وَٱللَّهُ يَعْصِمُكَ مِنَ ٱلنَّاسِ ﴾ [المائدة:67].

ومعروف أن الإعلام في اللغة هو: التبليغ. يقال: بلّغت القوم. أي: أوصلتهم الشيء المطلوب. يقول تعالى: ﴿ وَلَقَدْ وَصَّلْنَا لَهُمُ ٱلْقَوْلَ لَعَلَّهُمْ يَتَذَكَّرُونَ ٥١ ﴾ [القصص].

والبلاغ: ما يبلغك ويصلك. وفي الحديث: «بلغوا عني ولو آية» (البخاري:3274). فأعلم وأبلغ وبين وأوصل، كلمات تعني: إشاعة المعلومات وبثها وتصميمها ونشرها وإذاعتها على الناس[2]، قال تعالى: ﴿ فَإِنَّمَا عَلَيْكَ ٱلْبَلَٰغُ وَعَلَيْنَا ٱلْحِسَابُ ٤٠ ﴾ [الرعد]، وقال تعالى: ﴿ وَمَا عَلَى ٱلرَّسُولِ إِلَّا ٱلْبَلَٰغُ ٱلْمُبِينُ ٥٤ ﴾ [النور]، وقال في سورة الشورى: ﴿ فَإِنْ أَعْرَضُوا۟ فَمَآ أَرْسَلْنَٰكَ عَلَيْهِمْ حَفِيظًا ۖ إِنْ عَلَيْكَ إِلَّا ٱلْبَلَٰغُ ﴾ [الشورى:48] ، وقال تعالى: ﴿ يَٰٓأَيُّهَا ٱلرَّسُولُ بَلِّغْ مَآ أُنزِلَ إِلَيْكَ مِن رَّبِّكَ ۖ وَإِن لَّمْ تَفْعَلْ فَمَا بَلَّغْتَ رِسَالَتَهُۥ ﴾ [المائدة:67]. وروى الشافعي أن رسول الله ﷺ قال: (نضر الله تعالى عبدًا سمع مقالتي ثم أداها لمن لم يسمعها، فرب حامل فقه لا فقه له ورب حامل فقه إلى من هو أفقه منه، ثلاث لا يغل عليهن قلب المؤمن: إخلاص العمل لله، وطاعة ذوي الأمر ولزوم جماعتهم، فإن دعوتهم تكون من ورائهم) (مسند

(1) محمد عبد القادر حاتم. الإعلام في القرآن، بدون طبعة (القاهرة: الهيئة المصرية العامة للكتاب، 2000م)، ص196-197.
(2) إبراهيم إمام، أصول الإعلام الإسلامي، بدون طبعة (القاهرة: دار الفكر، بدون تاريخ) ص 13.

أحمد:16800)[1].

ويمكننا أن نورد نموذجًا للبلاغ المبين، يوضح أهمية منهج البلاغ في الدعوة الإسلامية ونظام الإعلام الإسلامي، كما يوضح أهمية البلاغ، ذلك المنهج الذي يأخذ به نظام الإعلام الإسلامي الصحيح في كل مجال من مجالات الحياة بيانًا وبلاغًا واضحًا. نضرب مثلًا على هذا البلاغ: عندما خاطب الصحابي جعفر بن أبي طالب رضي الله عنه النجاشي وكان بلاغه مبينًا تتضح فيه سمات منهج البلاغ في منهج نظام الإعلام الإسلامي، فنسمعه يقول عن حقيقة الإسلام، ووصف حال قومه قبل الإسلام، وحديثه عن صفات الرسول ﷺ، وكيف كان عرضه مقنعًا للمستمع -وهو النجاشي- حاكم الحبشة المدين بدين النصرانية آنذاك: (أيها الملك، كنا قومًا أهل جاهلية، نعبد الأصنام، ونأكل الميتة، ونأتي الفواحش، ونقطع الأرحام، ونسيء إلى الجار، ويأكل القوي منا الضعيف، فكنا على ذلك حتى بعث الله إلينا رسولًا منا، نعرف نسبه وصدقه وأمانته وعفافه، فدعانا إلى الله لنوحده ونعبده ونخلع ما كنا نعبده نحن وآباؤنا من دونه من الحجارة والأوثان، وأمرنا: بصدق الحديث، وأداء الأمانة، وصلة الرحم، وحسن الجوار، والكف عن المحارم والدماء، ونهانا عن: الفواحش، وقول الزور، وأكل مال اليتيم، وقذف المحصنة، وأمرنا أن نعبد الله وحده، وأمرنا بالصلاة والزكاة والصيام، فصدقناه وآمنا به واتبعناه على ما جاء به من الله، فبغى علينا قومنا؛ فعذبونا وفتنونا عن ديننا ليردونا إلى عبادة الأوثان، فلما قهرونا وضيقوا علينا خرجنا إلى بلادك ورجونا ألا نظلم عندك)[2].

فالبلاغ والبيان والتبيين هي مفردات كان ولا يزال الهدف منها التبليغ لهذه الدعوة. والتلقي والتبليغ منهجان عامان في نظام الإعلام الإسلامي، إذ إنه مناط بكل المسلمين أفرادًا وجماعاتٍ ودولًا وهيئات أن يتلقوا التعليم والتعليمات من مصادرها الأساسية الأصلية ومن ثمّ يقومون بواجب البلاغ .

يورد الباحث هنا بعض الآيات التي جاء فيها ذكر التبليغ والبلاغ ما يورد، وشرح هذه الآيات، وتفسير قوله تعالى: ﴿وَإِن مَّا نُرِيَنَّكَ بَعْضَ ٱلَّذِى نَعِدُهُمْ أَوْ نَتَوَفَّيَنَّكَ فَإِنَّمَا عَلَيْكَ ٱلْبَلَٰغُ وَعَلَيْنَا ٱلْحِسَابُ ﴿٤٠﴾﴾ [الرعد] ، من كتاب (في ظلال القرآن للشهيد سيد قطب)، ومنه تتبين أهمية البلاغ والتبليغ:

(1) إبراهيم إمام، الإعلام الإسلامي المرحلة الشفهية، بدون طبعة (القاهرة: مكتبة الأنجلو المصرية1980م ص 9-10.
(2) إبراهيم إمام، الإعلام الإسلامي المرحلة الشفهية، مرجع سابق ص54.

"وهكذا تتجلى طبيعة الرسالة وحدود الرسول ﷺ.. إنما هو منذر ليس عليه إلا البلاغ، وليس له إلا أن يتلو ما أوحي إليه، وما كان له أن يأتي بخارقة إلا بإذن الله، ثم هو عبد الله ربه وإليه متابه ومآبه، وهو بشر من البشر يتزوج وينسل ويزاول بشريته كاملة بكل مقتضيات العبودية". أي: وإن أرينك يا محمد بعض الذي وعدناهم من العذاب أو (نتوفينك) ونقبضك قبل أن تقر عينك بعذاب هؤلاء المشركين ﴿فَإِنَّمَا عَلَيْكَ ٱلْبَلَٰغُ وَعَلَيْنَا ٱلْحِسَابُ ٤٠﴾ [الرعد] ، أي: ليس عليك إلا تبليغ الرسالة وعلينا حسابهم وجزاؤهم. وفي قوله تعالى من سورة يس: ﴿وَمَا عَلَيْنَآ إِلَّا ٱلْبَلَٰغُ ٱلْمُبِينُ ١٧﴾ [يس].

إن الله يعلم وهذا يكفي، وإن وظيفة الرسل البلاغ وقد أدوها، والناس بعد ذلك أحرار فيما يتخذونه لأنفسهم من تصرف وفيما يحملون في تصرفهم من أوزار، والأمر بين الرسل وبين الناس هو أمر التبليغ من الله. فمتى تحقق ذلك فالأمر كله بعد ذلك لله، ولكن المكذبين الضالين لا يأخذون الأمور هذا المأخذ الواضح السهل اليسير، ولا يطيقون وجود الدعاة إلى الهدى فتأخذهم العزة بالإثم، فيعمدون إلى الأسلوب الغليظ الضعيف في مقاومة الحجة لأن الباطل ضعيف القدر [1].

هذه نماذج فقط من الآيات التي توضح منهج التلقي والبلاغ في القرآن، وبالرجوع إلى القرآن نجد أن الآيات التي وردت فيها كلمات البيان والتبيين حوالي عشر ـ مرات في سور مختلفة؛ البقرة، وآل عمران، والمائدة، والحجرات...وغيرها من السور. كما نجد الآيات التي ورد بها ذكر البلاغ إحدى عشرة آية في السور الآتية: الأعراف، والمائدة، والنحل، والنور، والعنكبوت، ويس، والشورى، والتغابن، والأنبياء. وهذا كله يدل على أهمية التلقي والبلاغ في نظام الإعلام الإسلامي، وقد مارس رسول الله ﷺ مهنة البلاغ وحث عليها.

ويورد الباحث كذلك نماذج من الأحاديث التي تحث على البلاغ المبين: قال ﷺ: (نضر ـ الله عبدًا سمع مقالتي فوعاها ثم أداها لمن لم يسمعها، فرب حامل فقه لا فقه له ورب حامل فقه إلى من أفقه منه، ثلاثة لا يغل عليهن قلب المؤمن إخلاص العمل لله، وطاعة ذوي الأمر، ولزوم الجماعة، فإن دعوتهم تكون من وراءهم).

وقد كان رسول الله ﷺ هو الذي نفّذ منهج التلقي والبلاغ؛ فأرسل أصحابه مبلغين لهذا الدين بكل الوسائل المتاحة في تلك الحقبة، وكان من أهم الوسائل حينئذٍ: الاتصال الشخصي

---

(1) الإمام أحمد بن حنبل ، المسند ، الجزء الرابع ، ص 80 .

والجمعي. نورد هنا بعض الأمثلة على ذلك خاصة، كنماذج قام بها رسول الله ﷺ. ففي البخاري: لما نزلت ﴿وَأَنذِرْ عَشِيرَتَكَ ٱلْأَقْرَبِينَ ٢١٤﴾ [الشعراء] صعد النبي ﷺ على الصفا، فجعل ينادي (وهذا أسلوب من أساليب البلاغ): يا بني فهر، يا بني عدي... لبطون قريش، حتى اجتمعوا إليه، فجعل الرجل إذا لم يستطع أن يخرج أرسل رسولًا لينظر ما هو..؟ فجاء أبو لهب وقريش فقال: أرأيتكم لو أخبرتكم أن خيلًا بالوادي تريد أن تغير عليكم أكنتم مصدقي؟ قالوا: نعم، ما جربنا عليك إلا صدقًا. قال: إني نذير لكم بين يدي عذاب شديد. فقال أبو لهب: تبًا لك سائر اليوم، ألهذا جمعتنا. فنزلت ﴿تَبَّتْ يَدَآ أَبِى لَهَبٍ وَتَبَّ ١ مَآ أَغْنَىٰ عَنْهُ مَالُهُۥ وَمَا كَسَبَ ٢﴾ [المسد]. وكان الرسول ﷺ يطوف على الناس في منازلهم، يقول: إن الله يأمركم أن تعبدوه ولا تشركوا به شيئًا. وأبو لهب يقول: يا أيها الناس هذا يأمركم أن تتركوا دين آبائكم.

والآن، وسائل الإعلام الحديثة تنقل الكلام والبلاغ من أركان الدنيا المختلفة إلى أركانها المختلفة، وحري بنظام الإعلام الإسلامي أن يستغل هذه الوسائل ويسخرها في مجال منهج التلقي والبلاغ، في إطار منهج نظام الإعلام الإسلامي.

والرسول ﷺ قام بتبليغ الدعوة بكل وسيلة تصل بها كلمته إلى النفوس مقنعة ومؤثرة، بالتلاوة والتفكير والتزكية والتعليم والوعظ والقول البليغ والجهاد والكتابة وبعث البعوث والدعاة والأمر بالمعروف والنهي عن المنكر والقصص، إلى آخر ما ساقه القرآن الكريم من ذلك جملة وتفصيلا، مما يستوعب في طياته كل الأساليب التي يمكن أن يخاطب بها الإنسان بالإقناع والتأثير في كل زمان وفي كل مكان، ومع تطور في الحياة والبيئات مما نعلم ومما لا نعلم وما هو كائن وما سيكون [1].

ومنهج التلقي والبلاغ الذي هو من خصائص منهج نظام الإعلام الإسلامي اتبعه رسول الله ﷺ وطبقه على أصحابه للقيام بالبلاغ.

فبعد أن تمت البيعة (بيعة العقبة الأولى) وانتهى الموسم بعث النبي ﷺ - مع هؤلاء المبايعين أول سفير له ليثرب، ليعلم المسلمين فيها شرائع الإسلام ويفقههم في الدين وليقوم بنشر ـ الإسلام بين الذين لم يزالوا على الشرك، واختار لهذه السفارة شابًا من شباب الإسلام من السابقين الأولين وهو مصعب بن عمير العبدري ﵁. وأقام مصعب في بني سعد بن

---

(1) حسن عيسى عبد الظاهر، فصول في الدعوة الإسلامية، الطبعة الأولى (قطر: دار الثقافة، 1985م) ص 89.

زرارة يدعو الناس إلى الإسلام، حتى لم يبق دار من دور الأنصار إلا وفيها رجال ونساء مسلمون، إلا ما كان من دار بني أمية بن زيد وخطمة ووائل، وكان فيهم قيس بن الأسلت الشاعر – وكانوا يطيعونه – فوقف بهم عن الإسلام حتى كان عام الخندق سنة خمس من الهجرة. وقبل حلول موسم الحج التالي – أي حج السنة الثالثة عشرة – عاد مصعب بن عمير إلى مكة يحمل إلى رسول الله ﷺ بشائر الفوز، ويقص عليه خبر قبائل يثرب، وما فيها من مواهب الخير، وما لها من قوة ومنعة [1].

كما بعث رسول الله ﷺ للبلاغ بهذه الدعوة إلى اليمن معاذ بن جبل ومعه أبو موسى الأشعري.

وفي أواخر حياة الرسول ﷺ، طبق منهج التلقي والبلاغ، في منهج نظام الإعلام الإسلامي، فكان ذلك دليلًا على أهمية البلاغ، كان ذلك في اليوم الثامن من ذي الحجة – وهو يوم التروية – عندما توجه الرسول ﷺ إلى منى، فصلى بها الظهر والعصر والمغرب والعشاء والفجر – خمس صلوات – ثم مكث قليلًا حتى طلعت الشمس، فأجاز حتى أتى عرفة. فوجد القبة قد ضربت له بنمرة فنزل بها، حتى إذا زالت الشمس أمر بالقصواء فرحلت له، فأتى بطن الوادي، وقد اجتمع حوله مائة ألف وأربع وعشرون من الناس، فقام فيهم خطيبًا وألقى هذه الخطبة الجامعة مذكرًا بأهمية منهج التلقي والبلاغ:

(أيها الناس، اسمعوا قولي، فإني لا أدري لعلي لا ألقاكم بعد عامي هذا بهذا الموقف أبدًا، إن دماءكم وأموالكم حرام عليكم كحرمة يومكم هذا في شهركم هذا في بلدكم هذا، ألا كل شيءٍ من أمر الجاهلية تحت قدمي موضوع، ودماء الجاهلية موضوعة، وإن أول دم أضع من دمائنا دم ابن ربيعة بن الحارث – وكان مسترضعًا في بني سعد فقتلته هذيل – وربا الجاهلية موضوع، وأول ربا أضع من ربانا ربا العباس بن عبد المطلب؛ فإنه موضوع كله، فاتقوا الله في النساء، فإنكم أخذتموهن بأمانة الله، واستحللتم فروجهن بكلمة الله، ولكم عليهن أن لا يوطئن فرشكم أحدًا تكرهونه، فإن فعلن ذلك فاضربوهن ضربًا غير مبرح، ولهن عليكم رزقهن وكسوتهن بالمعروف، وقد تركت فيكم ما لن تضلوا بعده إن اعتصمتم به، كتاب الله... إلخ).

(أيها الناس، إنه لا نبي بعدي ولا أمة بعدكم، ألا فاعبدوا ربكم، وصلوا خمسكم،

---

(1) صفي الدين المباركفوري ، الرحيق المختوم ، الطبعة الأولى (مكة المكرمة ، رابطة العالم الإسلامي 1980م)   ص 164 .

وصوموا شهركم وأدوا زكاة أموالكم طيبة بها أنفسكم، وتحجون بيت ربكم، وأطيعوا أولات أمركم تدخلوا جنة ربكم. وأنتم تسألون عني، فما أنتم قائلون؟ قالوا: نشهد أنك قد بلغت وأديت ونصحت. فقال وإصبعه السبابة يرفعها إلى السماء وينكّثها إلى الناس: اللهم اشهد. ثلاث مرات).

وفي رواية أخرى في آخر خطبة حجة الوداع قال: «ألا هل بلغت؟ قالوا: نعم. قال: اللهم اشهد، فليبلغ الشاهد الغائب فرب مبلغ أوعى من سامع»[1].

بدأ رسول الله ﷺ بعثته بالبلاغ وختمها بالبلاغ في أول الدعوة، صعد الصفا وبلّغ بلاغه المشهور. والآن في خطبة الوداع يبلغ بلاغًا جامعًا وهو يتلقى عن ربه مما يزيد أهمية منهج التلقي والبلاغ في منهج نظام الإعلام الإسلامي.

نسوق هذا لنؤكد أن منهج التلقي والبلاغ منهجٌ أصيلٌ في الإسلام، وله أساليب تتجدد، وله مضمون ثابت وفق المفاهيم الإسلامية، وكما تتجدد أساليبه تتجدد وسائله. وعلى نظام الإعلام الإسلامي أن يقوم بواجب أداء البلاغ المبين وتبليغ الناس كافةً دعوة الإسلام.

**ومن شروط البلاغ:** أن يكون مبينًا، وأن يقدم الإسلام في أجمل وأحسن وسيلة وأدق وأوضح بيان. فلا يجوز أن يصاغ المعنى العظيم في شكل دميم، ولا أن تقدم الحقيقة في إطار يطفئ بهاءها، كما أنّ الاعتبار العصري أو الظرفي له وزنه الراجح في تحديد أساليب التبليغ.

كان موسى عليه السلام يؤدي أمانة التبليغ وأمانة البلاغ وهو يلقي عصاه ويجابه فتنة السحرة: ﴿قَالُوا۟ يَـٰمُوسَىٰٓ إِمَّآ أَن تُلْقِىَ وَإِمَّآ أَن نَّكُونَ نَحْنُ ٱلْمُلْقِينَ ﴿١١٥﴾ قَالَ أَلْقُوا۟ ۖ فَلَمَّآ أَلْقَوْا۟ سَحَرُوٓا۟ أَعْيُنَ ٱلنَّاسِ وَٱسْتَرْهَبُوهُمْ وَجَآءُو بِسِحْرٍ عَظِيمٍ ﴿١١٦﴾ ۞ وَأَوْحَيْنَآ إِلَىٰ مُوسَىٰٓ أَنْ أَلْقِ عَصَاكَ ۖ فَإِذَا هِىَ تَلْقَفُ مَا يَأْفِكُونَ ﴿١١٧﴾ فَوَقَعَ ٱلْحَقُّ وَبَطَلَ مَا كَانُوا۟ يَعْمَلُونَ ﴿١١٨﴾ فَغُلِبُوا۟ هُنَالِكَ وَٱنقَلَبُوا۟ صَـٰغِرِينَ ﴿١١٩﴾ وَأُلْقِىَ ٱلسَّحَرَةُ سَـٰجِدِينَ ﴿١٢٠﴾﴾ [الأعراف].

إن سجود السحرة وإيمانهم بالله، من نتائج البلاغ المبين الذي نجح فيه موسى، واختار موسى هذا الصراع في حشد من الناس، أو في تجمع إعلامي عام: ﴿قَالَ مَوْعِدُكُمْ يَوْمُ ٱلزِّينَةِ وَأَن يُحْشَرَ ٱلنَّاسُ ضُحًى ﴿٥٩﴾﴾ [طه].

---

(1) صفي الدين المباركفوري، الرحيق المختوم، ص 516 وما بعدها، مرجع سابق.

وسحر عصرنا هذا هو الإعلام؛ بوسائله التقنية، وفنونه المختلفة، وسرعة بثه، وقوة تأثيره وبراعته في تزيين ما يريد تزيينه. وبما أن خبر السماء قد انقطع عن الأرض بانتقال الرسول ﷺ إلى الرفيق الأعلى، وترتب على ذلك انقضاء زمن معجزات الدعوة، فليس أمام المسلمين غير إتقان فنون الإعلام، أداءا لواجب البلاغ المبين وإبطالًا لصنع السحرة المعاصرين[1].

والإعلام المعاصر مجموعة أجهزة ووسائل تختصر مساحات المكان ومسافات الزمان، وتخاطب أكبر عدد من الناس في أسرع وقت ممكن، ففي حجة الوداع - كما تقدم - حج مع رسول الله ﷺ أربع وعشرون ومائة ألف من المسلمين، وهو أكبر حشد إسلامي في ذلك الوقت، ولقد بلغ النبي -ﷺ- هذه الحشود بوصايا النبوة بواسطة رجال هم أقرب إليه من غيرهم، ينقلون كلامه إلى من فصلت الحشود بينهم وبينه، أليس التلفزيون وسيلة تعين على توصيل كلام الله وكلام النبي إلى ملايين الناس؟[2]

فبلدٌ عدد سكانه مليون إنسان متوسطي الدخل والثقافة، جميعهم يشاهدون التلفزيون، بالصورة والصوت والحركة واللونين الأبيض والأسود أو الألوان المتعددة تشد الناس إلى الجلوس أمام الشاشة الصغيرة.

فالشيخ سحنون الذي سافر من المغرب قاصدًا المدينة لتلقي العلم عن الإمام مالك فطال سفره حتى أدركه الموت في الطريق. كان يمكن أن يغنيه المذياع وأن يبلغه مالكًا رضي الله عنه بصوته إلى المغرب؛ لكن المذياع لم يكن من وسائل ذلك العصر، لذا كان ينبغي أن نحدد الموقف بوضوح وصدق من الوسيلة الجديدة التي يمكن أن نبلغ بها الإسلام، إذ يمكن أن يكون الموقف تجاهها أحد ثلاثة:

1- هدم الوسيلة الجديدة وتحطيمها.

2- مقاطعتها.

3- تحويلها وتسخيرها لخدمة الحق والتبليغ من خلالها.

والموقف الثالث هو اللائق بأمة راشدة، تملك معيار الاختيار والانتقاء.

ثم إنّ الإسلام لم يخترع السيف ولا الخيل ولا اللغة العربية ولا النطق، ولكنه استخدم هذه الوسائل في البلاغ وفي سبيل أهدافه وغاياته. بعد أن منحها المضمون الحق والضابط الأخلاقي.

---

(1) زين العابدين الركابي، النظرية الإسلامية في الإعلام والعلاقات العامة، من كتاب الإعلام الإسلامي والعلاقات الإنسانية، بدون طبعة (الرياض: العبيكان للطباعة والنشر 1976م) ص 300-301.

(2) المرجع نفسه ص 304.

فالوسيلة الإعلامية عن الركن الثاني من أركان الإسلام (الصلاة) تُرك اختيارها لاجتهاد المسلمين، فاقترحوا بوقًا للبلاغ، واقترحوا ناقوسًا كذلك للبلاغ. ولكنهم عدلوا عن الوسيلتين، ثم رأى عبد الله بن زيد بن عبد ربه الأنصاري النداء للصلاة في النوم، فأخبر النبي، فأقر النبي ﷺ هذه الوسيلة التي رآها زيدٌ في المنام، وكذلك رآها عمر بن الخطاب ﵁.

والجيل المعاصر والأجيال القادمة يجب أن تأخذ من الوسائل ما تبلغ به الإسلام، وتتحرى التقرب إلى الله بكل وسيلة متاحة، وتتكيف معها تكيف من يأخذ من قوله تعالى: ﴿ وَمَآ أَرۡسَلۡنَا مِن رَّسُولٍ إِلَّا بِلِسَانِ قَوۡمِهِۦ لِيُبَيِّنَ لَهُمۡ ﴾ [إبراهيم:4] فقهًا يترجمه إلى قاعدة ناطقة، بشعار متجدد دومًا: "كل مسلم مكلف بمخاطبة وتبليغ جيله بلسان عصره".

فالجيل الذي نضج في الستينات أو السبعينات وما بعدها ليس مسئولًا عن وسائل عصور نسخ الكتب باليد أو نقل البريد بالإبل، إنه مسئول عن موقفه من وسائل عصره، أتقنها أم أهملها؟ وهو مسئول: أبلَّغ عن طريق هذه الوسائل وطبق منهج التلقي والبلاغ أم أهمل؟ ووسائل البلاغ في هذا العصر عديدة: منها: السينما، والتلفزيون، والكتاب، والصحافة، والإذاعة، وغيرها من وسائل الإعلام [1].

من خلال السطور المتقدمة تتضح لنا أهمية البلاغ، وكيف كان رسول الله ﷺ يقوم به في إطار منهج نظام الإعلام الإسلامي، مما يلقي على كاهل الإعلام الإسلامي المعاصر ونظامه أن يؤدي دوره من خلال منهج التلقي والبلاغ الضارب بأصوله في سيرة الرسول ﷺ والواضحة معالمه في الآيات القرآنية والأحاديث النبوية، ذلك المنهج الذي ظل مضمونه ثابتًا ووسائله متعددة: ما بين تقليدية وحديثة. وما تقدم دراسة مختصرة عن منهج البلاغ والتلقي من خلال منهج نظام الإعلام الإسلامي، والدراسة في رأيي تأصل أهمية التلقي والبلاغ، وتؤكد أهمية واستمرارية البلاغ، وتوضح كذلك أن وسائل البلاغ في هذا العصر مسئول عنها الجيل الحالي، وإلى أي مدى تم تسخيرها لنشر الإسلام في العالم المعاصر.

* * *

---

(1) زين العابدين الركابي، مرجع سابق، ص 305-306.

## المبحث الثاني
## خصيصة منهج شمول التصور

الشمول من الخصائص التي يتميز بها منهج نظام الإعلام الإسلامي؛ ذلك لأن الشمول أساسًا من خصائص النظام الإسلامي، وهي صفة يتميز بها الإسلام عن كل الأديان، والشمول صفة وكلمة لم تعرفها الأديان والفلسفات والمذاهب الأخرى وإنما عرفها الإسلام. إنه شمول للزمن وللحياة كلها وللإنسان كله[1].

ومنهج نظام الإعلام الإسلامي يخاطب الإنسان من حيث هو إنسان متكامل، كما هو منهج تصوره شامل لعقل الإنسان وروحه وجسده، كما هو منهجٌ للإنسان كله؛ روحه وعقله وجسده وضميره وإرادته ووجدانه بهدف إصلاح هذا الإنسان.

يخاطب نظام الإعلام الإسلامي الإنسان في كل مراحل حياته، ولهذا نجد أحكامًا تتعلق بالإنسان وهو مولود، وأحكامًا تتعلق بالرضيع، وأخرى تتعلق بالإنسان صبيًا وشابًا وكهلًا وشيخًا، وهناك تعليمات ينتهجها منهج نظام الإعلام الإسلامي نحو الإنسان قبل أن يولد وأخرى بعد الممات، ومن حيث النشاط نجد نظام الإعلام الإسلامي له منهج يغطي كل أنواع النشاط البشري المعروف، ويغطي كل جوانب الحياة؛ سواء من ناحية العقيدة أو الشريعة أو الأخلاق، ويراعي منهج نظام الإعلام الإسلامي في شموله وتصوره لكل الأنشطة التي يقوم بها الإنسان مادية كانت أو روحية، فردية كانت أو جماعية، كما يشمل الجوانب الاقتصادية والسياسية والاجتماعية والثقافية وكافة الأنشطة المنبثقة من هذه الجوانب[2].

إن من أبرز سمات منهج نظام الإعلام الإسلامي، أنه شامل وعام للبشر جميعًا، فليس في الإسلام إعلام سري ونص سري، وهذه العمومية انعكاس لروح العقيدة الإسلامية المتوجهة للناس جميعًا والتي أساسها عدم وجود الواسطة بين العبد وخالقه سبحانه وتعالى، ويوازي العمومية في الإعلام الإسلامي العلانية، فالإعلام في الإسلام يتصف بالعلن خلافًا للأديان أو العقائد التي تحرص على الكتمان والسرية، وتأخذ عهودًا قاسية على أعضائها بعدم إفشاء أفكارهم أو مبادئهم قد تصل عقوبة مخالفتها إلى القتل لمن يفشي الأفكار أو المبادئ.

---

(1) يوسف القرضاوي، الخصائص العامة للإسلام، الطبعة السابعة (بيروت : مؤسسة الرسالة ، 1989م ) ص105.

(2) مسئولية الإعلام في ظل النظام العالمي الجديد، ص159 .

وآيات القرآن الكريم في ذلك شديدة الوضوح: ﴿ إِنَّ ٱلَّذِينَ يَكْتُمُونَ مَآ أَنزَلْنَا مِنَ ٱلْبَيِّنَتِ وَٱلْهُدَىٰ مِنۢ بَعْدِ مَا بَيَّنَّهُ لِلنَّاسِ فِي ٱلْكِتَبِ أُوْلَٰئِكَ يَلْعَنُهُمُ ٱللَّهُ وَيَلْعَنُهُمُ ٱللَّٰعِنُونَ ١٥٩ ﴾ [البقرة].

ومن آيات القرآن تظهر لنا سمات الإعلام وشموله[1].

ومنهج نظام الإعلام الإسلامي في شموله ذو مهمات متشعبة ومستويات كبرى وأعباء كثيرة ثقيلة، تتوزع على دوائر وتمتد إلى آفاق بعيدة مترامية الأطراف، إنه إعلام غير محدود ولا تنتهي رسالته بمعركة يخوضها أو عند فكرة يذود عنها أو رأي يضمن له الذيوع والانتشار، فهو رغم مرور أكثر من ألف وأربعمائة عام على مولده، ما زال يتولى مسئولية الدعوة إلى الدين أولًا، والتصدي للحملات التي تعرَّض لها الإسلام طوال القرون الأربعة عشر الماضية، ولا يزال يتعرض لمثيلاتها حتى اليوم ثانيًا، ومجابهة التطورات التي تطرأ على ساحة الصراع العقائدي، وفي ظل التقدم الحضاري الذي يرافقها وتنبثق عنه تحولات فكرية وانحرافات حادة تعاني منها البشرية، وتفرض على منهج نظام الإعلام الإسلامي أن يبصر ـ بها مجتمع المسلمين، ويحميه من شرورها وأخطارها باستمرار ثالثًا؛ هذا كله يتطلب من منهج نظام الإعلام الإسلامي أن يكون في مستوى ما هو مدعو للقيام به في وجه تحديات وقوى وخصومات قديمة ومتجددة، صحيح أن التيارات التي تناصب الدين الإسلامي العداء وتبادره الخصومات وتشن عليه الحروب لا تحكمها مبادئ ولا قيم، ولا تلتزم بقواعد أو آداب.. وصحيح أن المعارك التي يخوضها الإسلام والمسلمون قاسية ومريرة وطويلة الأمد وشاملة في كل مجالات الحياة الإسلامية. ذلك كله يستدعي أن يكون نظام الإعلام الإسلامي ومنهجه شاملًا ومتابعًا في شموله لكل ما يلحق الإسلام من أذى.

إذن، الإسلام هو الدين الصحيح، ومنهجه في الإعلام جدير بأن يحقق انتصاره الأكيد في نهاية كل معركة يخوضها، وهو قادر على ذلك بشموله الذي يغطي كل المعارك المادية والمعنوية؛ لأنه الدين الذي أتم الله به على أتباعه نعمته، كما رضيه لهم نهجًا وسبيلًا للحياة[2].

(1) محمد نصر مهنا، في النظرية العامة للمعرفة الإعلامية، بدون طبعة (أسيوط: المكتبة الجامعية، بدون تاريخ) ص297.
(2) الإعلام الإسلامي والعلاقات الإنسانية-النظرية والتطبيق، وقائع اللقاء الثالث للندوة العالمية للشباب الإسلامي، بدون طبعة (الرياض: شركة العبيكان، بدون تاريخ)، ص452-453.

ولما كان الإسلام دين دعوة -وهو الدين الشامل- فلابد أن تكون الدعوة من الشمولية بحيث ترتفع إلى مستوى الشمولية التي يتسم بها الدين الإسلامي، وتتمثل النظرية الشمولية في الفلسفة الإعلامية الإسلامية في الجوانب الآتية:

1- شمولية الإطار الإعلامي:

وفيها يتسع الإطار الإعلامي الإسلامي ليشمل جميع المسلمين القائمين بالاتصال، كلٌّ بقدر طاقته وخبراته وثقافته، وبذلك لم تكن ممارسة الدعوة حكرًا على أحد، حيث امتدت لتشمل: الطبيب الداعية، والتاجر الداعية، والمهندس الداعية، بالإضافة إلى المتفرغين للدعوة والمختصين في شئونها كما حددت الآية في قوله تعالى: ﴿وَمَا كَانَ ٱلْمُؤْمِنُونَ لِيَنفِرُواْ كَآفَّةً فَلَوْلَا نَفَرَ مِن كُلِّ فِرْقَةٍ مِّنْهُمْ طَآئِفَةٌ لِّيَتَفَقَّهُواْ فِي ٱلدِّينِ وَلِيُنذِرُواْ قَوْمَهُمْ إِذَا رَجَعُوٓاْ إِلَيْهِمْ لَعَلَّهُمْ يَحْذَرُونَ ﴿١٢٢﴾﴾ [التوبة].

2- شمول التجربة الإعلامية:

جميع التجارب الإنسانية في مجال الإقناع والدعوة من لدن آدم عليه السلام وحتى قيام الساعة مجال خصب للدراسة والاستفادة منها؛ لأن التجربة الإنسانية من حيث مقدماتها الإقناعية وأنماطها واحدة، ولذلك استفادت النظرية الإعلامية الإسلامية من خبرات وأساليب جميع الأنبياء والمرسلين السابقين في تحديد أسسها ومقوماتها كما تضمنها القرآن الكريم وأوضحتها السنة النبوية.

3- شمول النطاق الإعلامي:

فالنظرية الإعلامية انطلاقًا من الإطار العام للدين الإسلامي والذي يشمل الإيمان والعبادات، والمعاملات، والنظام الاقتصادي والاجتماعي، والعادات والعلاقات الشخصية بين الإنسان وأهله وأقربائه ومعارفه، وأيضًا النظام السياسي، والإداري والقضائي والدولي، وكل ما يتعلق بالإنسان؛ فهي في إطار هذا النطاق لا تستطيع أن تعزل نفسها ولا أن تقتصر على الوفاء بمتطلبات جانب على حساب جانب آخر، وإنما تنظم كل الجوانب على السواء، وعليه، فإن وصف النظرية الإعلامية في الإسلام بالشمول يحتم عليها أن تقدم إعلامًا شاملًا شمول الإسلام؛ فتقدم الأخبار والمعاملات والتفسير والإرشادات والتوجيه والتسلية[1].

مما تقدم يتضح لنا شمول التصور في منهج نظام الإعلام الإسلامي، وكيف أن نظام

(1) رشدي شحاتة أبو زيد، مسئولية الإعلام الإسلامي، الطبعة الأولى (القاهرة: دار الفكر العربي، 1999م) ص85.

الإعلام الإسلامي يقدم خدمة شاملة للإنسان في كافة مناحيها التي تشمل الحياة الدنيا كما تشمل الحياة الآخرة عملًا بقوله تعالى: ﴿وَٱبْتَغِ فِيمَآ ءَاتَىٰكَ ٱللَّهُ ٱلدَّارَ ٱلْءَاخِرَةَ ۖ وَلَا تَنسَ نَصِيبَكَ مِنَ ٱلدُّنْيَا ۖ وَأَحْسِن كَمَآ أَحْسَنَ ٱللَّهُ إِلَيْكَ ۖ وَلَا تَبْغِ ٱلْفَسَادَ فِى ٱلْأَرْضِ ۖ إِنَّ ٱللَّهَ لَا يُحِبُّ ٱلْمُفْسِدِينَ ﴿٧٧﴾﴾ [القصص] .

هكذا تتبين خصيصة منهج شمول التصور في نظام الإعلام الإسلامي ومنهجه في التطبيق على نحو ما جاء في القرآن الكريم والسنة النبوية والتطبيق العملي من عمل رسول الله ﷺ مما يجعل نظام الإعلام الإسلامي ومنهجه في العصر الحديث متمسكًا بشمول التصور حتى يقوم بواجبه تجاه التغيير الاجتماعي نحو الإسلام.

* * *

## المبحث الثالث
## خصيصة حرية نقل المعلومات والمسئولية الذاتية

الحرية كلمة واسعة الأبعاد وغنية المضمون، تستمد مادتها من الفطرة التي فطر الإنسان عليها، فالحرية قد تكون: حرية من الخوف، أو حرية من الجهل، أو حرية من الحاجة، أو حرية من الزمان والمكان؛ لذلك فإن الإنسان يكافح ليتحرر من الخوف الذي يسببه له السلطان القوي الظالم، ولا شك أن ثورات أفراد كثيرين وشعوب عديدة كانت للتحرر من السلطان الذي يخيف أتباعه ويدمر طمأنينتهم ويشكل تهديدًا لأمنهم في حاضرهم ومستقبلهم، والإنسان أيضًا يكافح ليتحرر من جهله بما يجري حوله.. حتى يتحرر من الغموض الذي يحيط به ويثقل عليه حين يقلب نظره في فضاء الدنيا من حوله؛ في البروج السابحة في الفضاء والكواكب السيارة، وفي الشمس التي ترسل النور والحرارة إليه، وفي حقيقة القمر الذي يطبق بالكرة الأرضية، ظاهرات الحياة والموت والصحة والمرض، فيما يحيط به ويثقل عليه من الأسرار الخاصة بالعالم الذي خرج منه، والعالم الذي يضطرب في جوانبه، والعالم الذي يصير إليه بعد الموت، هذه الخفايا كلها تلح عليه أن يقتحم جدرانها ويستكشف ما وراءها، ولعل تاريخ الإنسان كله يكون ملحمة ذات فصول دائمة لعمليات الاستكشاف التي يقوم بها؛ ليحرر نفسه من ظلمات الجهل التي تتزاحم حوله فتغشي عليه طريقه، والإنسان يجاهد ليتحرر من الإحساس بالحاجة؛ الحاجة إلى الطعام والشراب، والحاجة إلى الكساء، والحاجة إلى السكن، ولذلك فقد سجل في تاريخ القرون الماضية تحولات هائلة في سبيل الحصول على غذائه وكسائه ومسكنه، ولا شك أن الحروب التي خاضها، والتضحيات التي قدمها، والأسلحة التي اخترعها كانت إلى حد غير قليل للتحرر من كل أنواع الحاجات. ولا يزال حتى يومنا هذا رغم الثراء العريض الذي حققه ومصادر التغذية والكسوة والسكن التي توصل إليها، حتى يومنا هذا يجاهد من أجل التخلص من شبح الحاجة الثقيل.

وهو أيضًا يجاهد للتخلص من شبح الجمود؛ إذ إنه لا يطيق السكن والبقاء مثبتًا في مكان واحد. إنه يريد أن يتحرك لأنه لا يشعر بكمال حياته إلا بالحركة، وإذا كانت الهجرات البشرية التي ترسم طريق التاريخ وتحدد مسيرات الحضارات البشرية كانت ولا تزال حقيقة قائمة، فليس ذلك إلا خضوعًا للرغبة في الحركة والتنقل أيضًا، ولنا في الهجرات التي حدثت في صورة الانفجار البشري الكبير، أو في صورة حقيقة بطيئة الآية والعلامة، بل إن في وسعنا

القول بأن عظمة الحضارة مشروطة في بعض وجوهها بالقدر الذي يؤمن فيه أصحابها بحرية التحرك وحرية التفكير والحاجة إليهما.

والإنسان أخيرًا يكافح بكل ما يملك من القوة للتحرر من المكان والزمان.. أي أنه يعمل على استيعاب كل مكان ممكن بالتحرك فوقه، كما يعمل على استيعاب كل زمان يمكن أن يحتفظ فيه بحياته.. أي أنه يحلم بالهيمنة على امتداد المكان كما يطمح إلى الخلود، وقد توسل إلى تحقيق هذين الغرضين بكل وسيلة ممكنة، فإذا عجز عن تحقيق غرضيه هذين توسل بالوهم لتحقيقهما، أو توسل بالوهم الجزئي الذي يكمل به ما حققه فعلًا من هذين الغرضين، فهو يسعى إلى التحرك ليشعر نفسه بقدرته على استيعاب أكبر قدر من المكان، ويسعى إلى إطالة حياته قدر المستطاع، فإذا تبين له أن الموت قدر لا سبيل إلى تجنبه انصرف إلى تحقيق بقائه في فكر ينشره ويبقى بعده، أو خلف يخلفه فيمثل استمراره ووجوده، أو ضجة يحدثها لتبقى له بها ذكرى في نفوس الأجيال التالية، أو عمل يمارس الدور الذي كان يقوم به في أثناء حياته.. إلخ[1].

فالحرية إذن مطلب أساسي من مطالب الإنسان في مسيرته على وجه الأرض، وبالحرية يتحقق للإنسان ما يصبو إليه من حياته، وعن طريق الحرية يرشد عقله وتنمو وتتجدد ملكاته الإنسانية، وعن طريق الحرية كذلك تتحقق للإنسان العديد من الإنجازات، وهو أمر مشاهد والتاريخ يثبته قديمًا وحديثًا، والناس يتفاوتون في طلب الحرية، ولكن تبقى الحرية مطلب لكل الناس، وبالتالي لا حضارة للبشر إلا إذا كانت هناك حرية.

ونظام الإعلام الإسلامي يركز على الحرية. إذ إن الإسلام حتى في أهم ركائز العقيدة لم يفرضها بالقوة ولا بالإكراه، وإنما جعل الحرية تقود إلى العقيدة، والقرآن نفسه كتابًا إعلاميًا بيانيًا علم الناس أساليب الحوار وحرض عليها في كثير من الآيات والمواقف، قال تعالى: ﴿لَآ إِكۡرَاهَ فِي ٱلدِّينِۖ قَد تَّبَيَّنَ ٱلرُّشۡدُ مِنَ ٱلۡغَيِّۚ فَمَن يَكۡفُرۡ بِٱلطَّٰغُوتِ وَيُؤۡمِنۢ بِٱللَّهِ فَقَدِ ٱسۡتَمۡسَكَ بِٱلۡعُرۡوَةِ ٱلۡوُثۡقَىٰ لَا ٱنفِصَامَ لَهَاۗ وَٱللَّهُ سَمِيعٌ عَلِيمٌ ﴿٢٥٦﴾﴾ [البقرة]. فالرسل هم القائمون بالإعلام والاتصال ورسول الله ﷺ أعظمهم، فليس له أن يكره الناس وإنما يترك لهم الحرية، قال تعالى: ﴿وَمَا عَلَى ٱلرَّسُولِ إِلَّا ٱلۡبَلَٰغُ ٱلۡمُبِينُ ﴿٥٤﴾﴾ [النور].

وهذه الحرية من خصائص نظام الإعلام الإسلامي في مجال النشر أي الصحافة والإذاعة والتلفزيون، وغيرها من وسائل الاتصال التي يمكن أن تستغل في النشر والإذاعة.. وهي

---

(1) رمضان لاوند، من قضايا الإعلام في القرآن (بدون طبعة، بدون دار نشر، بدون تاريخ) ص147 - 149.

وسائل تطورت تطورًا ملحوظًا في العصر الحديث، وكانت الحرية ضرورية لهذه الأجهزة، والوسائل التي تؤدي مهامًا في المجتمع لخلق رأي عام مستنير توفر هذه الوسائل المعلومات الصحيحة والمفيدة، وكل وسائل الإعلام والاتصال يستخدمها نظام الإعلام الإسلامي. وفي نظام الإعلام الإسلامي يتمتع الفرد والمؤسسات بحرية نشر، وإذاعة المعلومات، وبثها في المجتمع بدون قيود ولا حجر ولا إكراه، ذلك لأن الحرية مبدأ إسلامي أصيل جاءت به الآيات والأحاديث وطبقه رسول الله ﷺ، وأصبحت الحرية -ولا تزال- من مقومات المجتمع الإسلامي مع المساواة والعدل والشورى، إذ إنها دعائم المجتمع الإسلامي ومقوماته ومميزاته، ومن منطلق أهمية المعلومات في المجتمع الإسلامي جعل نظام الإعلام الإسلامي حرية نقل المعلومات -مع المسئولية- واحدة من خصائصه المهمة[1]. ولكن ذلك لا يعني أن حرية نقل المعلومات تسوغ وتسوق إلى الفوضى، إنما هي حرية مصحوبة بالمسئولية أمام الله وأمام المجتمع المسلم، وفي الحديث مسئوليات تليها مسئوليات أخرى، قال ﷺ: (كلكم راع، ومسئول عن رعيته؛ الإمام راع ومسئول عن رعيته، والرجل راع في أهله ومسئول عن رعيته، والمرأة راعية في بيت زوجها ومسئولة عن رعيتها، والخادم راع في مال سيده ومسئول عن رعيته، وكلكم راع ومسئول عن رعيته) (متفق عليه).

فالإنسان والمجموعات العاملة في مجال نظام الإعلام الإسلامي هي الأخرى لها حرية، ولكن مسئولة كهذه المجموعات المتقدمة في الحديث، والحرية مقيدة بالمسئولية، والمسئولية لها ضوابط، عقدية وشرعية وأخلاقية، حتى لا تحدث الفوضى باسم الحرية، وهذا ما جعل علماء الإعلام الغربي عندما ضاقوا ذرعًا بالحرية، وعندما تحولت الحرية إلى فوضى من جراء نظام ونظرية الحرية في الإعلام -وهي النظرية الوعاء للإعلام في كل من الولايات المتحدة وفي أوربا الغربية واليابان-. فعندما تحولت هذه النظرية إلى فوضى ألجأت العلماء إلى نظرية المسئولية الاجتماعية[2].

ومنذ فجر الإسلام، وممارسة الدعوة إلى الإسلام تتم عن طريق وسائل الإعلام المتاحة في كل زمان ومكان. وهناك وسائل استغلها رسول الله ﷺ وصحابته من بعده حيث كان الإعلام يتميز بالحرية والمسئولية التي لها ضوابط في الشرع الإسلامي.

إذن، فمن خصائص نظام الإعلام الإسلامي أنه نظام حر في نقل المعلومات، ولكن

---

(1) يمكن للقارئ أن يراجع المبحث الثالث من الفصل الرابع .
(2) محمد سيد محمد، المسئولية الإعلامية في الإسلام، الطبعة الأولى (الرياض : دار الرفاعي ، 1983م ) ص215.

مسئول عما ينقله من معلومات حتى لا يؤدي نقله للمعلومات إلى ضرر أو فساد أو فوضى، كما هو الحال في نظام الإعلام الغربي والذي أدى بدوره إلى ابتداع نظرية المسئولية الاجتماعية للحد من تلك الفوضى، كما ذكرنا.

* * *

# الفصل الرابع
# أهداف نظام الإعلام الإسلامي

**ويحتوي على خمسة مباحث كما يلي:**

المبحث الأول   : نشر عقيدة التوحيد.

المبحث الثاني : تقويم بنيان المجتمع.

المبحث الثالث : توفير المعلومات الصحيحة.

المبحث الرابع : تجميع طاقات المسلمين.

المبحث الخامس: التصدي للحملات التي تواجه المسلمين.

\* \* \*

## المبحث الأول
## نشر عقيدة التوحيد

ما هي العقيدة التي جعلناها على رأس أهداف نظام الإعلام الإسلامي؟

العقيدة جمعها العقائد، وهي الأمور التي تصدق بها النفوس، وتطمئن إليها القلوب، وتكون يقينًا عند أصحابها، لا يمازجها ريب ولا يخالطها شك. و(عقد الحبل): شد بعضه. نقيض حله، ومادة (عقد) في اللغة: مدادها اللزوم والتأكد والاستيثاق ففي القرآن: ﴿لَا يُؤَاخِذُكُمُ اللَّهُ بِاللَّغْوِ فِي أَيْمَنِكُمْ وَلَكِن يُؤَاخِذُكُم بِمَا عَقَّدتُّمُ الْأَيْمَنَ﴾ [المائدة:89]، وتعقيد الأيمان إنما يكون بقصد القلب وعزمه، بخلاف لغو الحديث ولغو اليمين التي تجري على اللسان بدون قصد قال تعالى: ﴿يَأَيُّهَا الَّذِينَ ءَامَنُوٓا أَوْفُوا بِالْعُقُودِ﴾ [المائدة:1].

(والعقود) أوثق العهود، ومنه قوله تعالى المتقدم في سورة المائدة. وتقول العرب: اعتقد الشيء: صلب واشتد (1).

جاء هذا في كتاب (العقيدة في الله)(2).

ويجيء اهتمام نظام الإعلام الإسلامي بنشر العقيدة الإسلامية انطلاقا من أن التشريع الإسلامي قد اهتم ببيان الركن الأول والأساسي في الإسلام وهو: العقيدة والإيمان بالله وتوحيده، ونبذ عبادة الأصنام، وأن الله هو الخالق الرازق القادر على كل شيء، وأنه هو الذي أحياهم ويميتهم، وقد أقام الإسلام الدعوة إلى هذا كله على أساس من الأدلة العقلية والتاريخية، وكلها كثيرة ومتوافرة، وقضية الإيمان والكفر هي قضية الإنسانية عامة؛ لأنها تتصل بعلاقة الإنسان بربه، والأساس الذي يقوم عليه الإيمان هو الاعتقاد بوجود الله وبوحدانيته التي لا يشاركه فيها أحد، والاعتقاد بأن محمدًا رسول الله ﷺ وخاتم النبيين. وهذا هو الأساس الذي يتممه الاعتقاد ببقية الرسل والكتب المنزلة واليوم الآخر، وتأكيدًا لهذه الحقيقة يحدد الله سبحانه وتعالى المهمة المشتركة والتي من أجلها أرسل رسوله ﷺ، قال تعالى: ﴿وَمَآ أَرْسَلْنَا مِن قَبْلِكَ مِن رَّسُولٍ إِلَّا نُوحِي إِلَيْهِ أَنَّهُ لَآ إِلَهَ إِلَّا أَنَا۠ فَاعْبُدُونِ ٢٥﴾ [الأنبياء].

ويقول تعالى: ﴿وَلَقَدْ بَعَثْنَا فِي كُلِّ أُمَّةٍ رَّسُولًا أَنِ اعْبُدُوا اللَّهَ وَاجْتَنِبُوا الطَّغُوتَ﴾ [النحل:36]. والطاغوت هو الباطل مطلقًا في العقائد وغيرها.

---

(1) ابن منظور، لسان العرب 2/836.
(2) عمر سليمان الأشقر، العقيدة في الله، الطبعة العاشرة (الأردن : دار النفائس ، 1995م) ص 11-12.

ونظام الإعلام الإسلامي إعلام عقائد، ونشر عقيدة التوحيد أهم أهدافه وكذا العقيدة الإسلامية أو (الأيدولوجية) الإسلامية، وكذلك الفلسفة الإعلامية الإسلامية لابد أن تعكس العقيدة الإسلامية. ونظام الإعلام الإسلامي أيضًا يجعل همه أن يوضح زيغ وضلال العقائد الفاسدة غير عقيدة الإسلام. ويقع على عاتق الإسلام نقد العقائد الأخرى [1].

ويلزم نظام الإعلام الإسلامي حتى يحقق أهداف نشر العقيدة الإسلامية أن يأخذ في اعتباره أن الإسلام هو المنهاج الصحيح للإنسان، لأنه هو الحق ولا يصح له طريق آخر حقًا وعدلًا، قال تعالى: ﴿إِنَّ رَبَّكُمُ ٱللَّهُ ٱلَّذِى خَلَقَ ٱلسَّمَٰوَٰتِ وَٱلْأَرْضَ فِى سِتَّةِ أَيَّامٍ ثُمَّ ٱسْتَوَىٰ عَلَى ٱلْعَرْشِ﴾ [الأعراف:54] ، كما أن نظام الإعلام الإسلامي من أهدافه ربط الجانب العاطفي الإسلامي بالجانب العقدي الروحي [2].

وبالطبع، فإن من أهداف نظام الإعلام الإسلامي -كما تقدم-: أن يعكس العقيدة الإسلامية، وهو غرض مستمر على مر العصور والأجيال. ولابد أن يخدم نظام الإعلام الإسلامي الإسلام ويوضح بأنه الطريق المستقيم أو الصراط المستقيم [3].

ونظام الإعلام الإسلامي لابد له من ضابط يحتكم إليه ويهتدي به؛ حتى لا تزيغ به الأهواء، والعقيدة الإسلامية هي الركيزة الأولى في دعائم الفكر الإسلامي، فأي فكر صحيح يجب أن يأخذ في اعتباره: الإيمان بالله وحده، والإيمان بالملائكة والكتب والرسل، والإيمان باليوم الآخر وما فيه من حساب وجزاء. وفي ضوء هذه العقيدة يكون حكمه على المواضيع الإعلامية وصياغتها بما يتناسب مع العقيدة [4].

وعلى هذا فإن نظام الإعلام الإسلامي ينبغي أن يؤثر في الناس ويحارب في نفوسهم ما يذاع من الخرافات والأوهام ويوجههم إلى العقيدة السليمة، لتقوية وحدة الأمة وقوتها ولتقوم على أساس الحق قويَّ الأركان ثابت الدعائم [5].

وعليه فإن نظام الإعلام الإسلامي يستمد كل قيمه من الله سبحانه وتعالى، فلا اعتبار

(1) محمد سيد محمد، المسئولية الإعلامية في الإسلام، بدون طبعة (القاهرة: مكتبة الخانجي، بدون تاريخ) ص 258.
(2) نخبة من المفكرين والكتاب، مقالات في الدعوة والإعلام الإسلامي، الطبعة الأولى (الدوحة: رئاسة المحاكم الشرعية ، 1411هـ) .
(3) محمد سيد محمد، المسئولية الإعلامية في الإسلام ، الطبعة الأولى (القاهرة : مكتبة الخانجي، 1983م) ص 258.
(4) تيسير محجوب الغتياني ، مقومات رجل الإعلام الإسلامي ، الطبعة الأولى (عمان : دار عمار ، 1987م) ص114.
(5) المرجع نفسه، ص 112 .

لقيمة من قيم الحياة كلها إذا لم تقبل في ميزان الله، ولا شرعية لوضع أو تقليد أو تنظيم يخالف منهج الله؛ لأن العقيدة تحدد منهج الحياة ونظامها تحديدًا كاملًا ودقيقًا في التصور والاعتقاد والحياة والسلوك. ويوضح نظام الإعلام الإسلامي أن العقيدة الصحيحة لا مكان فيها لعبودية إلا لله ولا مكان للاستمداد والتلقي إلا من الله في كل أمور الحياة(1).

ونظام الإعلام الإسلامي مناط به أن يسهم بوضوح في العمل من أجل تعميق مشاعر الولاء للإسلام، والاعتزاز بالهوية المميزة للأمة الإسلامية، والرغبة الصادقة في الارتفاع بمستوى الأمة، من حال الهوان والذل والتخلف إلى مرافئ العزة والتقدم بالقول والعمل والعاطفة والعقل. ولابد أن يدافع نظام الإعلام الإسلامي عن الإسلام عقيدة وحضارة وثقافة وواقعًا، ولذلك عليه رد كيد الأعداء عن الإسلام وتفنيد الشبهات التي تلصق به بغير وجه حق. وعلى نظام الإعلام الإسلامي أن يذب عن العقيدة الإسلامية الحرب الإعلامية المعلنة عليه (2).

**ومن أهداف نظام الإعلام الإسلامي:** توضيح أن العقيدة الإسلامية أساسها التفكير والنظر، ولابد أن يكون الإيمان بها عن يقين واقتناع لا عن تقليد واتباع، ولذلك كان إيمان المقلد مشكوكًا فيه(3).

إن أمتنا الإسلامية تواجه تحديات إعلامية من نوع خاص، وهي التحديات التي تستهدف العقيدة والفكر والعقل والوجدان وذاكرة الأمة وكيانها وتاريخها.. وهذه أخطر التحديات التي ينبغي علينا أن نواجهها، وأصبح لزامًا على نظام الإعلام الإسلامي أن يردَّ على افتراءات المغرضين على الشبكة الدولية للمعلومات. إذ إن هذه الشبكة تقدم صورة غير صحيحة وبشعة للإسلام(4).

على نظام الإعلام الإسلامي أن يُعلِّم الناس أن الدين دينٌ يتعلم فيه الفرد أن الدنيا ليست نهاية المطاف، ولا هي كل شيء؛ وإنما هي دار مؤقتة، بنيت على النقص لا الكمال، وأن الفرد فيها يتمتع بأنواع قليلة من المتع، وأنها مزرعة للآخرة التي هي الحياة الأبدية الخالدة، وعلى

---

(1) أحمد فائز ، طريق الدعوة في ظلال القرآن ، 62/2 .
(2) عبد القادر طاش ، الإعلام وقضايا الواقع الإسلامي ، الطبعة الأولى (الرياض : مكتبة العبيكان ، 1995م) ص44.
(3) محيي الدين عبد الحليم ، الدعوة الإسلامية ، بدون طبعة (القاهرة : دار الفكر ، بدون تاريخ) ص 121 .
(4) انظر ، عبد المجيد شكري ، الإعلام الإسلامي ، الطبعة الأولى (القاهرة : العربي للنشر والتوزيع ، 1999م) ص8.

هذا فإن الأعمال الدنيوية والسلوكيات المختلفة فيها معلقة بأمور العبادات، وهذه وتلك تتعلق بالسعادة في الحياة الآخرة.

ومن أهداف نظام الإعلام الإسلامي -كما هو معروف- أن يقوم بإقناع المسلمين وغير المسلمين بهذه الحقائق، حتى يكون الفرد راضيًا بحياته الدنيوية غير ساخط على الوضع الذي يعيشه -إن كان فقيرًا أو مريضًا ... إلخ- فهو وإن كان محروم من أي نوع من النعم إلا أنه يتمتع بغيرها. ويعيش حياة دنيوية مؤقتة يجب الرضا بها والقناعة بما فيها من قليل أو كثير، وعليه أن يحسن أخلاقه وسلوكياته حتى ينعم بالحياة الآخرة التي هي دار الخلود، والتي يكون النعيم فيها من أجلّ وأبهى الصور؛ حيث إن فيها ما لا عين رأت، ولا أذن سمعت، ولا خطر على قلب بشر (1).

ونظام الإعلام الإسلامي لابد أن يحمل رسالة الإسلام واضحة، فالإسلام ينبغي أن يكون اعتناقه عن إيمان، واقتناع لا عن إكراه وتقليد، لذلك فهو لا يكره أحدًا على الدخول فيه لأن طبيعة الإيمان تتناقض مع الإكراه، وغاية الإسلام أن يختار الإنسان مصيره، ويتحمل مسئوليته.

ولذلك فإن الله يبين في القرآن الكريم أن الإسلام يرغب فيمن يدخله عن صدق ويتقبله عن يقين، فلا حسرة ولا أسف ولا إكراه ولا تضليل، ولكن حرية مطلقة في الاختيار (2).

وحرية الاعتقاد -التي من أهداف نظام الإعلام الإسلامي أن يخدمها- تلقي هي بدورها على المرء تبعة اختياره وتُحمّله مسئولية حريته، ولذا أكد القرآن عليها وأشار إلى أن مهمة الرسول مهمة إعلام وبلاغ فقط، تأكيدًا وترسيخًا لمبدأ الحرية، قال تعالى: ﴿فَإِنْ أَسْلَمُوا فَقَدِ اهْتَدَوا وَإِن تَوَلَّوْا فَإِنَّمَا عَلَيْكَ الْبَلَاغُ﴾ [آل عمران:20].

والمبدأ الإسلامي في حرية الاعتقاد واضح، تؤيده الكثير من الآيات والأحاديث، وواضح أيضًا أهمية نظام الإعلام الإسلامي في هذا الجانب، لأن الدعوة الإسلامية دعوة بلاغ وإعلام، ومهمة الرسول ﷺ مهمة إعلامية بالدرجة الأولى، تقوم على الإقناع وليس على الإكراه، فتعتمد على الكلمة الطيبة والدعوة بالحسنى، وما أكثر الآيات التي تحث الرسول ﷺ ودعاة الإسلام على البعد عن الإكراه واستبعاد العنف؛ لأن الإسلام ليس بحاجة إلى هؤلاء

_____

(1) عبد الوهاب كحيل، الأسس العلمية والتطبيقية للإعلام الإسلامي، الطبعة الأولى (بيروت: عالم الكتب، 1985م) ص 96-97.
(2) محيي الدين عبد الحليم، الدعوة الإسلامية والإعلام الدولي، مرجع سابق، ص 132-133.

- 51 -

الذين يدخلون هذا الدين دون اقتناع ورضا، وهذه واحدة من مهام الإعلام في نشر عقيدة التوحيد[1].

ونظام الإعلام الإسلامي في الأصل قائم على العقيدة والإيمان ومرتبط بأحكام الإسلام وتعاليمه وهديه وأخلاقه، فإن أول ما نزل على الرسول ﷺ، ﴿ٱقْرَأْ بِٱسْمِ رَبِّكَ ٱلَّذِى خَلَقَ ﴿١﴾ خَلَقَ ٱلْإِنسَٰنَ مِنْ عَلَقٍ ﴿٢﴾ ٱقْرَأْ وَرَبُّكَ ٱلْأَكْرَمُ ﴿٣﴾ ٱلَّذِى عَلَّمَ بِٱلْقَلَمِ ﴿٤﴾ عَلَّمَ ٱلْإِنسَٰنَ مَا لَمْ يَعْلَمْ ﴿٥﴾﴾ [العلق]، والقراءة مفتاح التعلم وأول وسائل التبليغ والإعلام، قال تعالى: ﴿يَٰٓأَيُّهَا ٱلرَّسُولُ بَلِّغْ مَآ أُنزِلَ إِلَيْكَ مِن رَّبِّكَ ۖ وَإِن لَّمْ تَفْعَلْ فَمَا بَلَّغْتَ رِسَالَتَهُۥ ۚ وَٱللَّهُ يَعْصِمُكَ مِنَ ٱلنَّاسِ ۗ إِنَّ ٱللَّهَ لَا يَهْدِى ٱلْقَوْمَ ٱلْكَٰفِرِينَ ﴿٦٧﴾﴾

[المائدة]

والتبليغ ضرب من ضروب الإعلام، ونشر الدعوة من أولى واجبات الرسول ﷺ، وهو واجب على الأمة الإسلامية، ويبقى بالتالي من أهداف نظام الإعلام الإسلامي[2]، قال تعالى: ﴿كُنتُمْ خَيْرَ أُمَّةٍ أُخْرِجَتْ لِلنَّاسِ تَأْمُرُونَ بِٱلْمَعْرُوفِ وَتَنْهَوْنَ عَنِ ٱلْمُنكَرِ وَتُؤْمِنُونَ بِٱللَّهِ﴾.

[آل عمران:110]

ونشر عقيدة التوحيد أول ما يهتم به نظام الإعلام الإسلامي، كما أنه من أولويات هذا الإعلام.

* * *

(1) محيي الدين عبد الحليم، الدعوة الإسلامية والإعلام الدولي، مرجع سابق، ص 123-124.

(2) محمد عجاج الخطيب، أضواء على الإعلام في صدر الإسلام، الطبعة الأولى (سوريا: مؤسسة الرسالة، 1985م) ص 13.

## المبحث الثاني
## تقويم بنيان المجتمع

لابد لنظام الإعلام الإسلامي أن يهتم بتقويم المجتمع وإصلاحه، ونظام الإعلام الإسلامي يستهدف ترقية اهتمام الناس، والسمو بعقولهم ووجدانهم وسلوكهم، وإشاعة الثقافة الإسلامية بمبادئها السامية وقيمها الرفيعة، ومحو الأمية وانضمامها فكرًا ووجدانًا وولاءً وتطبيقًا، مع بث روح الألفة والمودة والتعارف والتآلف والانسجام بين سائر المسلمين، وتبديد الغربة فيما بينهم. ونظام الإعلام الإسلامي يساهم في بناء وتقويم المجتمع المسلم، فـ(من لم يهتم بأمر المسلمين فليس منهم)، وينظر إلى كافة الأحداث والأخبار والمعلومات والأحكام بمنظور إسلامي أصيل، وهو يتبنى قضايا المسلمين ويبرزها ويحللها، ويعرض أنجح الحلول لها ملحًّا على المطالبة بحقوق المستضعفين، حاثًّا على مناصرتهم والعمل على إنصافهم [1]. ولنظام الإعلام الإسلامي هدف تنسيقي تضامني يعمل على تماسك الأمة الإسلامية واعتصامها بحبل اللـه جميعًا، فلا فرقة ولا انقسام، بل تعاون على البر والتقوى، والتزام دائم بالقيم الإسلامية، ودعوة متجددة إلى التضامن والتكافل والتعاضد والتكامل [2].

إن المجتمع يتشكل عن طريق وسائل الإعلام التي يتصل بها الناس أكثر مما يتشكل بمضمون الاتصال.

ووسائل الإعلام أداة قوية لضبط المجتمع، ولذلك لابد أن يوجه نظام الإعلام الإسلامي وسائل الإعلام ويرعاها حتى تسهم في إنشاء مجتمع على الوصف الإسلامي، ومن ثَمَّ تتابع هذا المجتمع القويم حتى لا ينحرف عن أهدافه ومبادئه [3].

إن عصرنا الحالي هو عصر الإعلام، لا لأن الإعلام ظاهرة جديدة في تاريخ البشر، بل لأن التكتيك الحديث في الإعلام قد بلغ غايات بعيدة جدًا في سعة الأفق وعمق الأثر وقوة التوجيه [4].

ـــــــــــــــــــــــــــــ
(1) إبراهيم إمام ، أصول الإعلام الإسلامي ، بدون طبعة (القاهرة : دار الفكر العربي بدون تاريخ) ص 32 .
(2) المرجع نفسه، ص 53 .
(3) عبد العزيز شرف، الإعلام الإسلامي، بدون طبعة (القاهرة : دار قباء 1998م) ص25 .
(4) الندوة العالمية للشباب الإسلامي، الإعلام الإسلامي والعلاقات العامة، بدون طبعة (شركة العبيكان للطباعة والنشر، بدون تاريخ) ص 50 .

ومن هنا تأتي أهمية نظام الإعلام الإسلامي التي لا تقتصر ـ على التعبير عن الشعب، والتصوير لحال الأمة، وإنما تتجاوز ذلك لأهمية تربوية بنائية. ونظام الإعلام الإسلامي تربية وثقافة مستمرة، ووسائل الإعلام أدوات للتنمية الحقيقية للأمم، وعندما ندرك أهمية وسائل الإعلام في بناء وتقويم المجتمع ندرك أن القيادات الإعلامية هي أرقى القيادات في الأمة وأرقاها تخصصًا وأحوجها إلى الإحاطة والتكامل، ذلك أن من أبرز مهام الإعلام ومسئولياته توجيه المجتمع وتوجيه الحاكم وترشيد المواطن، ولذلك فكل الخطورة أن ينقلب إلى تكريس أخطاء الحاكم، وبذلك يمهد للقضاء عليه ويساهم بإلغاء المواطن [1]. ومن الأفكار التي تؤدي إلى تقويض المجتمع الإسلامي (الشائعات)، فلابد أن يتصدى نظام الإعلام الإسلامي إلى الشائعات في سبيل تقويم المجتمع والحفاظ على بنائه، وأن يرد عليها مستعملًا كل الوسائل والأساليب المتعلقة بالشائعات، لأنها أكثر ما تستخدم في الأوضاع المتوترة من حيث يشعر تجار الحروب والمنتفعون أو المتهورون بأن هذه فرصتهم للإيقاع بين الخصوم، واستعمال سلاح الشائعات يستعجل بطريقة أو بأخرى إيقاع الحرب والصدام بين الفريقين المتصارعين، مما يؤدي إلى تقويض بنيان المجتمع، فيقع على عاتق نظام الإعلام الإسلامي، وفي سبيل تقويم بنيان المجتمع أن يتصدى للرد على الشائعات كواحدة من الأسلحة التي استخدمت من قبل، ولا تزال تستخدم من قبل الإعلام المعاصر بهدف تقويض بنيان المجتمع المسلم [2].

فالإعلام يوضح لنا بشأن تقويض بنيان المجتمع أن لدى اليهود 244 صحيفة أو يزيد في الولايات المتحدة منها 58 دورية.. وثلاثين دورية في كندا...، و118 صحيفة في أمريكا الجنوبية، و348 دورية ومجلة في أوربا [3].

وبالتالي فإن نظام الإعلام الإسلامي إعلام إنساني شامل يدعو المجتمع إلى اتباع الدين من حيث الوحدانية والتوحيد، والوحدة الإنسانية في آن واحد معًا، وإن اختلف الناس أجناسًا وقبائل، قال تعالى:

﴿ وَمِنْ ءَايَٰتِهِۦ خَلْقُ ٱلسَّمَٰوَٰتِ وَٱلْأَرْضِ وَٱخْتِلَٰفُ أَلْسِنَتِكُمْ وَأَلْوَٰنِكُمْ إِنَّ فِى ذَٰلِكَ لَءَايَٰتٍ لِّلْعَٰلِمِينَ ﴾

(٢٢) [الروم] .

(1) نخبة من المفكرين والكتاب، مقالات في الدعوة والإعلام الإسلامي، الطبعة الأولى (قطر: رئاسة المحاكم الشرعية والشئون الدينية) ص25-26.
(2) سليم عبد الله حجازي، منهج الإعلام الإسلامي في صلح الحديبية، الطبعة الأولى (جدة: دار المنار، 1986م) ص59.
(3) نخبة من المفكرين والكتاب، مقالات في الدعوة والإعلام، مرجع سابق، ص 24.

كما أنه في سبيل تقويم بنيان المجتمع وفقًا للمبادئ الإسلامية يدعو إلى المساواة، قال تعالى: ﴿يَٰٓأَيُّهَا ٱلنَّاسُ إِنَّا خَلَقْنَٰكُم مِّن ذَكَرٍ وَأُنثَىٰ وَجَعَلْنَٰكُمْ شُعُوبًا وَقَبَآئِلَ لِتَعَارَفُوٓا۟ إِنَّ أَكْرَمَكُمْ عِندَ ٱللَّهِ أَتْقَىٰكُمْ إِنَّ ٱللَّهَ عَلِيمٌ خَبِيرٌ ﴿١٣﴾﴾ [الحُجُرات]؛ لأن المساواة هي أساس الإعلام الإنساني في التصور الإسلامي، كما أن التعارف يقتضي من وسائل الإعلام إشاعة المودة والتعاون في كل أنحاء العالم، ومن جانب آخر فإن العدالة أساس العلاقات الإنسانية في الإعلام الإنساني، يقول تعالى: ﴿يَٰٓأَيُّهَا ٱلَّذِينَ ءَامَنُوا۟ كُونُوا۟ قَوَّٰمِينَ بِٱلْقِسْطِ شُهَدَآءَ لِلَّهِ وَلَوْ عَلَىٰٓ أَنفُسِكُمْ أَوِ ٱلْوَٰلِدَيْنِ وَٱلْأَقْرَبِينَ إِن يَكُنْ غَنِيًّا أَوْ فَقِيرًا فَٱللَّهُ أَوْلَىٰ بِهِمَا فَلَا تَتَّبِعُوا۟ ٱلْهَوَىٰٓ أَن تَعْدِلُوا۟ وَإِن تَلْوُۥٓا۟ أَوْ تُعْرِضُوا۟ فَإِنَّ ٱللَّهَ كَانَ بِمَا تَعْمَلُونَ خَبِيرًا ﴿١٣٥﴾﴾ [النساء].

ونظام الإعلام الإسلامي بخلاف أي إعلام، وعلى وجه الخصوص الإعلام الدولي المعاصر، فهو إعلام إيجابي يصل بين الإنسان وخالقه، ويوضح حقائق الهداية، ويوجه الإنسان إلى البناء من أجل الحياة الدنيا والآخرة[1].

وأيضًا في سبيل تقويم بنيان المجتمع وتحصينه من الانحراف يلزم التصدي للبلبلة التي يقع فيها العالم الإسلامي؛ نتيجة لكثرة الآراء والاتجاهات وإدخال الكثير من الضلالات والمفتريات، مثل الدعوات المنحرفة التي أوجدها الاستعمار والصهيونية؛ وسخر لها القوة المادية والفنية، ودعمها بشتى الوسائل؛ لإيقاع البلبلة في أفكار أفراد المجتمع المسلم: كالقاديانية والبهائية، والشيوعية بوجه خاص، مع العلم بأن هناك صلات قائمة إلى الآن بين الاستعمار والصهيونية وبين الدعوات المنحرفة، وأعداء الإسلام. ولليهود أثر كبير في السيطرة على وسائل الإعلام؛ كالإذاعة والصحافة والسينما ووكالات الأنباء، حيث يستخدمونها في الحرب النفسية وإشاعة الفوضى وزعزعة القيم الأخلاقية[2].

وعليه يعد تقويم بنيان المجتمع من أهم أهداف نظام الإعلام الإسلامي التي ينبغي على القائمين على وسائل الإعلام أن يعدُّوا لها العدة وأن يعملوا لتحقيق هذا الهدف بشتى الوسائل الإعلامية المشروعة.

ويستطيع نظام الإعلام الإسلامي تحقيق هذا الهدف إذا ما تقيد بما شرع اللـه حتى يصل إلى واحد من أهدافه (تقويم بنيان المجتمع)، وذلك في علاقات الأفراد وعلاقات الشعوب

(1) عبد العزيز شرف، الإعلام الإسلامي وتكنولوجيا الاتصال، مرجع سابق، ص 139.
(2) المرجع السابق، ص 121.

والأمم، بل والعلاقات الدولية التي هي أعظم شأنًا وخطرًا ، ففي مجال العلاقات الدولية مثلًا نتأمل

قوله تعـالى: ﴿ مَّن يَشۡفَعۡ شَفَٰعَةً حَسَنَةً يَكُن لَّهُۥ نَصِيبٞ مِّنۡهَاۖ وَمَن يَشۡفَعۡ شَفَٰعَةً سَيِّئَةً يَكُن لَّهُۥ كِفۡلٞ

مِّنۡهَاۗ وَكَانَ ٱللَّهُ عَلَىٰ كُلِّ شَيۡءٖ مُّقِيتٗا ۝ وَإِذَا حُيِّيتُم بِتَحِيَّةٖ فَحَيُّواْ بِأَحۡسَنَ مِنۡهَآ أَوۡ رُدُّوهَآۗ إِنَّ ٱللَّهَ كَانَ عَلَىٰ كُلِّ

شَيۡءٍ حَسِيبٗا ۝ ﴾ [النساء].

وعليه، فنظام الإعلام الإسلامي يقدر أن الكلمة تملك عبقرية البناء كما تملك عبقرية الهدم [1].

* * *

---

(1) محمود محمد عمارة ، الإعلام الإسلامي في مواجهة الإعلام المادي ، الطبعة الأولى (المنصورة : دار الكلمة للنشر والتوزيع ، 1999م)
ص 12.

## المبحث الثالث
## توفير المعلومات الصحيحة

تجْمع الآراء على أننا نعيش اليوم مجتمع المعلومات، حيث لم تعد أهمية المعلومات في اتخاذ القرارات وحل المشكلات خافية على أحد، وتداول المعلومات في المجتمع ظاهرة غاية في التنوع والتعقد، وبقدر ما يزداد فهمنا لها تزداد فعاليتها، ولا يمكن لعلم المعلومات الذي يرمي لتنمية قدرتنا على فهم ظاهرة المعلومات أن يرسي أساسًا راسخًا لتطوره إلا بتوسيع قاعدته المعرفية[1].

وتبرز أهمية المعلومات الصحيحة التي ينبغي أن يوفرها نظام الإعلام الإسلامي في كثير من المجالات، حيث إن المعلومات أصبحت إحدى ركائز حياتنا المعاصرة، ولكن هذه المعلومات تصبح بلا قيمة إذا لم تصل إلى مريديها في الوقت المناسب وبالقدر المناسب[2].

ولكن، ما هي المعلومات التي جعلناها من أهداف نظام الإعلام الإسلامي وأنه ينبغي عليه أن يوفرها وأن تكون صحيحة؟

ذكر د. حشمت قاسم أن المعلومات هي البيانات التي يمكن استثمارها في اتخاذ القرارات، وحل المشكلات[3].

إن المعلومات في نظر الشخص العادي هي: الرسائل والأنباء والبيانات والمعرفة، والوثائق والإنتاج الفكري، والاستخبارات والرموز والإشارات والتلميحات والأفكار المفيدة، وكل ما تقوم بجمعه مراكز البحث وأجهزة الأمن[4]، ومن الصعب -إن لم يكن من المستحيل- حصر كل المحاولات لتعريف المعلومات، فهناك وفق أحد التقديرات أكثر من أربعمائة تعريف للمعلومات، أسهم بها مختصون ينتمون إلى مجالات مختلفة وثقافات وبيئات متباينة[5].

هناك إجماع على أننا نعيش اليوم (مجتمع المعلومات) فلم تعد الأهمية -كما تقدم- خافية على أحد، إذ إن متطلبات الحياة بوجه عام تحتاج لتداول المعلومات في المجتمع، وهي ظاهرة في غاية التنوع والتعقد، وواضح أنها من الأهمية بمكان، وتداول المعلومات نشاط اجتماعي بشري قوامه انتقال المعنى من شخص إلى آخر عبر أي من الوسائل والأدوات والآلات والوسائط التي يمكن أن تتوافر.

---

(1) حشمت قاسم، علم المعلومات، بدون طبعة (القاهرة: مكتبة غريب بدون تاريخ)، صفحة الغلاف الأخيرة.
(2) أحمد بدر، المدخل إلى علم المعلومات والمكتبات، بدون طبعة (الرياض: دار المريخ للنشر، 1985م) ص 347.
(3) المرجع نفسه، ص 17. (4) المرجع نفسه، ص 15. (5) المرجع نفسه، ص 15.

ومعروف أن المعلومات الصحيحة تهدف إلى زيادة فهمنا وإدراكنا في مجالات كثيرة، **ومثال لذلك نذكر** مجالات:

1- سلوك البشر المنتجين للمعلومات كمصادر لها ومتلقين لهذه المعلومات كوسطاء في قنوات الاتصال.

2- الدراسة الكمية لمجتمع الرسائل، من حيث: حجمه، ومعدلات نموه، وتوزيعه، وأنماط إنتاجه، والإفادة منه.

3- التنظيم الدلالي للرسائل والقنوات والذي ييسر التحقق من محتواها من جانب كل من المصدر والمتلقي.

4- المشكلات التي ترتبط بوجه خاص بعمليات اختزان المعلومات وتحليلها واسترجاعها.

5- التنظيم الشامل لنظم المعلومات وأدائها في تداول المعلومات.

6- السياق الاجتماعي لتداول المعلومات وخاصة اقتصاديات التداول وسياساته [1].

هذه نماذج للمجالات التي يهدف علم المعلومات فيها إلى زيادة فهمنا وإدراكنا، تبرز حاجة الإنسان إلى المعلومات الصحيحة وأهمية هذه المعلومات، ومن المؤكد أن المجتمع المسلم المعاصر في حاجة إلى المعلومات الصحيحة، وأن توفر له هذه المعلومات للجماعة والأفراد، ولذلك أصبح من أهداف نظام الإعلام الإسلامي توفير المعلومات الصحيحة التي من شأنها أن تساعد المجتمع والجماعات والأفراد في التعامل وفق هذه المعلومات الصحيحة .

وللمعلومات مصادر يستطيع نظام الإعلام الإسلامي أن يأتي بهذه المعلومات من مصادرها حيث إن هناك مصادر شفوية وأخرى تحريرية وثالثة مصورة.

أ- **المصادر الشفوية**: المحادثة - المحاضرة - التسجيل السمعي - الهاتف - الإذاعة.

ب- **المصادر التحريرية**: الخطاب - الخطوط - النص المكتوب بالآلات - النص المستنسخ - النص المطبوع - النسخة المصورة - النص الإلكتروني - مخرجات الحاسب الآلي - مخرجات الآلات الطابعة عن بعد - مخرجات التليفزيون.

ج- **مصادر مصورة**: الرسم التخطيطي - الرسم الملون - الصورة الضوئية - الشرائح - قصاصات الأفلام - الفلم الصامت - شريط الفيديو.

---

(1) حشمت قاسم ، علم المعلومات بين النظرية والتطبيق، ص م، 14 .

نسبة لأن ثورة الاتصال أحدثت تغييرًا جذريًا في أنماط الحياة العادية للناس، وفي زيادة إنتاجية الأفراد والمجتمعات، ودخلت وسائل الاتصال الحديثة مختلف المؤسسات الإدارية والاجتماعية، ومن بينها المكتبات ومراكز المعلومات[1]، من أجل هذا كله كان لابد للإعلام الإسلامي أن يجعل واحدًا من أهدافه توفير المعلومات الصحيحة لجمهوره.

ونظام الإعلام الإسلامي عن طريق كل الوسائل المشروعة لابد أن يوفر المعلومات الصحيحة في المجتمع المسلم وغير المسلم؛ لأنها تشتمل على كل المباحث الفعلية البحتة،        – وبخاصة ما وراء الطبيعة منها – كما يتناول النظر في المحسوسات المادية والتجارب الصحيحة المؤكدة التي تؤدي إلى الإيمان بكمال وقدرة الله، وسعة علمه[2]. وهو أيضًا يقدم المعلومات الصحيحة في كل ضرب من ضروب العلوم والمعارف؛ إذ إن المعلومات الصحيحة لا تكون قاصرة على العقيدة والفرائض الدينية والشرائع، فالمعلومات الصحيحة تشتمل على كل ما يتعلق بالطبيعة والقوانين وتسخيرها في خلافة الأرض وما يتعلق بالعقيدة والفرائض والشرائع، ولكن المعلومات التي تنقطع عن قاعدة الإيمان ليست هي المعلومة الصحيحة التي يناط بنظام الإعلام الإسلامي أن يقوم عليها ويوفرها للناس.

ومن أهداف نظام الإعلام الإسلامي أن يقدم المعلومات الصحيحة عن الثقافة الإسلامية القائمة على قواعد التصور الإسلامي، وهي ثقافة شاملة لكل حقول النشاط الفكري، والواقعي، والإنساني، وفيها من القواعد والمناهج ما يكفل نمو هذا النشاط وحيويته، وهي وليدة رسالات السماء، وقامت على التوحيد وطابع الأخلاق والجمع بين الدنيا والآخرة، والروح والمادة، وأسلوبها في المعرفة قام على جناحي النظرة العقلية والنظرة الروحية متكاملتين[3]. وفي كل ما تقدم كان لابد لنظام الإعلام الإسلامي أن يجعل من أهدافه توفير المعلومات الصحيحة، وأن يزود بها المجتمع الإسلامي وغيره من المجتمعات، وهدفنا من ذلك أن نزود غير المسلمين بالمعلومات الصحيحة حتى يبنوا رأيهم على فهم وإدراك، خاصة في المسائل التي تهم الإسلام، ذلك لأن كثيرًا من غير المسلمين يبنون الآن مواقفهم على معلومات غير صحيحة عن الإسلام والمسلمين.

* * *

---

(1) أحمد بدر، المدخل إلى علم المعلومات، مرجع سابق ص 347.
(2) تيسير محجوب الغتياني ، مقومات رجل الإعلام، بدون طبعة (الأردن: دار عمار، بدون تاريخ)، ص 229.
(3) تيسير محجوب الغتياني، مقومات رجل الإعلام الإسلامي ، مرجع سابق ، ص240.

## المبحث الرابع
## تجميع طاقات المسلمين

إن نظام الإعلام الإسلامي لابد أن يجعل من أهم وأبرز أهدافه تجميع طاقات المسلمين، وذلك بعد أن يلح على استنهاضها؛ لأن طاقات المسلمين الآن طاقات مبعثرة ومعطلة. ونظام الإعلام الإسلامي بشتى الوسائل المعاصرة والتقليدية عليه دور مهم وهدف سامي هو: أن يعمل على تجميع طاقات المسلمين.

**والسؤال:** ما هي طاقات المسلمين؟ وكيف يمكن لنظام الإعلام الإسلامي أن يقوم بتجميعها؟ هل هي الآن مشتتة؟ وما سبب هذا التشتت؟ فكل هذه أسئلة يجيب عليها نظام الإعلام الإسلامي من خلال منهج يعرض لأسباب التشتت وأضراره.

إن الطاقات التي ينبغي أن يعمل نظام الإعلام الإسلامي ويسعى لتجميعها كثيرة ومتعددة، وسوف نستعرض ثلاثة فقط من طاقات المسلمين: الطاقات الثقافية، والاقتصادية، والسياسية.

وتقف على رأس هذه الطاقات التي تستحق التجميع، طاقة المسلمين الثقافية المنبثقة من العقيدة الإسلامية؛ لأنها التي تحدد هوية المسلمين، وهي أيضًا قوة روحية تؤدي إلى تماسك المسلمين فكريًا، ولابد لنظام الإعلام الإسلامي كذلك أن يعمل على تجميع وتوحيد المسلمين حول ثقافة واحدة تعد من الأهداف المهمة لنظام الإعلام الإسلامي، إذ لابد لنظام الإعلام الإسلامي أن يحمي الذاتية الثقافية للأمة الإسلامية؛ حيث إن احتكار دول الشمال لوسائل الإعلام أدى إلى تعريض الذاتية الثقافية عند كثير من الأمم للخطر ولاسيما الأمة الإسلامية، وفرض نماذج تعكس قيم وأساليب حياة غربية، وهو ما يؤدي إلى السيطرة الثقافية الأمريكية، وتبعية دول الجنوب ثقافيًا لدول الشمال، وقد أكدت لجنة ماكرايد أن آثار التبعية الاقتصادية أو الخضوع السياسي لا يمكن أن تؤدي إلى استقلال حقيقي فعال بدون أن تتوفر موارد الاتصال التي تتطلبها حمايته، وقد قيل بحق: إنه لا يحق للأمة أن تدعي الاستقلال إذا كانت وسائلها الإعلامية تحت سيطرة أجنبية.

وبما أن التنوع والتباين من أهم خصائص الثقافة وأقيمها، فإن العالم بأسره هو الخاسر من جراء احتكار دول الشمال لوسائل الإعلام واستخدامها للسيطرة الثقافية على الأمم الأخرى، ولذلك فإن التصدي للسيطرة الثقافية هو مهمة عاجلة اليوم، وعلى الأخص من

قبل نظام الإعلام الإسلامي الذي ينبغي أن يعمل على تجميع طاقات الأمة المسلمة وتوحيدها في بوتقة واحدة، حتى تحقق الهوية وتنطلق من قوس واحد وتضرب بسهم واحد، لاسيما وأن المسلمين يتعرضون لغزو ثقافي أمريكي وغربي يهدف إلى تبديد طاقاتهم الفكرية والثقافية، وإلى استعمارهم ثقافيًا وفكريًا، وذلك عن طريق تخبط الشعوب الإسلامية في قالب الحياة الأمريكية والغربية كما هو مشاهد، وهي أخطر عملية لتغيير هوية الأمة الإسلامية. كما يهدف الغزو الثقافي إلى تثبيت فكرة سيادة الجنس الأبيض وتقدمه، وبالتالي تتأكد ضرورة التسليم بالسيادة الأمريكية على العالم، بحيث تصبح هذه السيادة الأمريكية هي نهاية التاريخ، وليس هناك أي فائدة من تجميع طاقة المسلمين الثقافية لمقاومة هذه السيادة. ولذلك كان لزامًا على نظام الإعلام الإسلامي ومن مسئولياته أن يواجه الغزو الثقافي الأمريكي وأن يقاومه، وذلك بتجميع طاقة الشعوب الإسلامية الثقافية، وإثارة اعتزاز المسلمين بهويتهم، وذاتيتهم الحضارية، ومقاومة عقيدة الدونية[1].

ولابد لنظام الإعلام الإسلامي في مجال الثقافة من أن يعيد صياغة العقل المسلم وتشكيله والوصول إلى العقل المرتب اليوم، هي دعوة مزدوجة أو ذات هدفين رئيسيين:

1- تصحيح التصور: وذلك بالقدرة على رؤية الخطوط والمسارات الإسلامية، وأن تكون متواصلة متكاملة متوازية لا يصطدم بعضها بالآخر؛ لتأخذ بعدها بضبط وربط. كما يكون تصحيح التصور بالقدرة على تكوين العقلية التي تمتلك أبجديات الثقافة الإسلامية التي تستطيع من خلالها أن تفسر الظواهر الاجتماعية تفسيرًا إسلاميًا، وتصدر عن تصور شامل للكون والحياة والإنسان، ولا تقع فريسة للتفسيرات غير الإسلامية، كما أنها لا تبقى مهوشة غير قادرة على التوازن والاعتدال.

2- تخليص العقل من التركيز على النظرة الجزئية؛ لأن التركيز عليها يؤدي إلى آفات عقلية أقلها العجز والانحسار، كما يؤدي إلى تضخيم دور بعض الفروع والجزئيات، الأمر الذي يقتل الإبداع ويؤثر سلبا على قدرة العطاء عند الإنسان، ويوقع في التقليد، ويحرم صاحبه من الاستفادة من جهود الآخرين، سواء أكان ذلك بالتعامل مع التراث أم بالقدرة على استلهام الكتاب والسنة لمواجهة حاجات العصر المتجددة[2].

---

(1) انظر سليمان صالح، أخلاقيات الإعلام، الطبعة الأولى (الكويت: مكتبة الفلاح، 2002م) ص 289-290.
(2) عماد الدين خليل، حول إعادة تشكيل العقل المسلم، الطبعة الثانية (قطر: رئاسة المحاكم الشرعية والشئون الدينية، بدون تاريخ) ص 10.

وتجميع طاقات المسلمين الثقافية وتوحيد مشاربهم الثقافية يؤدي إلى وحدة فكرية، وبالتالي يؤدي ذلك إلى وحدة عضوية. وهذا كله من أهم أهداف نظام الإعلام الإسلامي.

إن تجميع طاقات المسلمين وتوحيدهم هدف مهم لابد أن يسعى إليه نظام الإعلام الإسلامي من خلال طرقه وطرحه لقضية الوحدة العضوية التي تقودها الوحدة الثقافية والفكرية، ذلك لأن تجميع طاقة المسلمين الثقافية والفكرية هي مقدمة طبيعية لوحدتهم الكبرى المطلوبة والمفقودة الآن، وتجميع بقية الطاقات السياسية والاقتصادية كلها طاقات تقع على عاتق نظام الإعلام الإسلامي والتي ينبغي أن يعمل على تجميعها باعتبار أنها تعرضت إلى التشتت والتفرق جراء الهجمات الاستعمارية المعاصرة، الأمر الذي ألحق أضرارًا بالمسلمين على كافة المستويات وبدّد طاقاتهم، فكان لابد لنظام الإعلام الإسلامي من القيام بتجميع هذه الطاقات من خلال الوسائل الحديثة والتقليدية.

ويقع على عاتق نظام الإعلام الإسلامي أيضًا تجميع طاقات المسلمين الاقتصادية، وهو أمر مهم يعد من أبرز أهدافه. ولهذا لابد من أن يسعى إلى التكامل الاقتصادي والوحدة الاقتصادية في الوطن الإسلامي، لاسيما أن له مناخات متنوعة وبيئات متعددة، سواءً كانت زراعية أو معدنية، وهي طاقات اقتصادية مهمة تحتاج إلى التجميع والتوحد.. والوحدة الاقتصادية في العالم الإسلامي هي هدف مهم من أهداف نظام الإعلام الإسلامي، ولابد أن يبشر بها ويهتم بتجميع طاقات المسلمين الاقتصادية، ويوضح ما يمكن أن يترتب عليها.

وإذا كان من أهداف نظام الإعلام الإسلامي تجميع طاقات المسلمين فلابد أن يكون من أهدافه أيضًا تفجير هذه الطاقات المعطلة، وأن يوضح أن النظام الاقتصادي الإسلامي يقوم على أساس العدالة الاجتماعية والمساواة والعلاقات المعتدلة والمتوازنة، وأنه نظام عالمي بما يحتويه من قيم أزلية تؤمّن حقوق الفرد وتذكره بواجباته تجاه نفسه ومجتمعه، فالإسلام يحرم كافة أنواع الاستغلال ويحترم العمل الشريف ويحدث المسلم دائمًا عن كسب قوته بالوسائل المشروعة والاعتدال في إنفاقها، قال تعالى: ﴿ وَلَا تَجْعَلْ يَدَكَ مَغْلُولَةً إِلَىٰ عُنُقِكَ وَلَا تَبْسُطْهَا كُلَّ الْبَسْطِ فَتَقْعُدَ مَلُومًا مَّحْسُورًا ۝ ﴾ [الإسراء].

والإطار العام للنظام الاقتصادي الإسلامي يتلخص فيما يلي:

1- أن مصادر الثروة تعد أمانة منحها الله للإنسان، وجعله سبحانه وتعالى أمينًا عليها مستخلفًا فيها، وعلى ذلك يحدد المسلم جهوده ونشاطه الاقتصادي داخل نطاق هذه الأمانة والثقة التي أولاها له الله.

2- أن الثروة لابد أن تكون مكتسبة بالعمل والجهد وبوسائل مشروعة ويجب حمايتها والمحافظة عليها واستخدامها طبقًا لما أمرنا به الله ورسوله ﷺ.

3- فكيفما تكفي ثروة الفرد كافة حاجاته الضرورية والمشروعة دون تقتير أو إسراف فإن عليه إنفاق الفائض لسد حاجات المحتاجين.

4- أن التطور والتقدم من المتطلبات الضرورية، وأن المشاركة في النشاط الاقتصادي أمر أوجبه الله على كل مسلم، فعليه أن يعمل بجد في سبيل إنتاج وكسب ما يفيض عن احتياجاته الفردية، حتى يتسنى له إخراج الزكاة ويساهم في النهوض بمجتمعه.

5- لكل فرد الحق في أن ينال أجرًا عادلًا جزاءً لعمله دون أي تمييز قائم على أساس الجنس أو العرق أو اللون أو الدين.

6- الكسب الحلال والإرث المشروع هما أساس الدخل الذي يعترف به الإسلام وتنمية الثروات وكافة وسائل الإنتاج يجب أن تكون مطابقة لنصوص الشريعة الإسلامية؛ فالربا والمقامرة واكتناز الأموال دون استثمارها في التنمية وما شابه ذلك من الأمور التي يحرمها الإسلام كمصدر للدخل.

7- إنما المؤمنون إخوة: ومبادئ المساواة والأخوة في الإسلام توجب تطبيق حق المشاركة العادلة في حالة اليسر أو العسر، فحق الزكاة والصدقات والعفو والميراث من مبادئ التوزيع العادل للثروة في المجتمع الإسلامي.

8- أن التكافل الاجتماعي يعطي المحرومين والمستضعفين والعاجزين الحق في ثروات المجتمع الذي يعد مسئولًا مسئولية كاملة عن تزويدهم بالمسكن والملبس والمأكل والتعليم والرعاية الصحية، وذلك دون تمييز في السن أو الجنس أو اللون أو الدين.

9- يجب إقامة الثروة الاقتصادية للأمة الإسلامية على أسس من التعاون والتكامل لصالح أبنائها[1].

ومن طاقات المسلمين التي تحتاج أن يقوم نظام الإعلام الإسلامي بتجميعها طاقة المسلمين السياسية، فهي من أهم أهداف هذا النظام تجاه قوى البغي والعدوان وأن يوحد المواقف السياسية، وأن يبشر بأن يسهم كل مسلم في بناء المصير السياسي الإسلامي، حتى

---

(1) محمد الغزالي، الإسلام والطاقات المعطلة، طبعة جديدة ومنقحة (القاهرة: نهضة مصر، 1998م) ص 161-162.

يقوم بممارسة السلطة من هو أهل لها إذا توافرت لديه الشروط الفقهية المعروفة التي أقرتها الشريعة الإسلامية، وأن يوضح أيضًا أن طاعة السلطة الشرعية الحاكمة أمر واجب على كـل مسـلم طالما أن هـذه السلطة تطبق شريعة الله وسنة نبيه. وعلى نظام الإعلام الإسلامي أن يوضـح أن الإسلام ضـمن للأقليـات غير المسلمة الحماية لها ولجميع حقوقها المدنية وحريتها في ممارسة شعائرها[1].

فالمسلمون لهم طاقات عديدة في مجالات مختلفة، إذا تم تجميع هذه الطاقات فإنهم يمكن أن يقودوا أنفسهم بل ويمكن إذا تجمعت هذه الطاقات أن يقودوا العالم إلى الخـير والأمـن والرفاه والسلام. ومنـاط نظام الإعلام الإسلامي أن يقـوم بتجميع كـل طاقات المسلمين وأن يفجـر هـذه الطاقات حتـى لا تكون معطلة، فإذا كان تجميع طاقات المسلمين واجبًا فإنه لا يتم إلا بتفجير هذه الطاقات، ومـا لا يـتم الواجب إلا به فهو واجب.

*  *  *

_____

(1) محمد الغزالي، المرجع نفسه، ص 161-162.

## المبحث الخامس
## التصدي للحملات التي تواجه المسلمين

واجه الإسلام على مدى تاريخه الطويل، ولا يزال يواجه تحديات وحملات عديدة تستهدف الإسلام والمسلمين، وتستهدف حقيقة وجود الإسلام والسيطرة الكاملة على كل أرضه، وكل أرض يذكر فيها اسم اللـه ويصلى فيها على رسوله محمد ﷺ.

وبلغت هذه التحديات والحملات حدًّا كبيرًا من القسوة والبشاعة وصلت إلى حد ممارسة الإبادة الجماعية ضد المسلمين، مثلما يحدث اليوم في فلسطين، وفي البوسنة والهرسك والبلقان وكشمير والشيشان .. وغيرها كثير من بلاد المسلمين، وتتخذ هذه الحملات كل يوم شكلًا ولونًا جديدًا، حيث كانت العلمانية إحدى هذه الأشكال، بل هي أخطرها على الإسلام والمسلمين، وهي العلمانية بمفهومها اللاديني المعادي للدين الإسلامي والتي يستتر وراءها أعداء الإسلام من أجل توجيه ضربات موجعة إليه في محاولة لإبعاد المسلمين عن إسلامهم، وبينما رفع شعار العلمانية وقامت حملتها، انبهر بها من مجتمعاتنا الإسلامية كثير من مفكرينا، فآمنوا بها ودعوا لها، وبخاصة الذين يسيطرون على المنابر الإعلامية المختلفة الذين عملوا على خلق أجيال من شبابنا بلا قضية وبلا قدوة، حتى يتسنى لهم إخراج المسلمين من دينهم [1].

وفي هذا الفصل سوف نبين الدور الذي يلعبه نظام الإعلام الإسلامي أو الدعوة إلى الإسلام في التصدي لحملة العلمانية وغيرها من الحملات والتحديات التي تستهدف الإسلام والمسلمين، وذلك باستخدام وسائل الاتصال الحديثة المتاحة بكل ما لحق بها من تقدم، والتصدي للحملات التي تواجه المسلمين هو واحد من أهداف نظام الإعلام الإسلامي.

فنظام الإعلام الإسلامي عندما يتصدى للحملة العلمانية فإنه لابد من أن يدرسها دراسة كاملة من مصادرها، ويبين مناقضتها للدين بل كل الأديان، ولاسيما الدين الإسلامي. ويبين خطرها على العالم الإسلامي وعلى عقيدة المسلمين ويكشف عورها، ويشير نظام الإعلام الإسلامي إلى أن العلمانية كان لظهورها في الغرب المسيحي مبررات أدت إلى ظهورها في الغرب المسيحي، ولا يوجد مبرر في أن تسيطر على العالم الإسلامي وعلى المسلمين؛ فالعلمانية (صناعة غربية) لم تنبت في أرضنا ولا تستقيم مع عقائدنا ومسلماتنا الفكرية [2].

---

(1) دور الإعلام في مواجهة العلمانية المعادية، عبد المجيد شكري، الطبعة الأولى (القاهرة: دار الوفاء، 1965م) ص78.
(2) يوسف القرضاوي ، وجهًا لوجه الإسلام والعلمانية ، الطبعة الأولى (القاهرة : دار الصحوة للنشر ، 1987م) ص 52 .

ونظام الإعلام الإسلامي عليه أن يوضح أن العلمانية ضد الدين، وأنها ضد الشريعة بصفة خاصة، وتناصب العداء، للدين الإسلامي الذي أنزله الله نظامًا شاملًا للحياة، والإسلام يناصبها العداء كذلك لأنها تنازعه سلطانه الشرعي في قيادة سفينة المجتمع، وتوجيه دفته، وفقًا لأمر الله ونهيه والحكم بما أنزله على رسوله ﷺ، وإذا لم يحكم المجتمع بما أنزل الله سقط - لا محالة - في حكم الجاهلية، وهو ما حذر الله منه رسوله ﷺ والمؤمنين من بعده حين قال: ﴿وَأَنِ احْكُم بَيْنَهُم بِمَا أَنزَلَ اللَّهُ وَلَا تَتَّبِعْ أَهْوَاءَهُمْ وَاحْذَرْهُمْ أَن يَفْتِنُوكَ عَن بَعْضِ مَا أَنزَلَ اللَّهُ إِلَيْكَ فَإِن تَوَلَّوْا فَاعْلَمْ أَنَّمَا يُرِيدُ اللَّهُ أَن يُصِيبَهُم بِبَعْضِ ذُنُوبِهِمْ وَإِنَّ كَثِيرًا مِّنَ النَّاسِ لَفَاسِقُونَ ۝ أَفَحُكْمَ الْجَاهِلِيَّةِ يَبْغُونَ وَمَنْ أَحْسَنُ مِنَ اللَّهِ حُكْمًا لِّقَوْمٍ يُوقِنُونَ ۝﴾ [المائدة].

وعلى نظام الإعلام الإسلامي أن يوضح في تصديه للحملة العلمانية كذلك أن العلمانية بمعيار الدين دعوة مرفوضة، لأنها دعوة إلى الجاهلية، أي تحتكم بما وضع الناس لا بما أنزل الله[1].

والعلمانية من ناحية أخرى ضد أصالتنا وسيادتنا، لأنها مبدأ مستورد من خارج أرضنا ومن قوم غير قومنا، ولهم تاريخ غير تاريخنا ومفاهيم غير مفاهيمنا، وقيم غير قيمنا وعقائد غير عقائدنا، وقوانين غير شريعتنا وأوضاع غير أوضاعنا، فهم محتاجون للعلمانية لظروف خاصة بهم؛ إذ إنها كانت حلًا لمشاكلهم ومشكلهم مع كنسيتهم، أما نحن فلا حاجة لنا إلى العلمانية فهي عندنا مشكلًا في ذاتها[2].

هناك حملات عديدة ومتنوعة ضد الإسلام والمسلمين، إذا أراد نظام الإعلام الإسلامي تصحيح المعلومات الخاطئة عن الإسلام التي تستند عليها الحملات فعليه أن يبحث عن الجذور الفكرية التاريخية للمواقف المعادية للإسلام والمسلمين، حتى تكون مواجهته لذلك كله مواجهة سليمة مبنية على دراسة عميقة تكشف عن الأسباب الحقيقية للمواقف الغربية إزاء الإسلام، ولا تكتفي بدراسة الظاهرة من سطحها. ويبرز هنا مجال من أهم المجالات الجديرة بالدراسة، وحملة من أهم الحملات التي يتصدى لها نظام الإعلام الإسلامي وهو موضوع: الإسلام في تصور علماء الغرب وفلاسفته[3].

(1) المرجع نفسه، ص 83.
(2) المرجع نفسه، ص 98.
(3) رشدي شحاتة أبو زيد، مسئولية الإعلام الإسلامي في ظل النظام العالمي الجديد، الطبعة الأولى (القاهرة: دار الفكر العربي، 1999م) ص 236.

ولابد لنظام الإعلام الإسلامي أن يعرف أسباب إساءة الغرب غير المسلم إلى الإسلام والمسلمين والتي تتمثل في ما يلي:

1- هناك جدل كبير يدور بين المسلمين حول ما إذا كانت الشريعة الإسلامية تتيح للمسلمين الانخراط في منظمات وهيئات غير المسلمين أم لا؟

2- تأثر غير المسلمين في الخارج بكتب التاريخ التي تعكس 1400 عام من الكتابات المسيحية التي تعبر عن الجهل بحقيقة الإسلام، كما أنها في كثير من الأحيان تمثل تحيزاً ضد الإسلام وتحاملًا عليه، فتتهمه بأنه دين ضد العلم والثقافة والعقل والانفتاح والتنوير، ويرفض القيم الديمقراطية.

3- هناك مفهوم خاطئ عند غير المسلمين مضمونه ومحتواه أن المسلمين كافة مسئولون في نظر وسائل الإعلام في أي مكان من العالم عن أي عمل مخالف لتعاليم الإسلام، يقع من بعض المسلمين ويعتبرونه يمثل وجهة نظر جميع المسلمين في العالم كله.

4- يعتقد غير المسلمين أن تراث المسلمين يتحامل على المرأة ويفرق بينها وبين أخيها الرجل (سنعرض لوجهة النظر هذه عندما نتكلم عن الحملة ضد المسلمين والإسلام باسم المرأة).

والغريب أن الكثيرين من الذين يرددون تلك الأقاويل يرفضون أي حوار في هذا الشأن[1].

ومن خلال هذا الفهم دخلت إلى العالم الإسلامي ظاهرة التغريب؛ والتي لابد لنظام الإعلام الإسلامي أن يتصدى لها باعتبارها واحدة من الحملات التي تواجه المسلمين.

والتغريب هو مجموعة من الدراسات والثقافات والنظم التي تجري حول المسلمين، وتطبق على مجتمعاتهم، وتؤدي بهم في النهاية إلى أن يتشبعوا بالفكر الغربي والحضارة الغربية المعادية للإسلام، فتغريب المسلمين هو تحويل ولائهم للغرب ونظمه وعاداته وتقاليده بعد صرفهم عن الإسلام، الذي شُوِّهَ لهم[2].

والغزو الفكري كما هو معروف حملة خطيرة؛ لأنه التغيير الذي يجري أول ما يجري داخل العقول والقلوب، ثم ينتقل إلى الأخلاق والتقاليد والعادات، ويخطط لهذا التغيير علماء

---

(1) المرجع نفسه، ص 245-246.

(2) علي عبد الحليم محمود، الغزو الفكري وأثره على المجتمع الإسلامي المعاصر، بدون طبعة (الكويت: دار البحوث العلمية، 1979م)، ص 123.

النفس والاجتماع فوق أجهزة التخابر والإحصاء العامة المختلفة، ويعد الغزو الفكري كما تقدم من أخطر الحملات التي تواجه الإسلام والمسلمين.

ونظام الإعلام الإسلامي لابد أن يكون واحدًا من المصدات التي تواجه هذا الغزو، وذلك بشتى وسائل الإعلام. وبما أن الغزو الفكري للعالم الإسلامي دخل عن طريق الإعلام -ولاسيما الصحافة، التي كانت رائدتها الصحافة المصرية- فلابد أن يكون الإعلام -لاسيما الإعلام الإسلامي- هو الذي يتصدى للحملات الفكرية الغازية للعالم الإسلامي.

لقد كان للصحافة المصرية دور طيب في التصدي للحملات، ورياح التغريب التي كانت تهب على مصر والمجتمع الإسلامي خلال الاحتلال الإنجليزي على البلاد المصرية، آنذاك حاربت الصحافة العادات والتقاليد والمظاهر التي كانت تحاكي عادات وتقاليد الأوربيين، ونددت بالمواطنين الذين انزلقوا إلى الارتماء في أحضان الغرب أو الذين قاموا بتقليد الغرب والانتصار لحضارته أو ما كان يطلق عليهم في هذه الفترة بالمتفرنجين. والصحافة -وهي تقوم بالتصدي للتغريب وحملاته، وهي صحافة إسلامية- تحقق أهداف نظام الإعلام الإسلامي في التصدي للحملات التي تواجه الإسلام والمسلمين[1].

- ومن الحملات الضارية التي يتعرض لها المسلمون **حملات التبشير بالنصرانية** والتي يصح أن يقال لها حملات التنصير، أطلق اسم التبشير على الحملات الحديثة المنظمة وعلى المنظمات الدينية الغربية التي تهدف إلى تعليم الدين المسيحي ونشره، وخاصة في دول العالم الإسلامي[2].

والجدير بالذكر أن نظام الإعلام الإسلامي قد تصدى لحملات التنصير، إذ كتب علماء المسلمين والمفكرون الإسلاميون كتبًا متنوعة منذ قرون، توضح خطر الزحف النصراني على العالم الإسلامي، ولا يزال الإعلام الإسلامي المكتوب يتصدى لهذه الحملة، والمطلوب منه المزيد من التصدي لهذه الحملات، ومواجهة أساليب المنصرين، وتعريف الجماهير المسلمة بهذه الحملات، وتحصين المسلمين ضد الدعايات المغرضة التي تستهدف الإسلام والمسلمين ومطلوب منه أيضًا أن يوضح أن قادة هذه الحملات هم كذلك أعداء الشعوب الإسلامية، وأعداء العقيدة الإسلامية. **وقد قال أحد المبشرين (المنصرين):** (إنه وإن خاب أمل الصليبيين

---

(1) جمال عبد الحي عمر النجار، صحافة الاتجاه الإسلامي في مصر، الطبعة الأولى (المنصورة: دار الوفاء، 2000م) انظر ص 81-204.
(2) المرجع نفسه، ص 209.

في انتزاع القدس من أيدي المسلمين، ليقيموا دولًا مسيحية في قلب العالم الإسلامي، لكن الحروب الصليبية لم تكن لإنقاذ هذه المدينة بقدر ما كانت لتدمير الإسلام). قال هذه بعد أن هزمهم صلاح الدين الأيوبي وأجلاهم عن العالم الإسلامي، بعد احتلال دام قرنين من الزمان.

وحتى يمكن لنظام الإعلام الإسلامي التصدي لهذه الحملات التي تواجه الإسلام والمسلمين، كان لابد من أن يحاول نظام الإعلام الإسلامي تشكيل العقل المسلم، ويعيد صياغته وفقًا للمفاهيم الإسلامية الصحيحة في العقيدة والشريعة، وذلك لأن العقل المسلم لحق به كثير من الغزو الفكري المعاصر، وعلى نظام الإعلام الإسلامي أن يدعو لصياغة العقل المسلم في بُعدين:

1- تصحيح التصور: وذلك بالقدرة على رؤية الخطوط الإسلامية والمسارات الإسلامية متواصلة متكاملة متوازية لا يصطدم بعضها بالآخر، لتأخذ بعضها لضبط وربط.. والقدرة على تكوين العقلية التي تمتلك أبجديات الثقافة الإسلامية، فتحسن القراءة الإسلامية التي تستطيع من خلالها أن تفسر- الظواهر الاجتماعية تفسيرًا إسلاميًا، وتصدر عن تصور شامل للكون والحياة والإنسان، ولا تقع فريسة للتفسيرات غير الإسلامية، كما أنها لا تبقى مهوشة غير قادرة على التوازن والاعتدال.

2- تخليص العقل المسلم: من التركيز على النظرة الجزئية لأن التركيز على النظرة الجزئية يؤدي إلى آفات عقلية أقلها العجز والانحسار، كما يؤدي إلى تضخيم دور بعض الفروع والجزئيات، الأمر الذي يقتل الإبداع ويصيب قدرة العطاء عند الإنسان ويوقع في التقليد ويحرم صاحبه من الإفادة من جهود الآخرين سواء أكان ذلك بالتعامل مع التراث أم بالقدرة على استلهام الكتاب والسنة لمواجهة حاجات العصر- المتجددة[1].

ومتابعة للحملات التي تواجه المسلمين تبرز واحدة من أهم الحملات المعاصرة التي تواجه الإسلام والمسلمين، وهي الحملة الصهيونية المعاصرة التي استطاعت أن تقيم لها دولة في الوطن الإسلامي، وكان ولا يزال الإعلام من أهم أسلحة هذه الحملة، ولذلك فإن من أهداف نظام الإعلام الإسلامي التصدي لهذه الحملة.

إن القضية الفلسطينية قضية فريدة من قضايا العالم المعاصر.. فالغزو اليهودي في حقيقته

---

(1) عماد الدين خليل ، حول تشكيل العقل المسلم ، الطبعة الأولى (الولايات المتحدة الأمريكية ، بدون دار نشر- ، 1991م) ص 17- 18.

غزو استعماري حاقد على العروبة والإسلام، وهو في الوقت نفسه غزوٍ يهودي صهيوني استيطاني حاقد أيضًا، التقت فيه أهداف الاستعمار الشريرة.. التقاءً لم يكن عفويًّا.. وإنما كان وليد اتفاقيات ومؤامرات على جعل أرض فلسطين وطنًا لليهود يجمعون فيه شتاتهم ويقيمون دولتهم لتكون هذه الدولة رأس حربة ينطلق منها إلى أية بقعة في العالم الإسلامي، وذلك لإثبات النفوذ.. وفرض السيادة الفكرية والسياسية والاقتصادية والعسكرية عليها، وذلك من أجل استغلالها وتحويل مسيرتها الحضارية.. ولقد ركزت الجهود الاستعمارية والصهيونية المتحالفة على إيجاد المناخ الملائم.. والظروف المناسبة.. لتثبيت هذه الدولة اليهودية الاستيطانية العنصرية، وحمايتها على مرتكزات، أهمها:

* تقسيم المنطقة إلى أركان ضعيفة وتفتيتها بحيث لا تستطيع الاعتماد على نفسها، وإنما تعتمد على الخارج المتمثل في الدول الاستعمارية؛ حتى تبتعد عن التفكير في الوحدة التي تمنحها القوة وحرية الحركة.

* بذر الشقاق في الصفوف، وافتعال المنازعات والخصومات لتفتيت طاقتها، وتفتيت الوحدة الإسلامية بإبقاء هذه الشعوب في دوامة الفوضى السياسية.

* إفقار الدول المحيطة بالدولة اليهودية عن طريق محاصرة هذه الدول اقتصاديًّا.. ومنعها من التقدم، والحيلولة بينها وبين الاعتماد على النفس.

* إضعاف الروح المعنوية لدى شعوب المنطقة عن طريق نشر وسائل الفوضى وإفساد الأخلاق وتدمير القيم، وطبع الجيل الجديد على أخلاق غريبة عن حياته وعقيدته وقيمه ومثله.

* دعم اليهود والدولة اليهودية عسكريًّا واقتصاديًّا وسياسيًّا، وجعل قوتها تعادل قوة الدولة العربية المحيطة بها، حتى تكون ضعيفة لا تقوى على الصراع مع دولة اليهود، غير أن الدراسة أثبتت أن مجموعة الدول المحيطة بدولة اليهود إذا توحدت يمكن أن تفوق دولة اليهود في كل مقومات الحرب.

* فتح باب الهجرة اليهودية إلى فلسطين بحيث تستوعب الملايين من اليهود الذين يهاجرون من جميع بلدان العالم إلى فلسطين.. وتهيئة المستعمرات والمستوطنات لتوطينهم وأخذ مواقعهم في الدولة اليهودية بعد طرد أهلها منها.. ومن دون شك فإن هذه المستوطنات تشكل بطبيعتها حصونًا دفاعية في حالة الحرب[1].

---

(1) عبد الكريم عبد الله نيازي، أفكار خطرة، الطبعة الأولى (بدون بلد، بدون ناشر، بدون تاريخ)، ص150-152.

والحملة الصهيونية المعاصرة من كبرى الحملات التي واجهت المسلمين، ولابد لنظام الإعلام الإسلامي من أن يتصدى لها ويجعلها من أهدافه، ولابد من تفنيد ادعاءات اليهود حول حقهم المزعوم في أرض الإسلام، وكشف زيفهم وخططهم، ويكون ذلك من خلال التخطيط المكافئ لهذه الحملة الجائرة التي تولى كبرها اليهود بما لهم من قوة في مجال الإعلام.

وعلى الإعلام الإسلامي كذلك كشْف تلك الأكذوبة التي تقول: إن قوة إسرائيل تفوق قوة الدول العربية مجتمعة. فقد ثبت أن هذا تضليل إعلامي يهودي لم يجد له ما يرده ويكذبه. ومن ثم يكون من أهداف نظام الإعلام الإسلامي كسر هيبة الدولة اليهودية وجعلها في نظر المسلمين الدولة التي يمكن أن تغلب إذا اتحد المسلمون ضد هذا الكيان الصغير. وهذا الهدف لابد أن يتخذ الإعلام الإسلامي له الوسائل المشروعة المعاصرة والتقليدية.

- ومن الحملات المعاصرة التي تستهدف الإسلام: ما يسمى **بقضايا المرأة؛** إذ إن هناك اتهام للإسلام بأنه متحيز ضد النساء ومسقط لحقوق المرأة، ومن ثم فالإسلام متَّهم بإهانة المرأة واستضعافها، فهل في كتاب الله وسنة رسوله ﷺ ما يدعو لهذه التهمة؟

فالقرآن بين أيدينا لم يتغير منه حرف، وهو قاطع بأن الإنسانية تطير بجناحين: الرجل والمرأة معًا، وأن انكسار أحد الجناحين يعني التوقف والهبوط.

ويمكن للإعلام الإسلامي أن يرد كيد هذه الحملة بما يورده من أدلة القرآن والسنة النبوية الصحيحة.

**يقول الشيخ محمد الغزالي:** (نبينا يوصي بأن تذهب النساء إلى المساجد تفلات)، أي غير متعطرات ولا متبرجات.

وفي البخاري أن النبي ﷺ أجاز أن يسلم الرجال على النساء (ليس المصافحة)، وجاء فيه أن الرسول الكريم قال لعائشة: هذا جبريل يقرأ عليك السلام. وكان في صورة رجل[(1)].

ونظام الإعلام الإسلامي في مجال التصدي للحملات التي تواجه الإسلام والمسلمين لابد أن يعرض الإسلام وتعاليمه عرضًا يخرج من الوجه الدميم حتى يخدم هدفه في التصدي للحملات التي تواجه الإسلام.

وفي مجال قضايا المرأة يمكن لنظام الإعلام الإسلامي أن يستدل بما كفله الإسلام للمرأة من حقوق، حيث كان لها شخصية مقدرة وأثر يحسب، عن أبي هريرة قال: قام رسول الله ﷺ

---

(1) محمد الغزالي، قضايا المرأة، الطبعة الأولى (بيروت: دار الشروق، 1990م) ص 6.

حين أنزل الله: ﴿وَأَنذِرْ عَشِيرَتَكَ ٱلْأَقْرَبِينَ ٢١٤﴾ [الشعراء]. قال: (يا معشر- قريش -أو كلمة نحوها- اشتروا أنفسكم، لا أغني عنكم من الله شيئا، يا بني عبد مناف، لا أغني عنكم من الله شيئا، يا عباس بن عبد المطلب لا أغني عنك من الله شيئا، ويا **صفية عمة رسول الله، لا أغني عنكِ من الله شيئا، ويا فاطمة بنت محمد،** ﷺ، **سليني ما شئت من مالي، لا أغني عنك من الله شيئا**) (البخاري:4493).

نداء للنساء بصوت عال وجهير وبأسمائهن مما يدل على الاحترام والتقدير.

والحملات التي ينبغي أن يتصدى لها نظام الإعلام الإسلامي كثيرة ومتجددة، والتصدي لها يظل من أهداف نظام الإعلام الإسلامي، ولابد لنظام الإعلام الإسلامي، وهو يتصدى للحملات هذه من أن يضع الخطط والأفكار والمناهج، وهي تساعده عند التنفيذ في التصدي للحملات التي تواجه المسلمين.

وفي ما تقدم نماذج لهذه الحملات المعادية للإسلام والمسلمين، وهي حملات يخطط لها أعداء الإسلام ليل نهار للنيل من الإسلام والمسلمين.

\* \* \*

الفصل الخامس
وظائـف وسـائـل الإعـلام
ونظام الإعلام الإسلامي




**ويحتوي على مبحثين كما يلي:**

المبـحـث الأول : وظائف وسائل الإعلام

المبحث الثاني: وظائف وسائل نظام الإعلام الإسلامي (المجتمع المسلم)




\* \* \*

## المبحث الأول
## وظائف وسائل الإعلام

في هذا المبحث نستعرض وظائف وسائل الإعلام، وفي ذلك نورد وجهات نظر ثلاثة من الكتّاب الذين تخصصوا في الإعلام:

### أولاً: وجهة نظر الدكتور محمد سيد محمد في كتابه (المسئولية الإعلامية في الإسلام).

يورد الباحثون تعريفًا لوظائف الإعلام بأنها: الإبلاغ. أي نشر الأخبار، ثم الإعلان. ولكن يبدو أن هذا التعميم غير ملائم للعصر؛ ذلك لأن الراديو غير التليفزيون والصحف غيرهما. **ويورد الدكتور محمد سيد محمد وظائف وسائل الإعلام كما يلي:**

**1- الوظيفة الإخبارية:**

لقد أصبح البحث عن الأخبار والتقاطها والسبق إليها ونشرها جوهر صناعة الإعلام المعاصرة، والنظرة البسيطة لواقعنا العالمي المعاصر تؤكد أن الخبر اليوم أساس المعرفة. ومن غير الأخبار لا نستطيع أن نفهم ما يجري حولنا في عالمنا المعاصر.

**2- وظيفة التنمية:**

لقد أصبحت وظيفة الشرح والتفسير وحشد الجمهور تعبيرات عن دور وسائل الإعلام في التنمية، ثم إن مفهوم التنمية الشاملة عندي هو عبارة عن زيادة محسوسة في الإنتاج والخدمات، شاملة ومتكاملة ومرتبطة بحركة المجتمع تأثرًا وتأثيرًا، مستخدمة في ذلك الأساليب العلمية الحديثة في التكنولوجيا والتنظيم والإدارة، والتنمية بهذا المعنى كمثلث يعبِّر كل ضلع من أضلاعه عن أبعاده الثلاثة: الاقتصادية والاجتماعية والثقافية، مع التأكيد على أن ما نقصده بالبعد الاجتماعي هو البعد الشامل لحركة المجتمع السياسية ونظم الحكم وما شابه ذلك.

إن نشر الخبر مجردًا يصبح في كثير من الأحيان بغير معنى، إلا أن الشرح والتحليل يمكن أن يضيف إليه المعاني والمدلولات، كذلك إقناع الناس بفكرة أو قضية يصبح هو التعبير عن قوة الرأي العام، وحشد الجهود وراء عمل ما يصبح تعبيرًا عن مسيرة التقدم، فهذه الوظيفة إذن هي التطور الطبيعي لوظيفة التفسير أو شرح الخبر في وسائل الإعلام.

**3- الوظيفة التربوية:**

فهل كان أجدادنا عندما أصدروا الصحف بعد انتشار الطباعة الآلية يظنون أنها ستعلم

الناس القراءة والكتابة؟ لقد أصبحت الصحف وسيلة من وسائل محو الأمية، ووسيلة من وسائل تعليم اللغة. إن دور الصحف في محو الأمية وفي تعليم اللغات يتضاءل إذا قيس بدور الإذاعة (راديو وتليفزيون)، فإذا أضفنا إلى ذلك البرامج التعليمية أصبحنا أمام حقيقة مهمة، هي: أن وسائل الإعلام تقوم بدور تعليمي مباشر، أما الدور التربوي الرئيسي والمستمر لوسائل الإعلام فيتمثل في: أنها تمثل جامعة للذين تركوا مقاعد الدراسة، وأن التعليم فيها مستمر مدى حياتهم، ولقد أصبح رجل الإعلام في المجتمع يقوم بدور المعلم في المدرسة، والوظيفة التربوية لوسائل الإعلام تتمثل بالمعنى الشامل لمفهوم التربية، لقد أصبحت وسائل الإعلام تقوم بالدور التربوي: من تعليم وتهذيب وحماية التراث للأمة ونقله من جيل إلى جيل، وقد ساعدت العملية الإعلامية في ذاتها على تحقيق ذلك. وقد سبق علماء الاجتماع غيرهم في الكشف عن الدوافع التي تشعل في الناس حماسًا للاتصال بعضهم ببعض، وقالوا: إن الإنسان بهذا الالتقاء يخفف من عبء الحياة الواقعية والعملية في حياته، وفسر بعض علماء الاجتماع بأنه نزوع الإنسان إلى الاتصال بأخيه الإنسان لشعوره بأن العالم الخارجي لا يخصه وحده، وأن في العالم أمورًا تشبع مشاعره وترضي طموحه، لأجل ذلك وجدنا أن وسائل الإعلام في عصرنا هذا تقوم بدور الرقيب الاجتماعي؛ فتجعل العيب الذي يعتبره المجتمع عيبًا يترسخ في وسائل الإعلام بكثرة ما تنشره عنه استنكارًا له أو تسخيفًا لمن يأتيه أو سخرية بمن يبيح شيئًا منه.

وبرغم اختلاف وسائل الإعلام عن وسائل التربية، إلا أن أهداف التربية وأهداف الإعلام تتقارب في معظم الوجوه؛ لذلك يسهل تقدم كل منهما تقدم الآخر، ويحقق النجاح في وظائف كل منهما النجاح في وظائف الآخر.

### 4- وظيفة الشورى أو الوظيفة الديمقراطية:

أصبحت وسائل الإعلام منابر للناس، وأصبح لقادة الرأي الصدارة والافتتاحيات، وللقراء البريد والشكاوى ومطالب المستمعين والمشاهدين وما شابه ذلك، وكلما توسعت الوسائل في هذا الدور تشابكت وتعقدت المصالح في المجتمعات المعاصرة، وأصبحت قضية تعبير وسائل الإعلام قضية حيوية وخطيرة؛ ففي ظل الاحتكارات من جانب وفي ظل الدكتاتوريات من جانب آخر تتقلص الوظيفة الديمقراطية لوسائل الإعلام، وينذر تقلصها بالمهالك؛ لأن التعقيد والتركيب والتشابك في المجتمعات المعاصرة يجعل الاعتماد على وسائل الإعلام أساسيًا وحيويًا. فإذا أظلمت بتقلص الوظيفة الديمقراطية تخبط الناس في الظلام،

ومن أجل ذلك يستمر الحوار حول أهمية تحرُّر وسائل الإعلام من صور السيطرة العديدة المتمثلة في المعلنين وتجار السلاح وقادة الحزب، وخدم الحاكم المطلق، وما شابه ذلك.

وفي كافة الدساتير في مختلف بلدان العالم ينص على حق الفرد في التعبير عن رأيه، وفي الإعلان العالمي لحقوق الإنسان نص بحق الإنسان في المعرفة، ولكن المشكلة دائمًا في التطبيق. والوظيفة الديمقراطية للإعلام المعاصر تستطيع أن توسع دائرة مسئولية الفرد في صنع القرارات الوطنية وفي إدارة شئون الوطن. إن نشر المعلومات وتبادل الأفكار والحوار حول القضايا من شأنه أن يثير حماس الناس للمشاركة في الحياة العامة، وأن يدفع الناس للتفكير في الحلول السليمة لمشاكلهم العامة.

## 5- الوظيفة الترفيهية:

كانت الوظيفة تسمى التسلية والإمتاع، وكانت أمثلتها الشائعة الطرائف والنوادر. ثم أصبحت الآن في عصر التليفزيون الملون وعصر وسائل الإعلام التي تعتمد في بقائها على الإعلانات، حجر الزاوية في كثير من الوسائل، والسعي لاستغلال هذه الوظيفة في تحقيق الأهداف التي يسعى خبراء الإعلام إلى تحقيقها. لقد اتسع نطاق هذه الوظيفة وأضفى ظلاله على كثير من الوظائف الأخرى، فهذه الوظيفة الإعلامية تمتد من وسائل الإعلام التقليدي والبسيط إلى وسائل الإعلام الإلكترونية الحديثة، فلكل مجتمع طريقته في الترفيه والتسلية، ولكل ظرف من ظروف الزمان والتحضر، المستوى المناسب له من مستويات الترفيه والتسلية، فـ (الأراجوز) و(شاعر الربابة) و(صندوق الدنيا) حلت مكانها الروايات الفكاهية والمسلسلات التليفزيونية وعروض السيرك والحفلات الرياضية والعروض الشعبية وما شابه ذلك.

## 6- الوظيفة التسويقية أو وظيفة الإعلانات:

لم يعد خافيًا اليوم أهمية هذه الوظيفة للبائع والمنتج اللذين هما طرفا السوق، وقد تعود القارئ والمستمع والمشاهد على الإعلانات في الصحيفة والراديو والتليفزيون، وبدونها تصبح حياته منقوصة. وفي الحرب العالمية الثانية كانت الحكومة الأمريكية ترسل إلى جيوشها فيما وراء البحار طبعات خاصة من أهم المجلات بدون إعلانات. ولكن الجنود طلبوا أن تصدر الطبعات بإعلاناتها، ويرى بعض علماء الإعلام أن الإعلانات هي أخبار ولكنها أخبار سعيدة. وأنها بذلك تحفظ التوازن في الصحيفة التي تنشرـ أخبار الفيضانات والاغتيالات والزلازل .

## 7- وظيفة الخدمات العامة:

وتتمثل في النشرات الجوية بأحوال الطقس، ونشر مواقيت الصلاة أو إذاعة الأذان، والاستشارات القانونية والطبية والتعارف، ومئات الأشياء الصغيرة التي لا يمكن حصرها وتدخل في نطاق الخدمات التي تقدم لجمهور وسائل الإعلام. حتى يمكن القول بأن وسائل الإعلام المعاصرة أصبحت جهاز علاقات عامة لكل قارئ أو مستمع أو مشاهد؛ فالإذاعة المحلية للقاهرة الكبرى وإذاعة الشعب عندما تذيع أسماء ركاب الطائرات الذين تخلفت لهم حقائب بالمطار، وبرامج الخدمات المفتوحة التي تقدمها محطات الإذاعة المختلفة مجانًا، ومحطة الراديو السودانية بأم درمان تذيع نشرات الوفيات وأقاربهم عقب معظم نشرات الأخبار ليتمكن المواطنون من المشاركة في تشييع الجنازات وتقديم واجب العزاء. كل هذه الأشياء أصبحت من الخدمات المألوفة التي تقدمها وسائل الإعلام (1).

هذه سبع وظائف لوسائل الإعلام كما تقدم من وجهة نظر واحد من المتخصصين في الإعلام، ومجملها: 1- الوظيفة الإخبارية 2- الوظيفة الترفيهية 3- وظيفة التربية 4- وظيفة الشورى أو الوظيفة الديمقراطية 5- الوظيفة التسويقية أو وظيفة الإعلانات 6- وظيفة التنمية 7- وظيفة الخدمات العامة.

**ثانيًا: في كتاب (موسوعة الإعلام والصحافة) أورد مؤلفه طلعت همام وظائف أخرى للإعلام تحت العناوين الآتية:**

### 1- الإعلام والتثقيف:

استهل الحديث عنه بالسؤال التالي: كيف تؤدي أجهزة الإعلام المختلفة وظيفة التثقيف لأفراد المجتمع؟.

وفي ذلك يقول: إن التثقيف العام هو زيادة ثقافة الفرد بواسطة وسائل الإعلام وليس بالطرق والوسائل الأكاديمية التعليمية، والتثقيف العام يحدث في الإطار الاجتماعي للفرد أكان ذلك بشكل عفوي وعارض أو بشكل مخطط ومبرمج مقصود.

والتثقيف العفوي هو مواجهة دائمة من جانب وسائل الإعلام للفرد، تقدم له بدون أن يكون هو المقصود بالذات، معلوماتٍ وأفكارًا، أو صورًا وآراء، وهذا يحدث عندما يتجول

---

(1) محمد سيد محمد، المسئولية الإعلامية في الإسلام، الطبعة الأولى (القاهرة : مكتبة الخانجي بالقاهرة 1983م) ص 31-35 .

الطالب في ساحة ملعب جامعته فيفاجأ بجريدة حائط أو بتليفزيون نادي الجامعة أو باللافتات المرفوعة في أماكن من الجامعة، وكلها تحمل عبارات تلفت نظره فيندفع في قراءتها أو متابعتها فتعلق بعض الكلمات في ذهنه ويأخذ ببعض الآراء.

ويحدث أيضًا عندما ينضم الفرد إلى جماعة ما، ويستمع إلى أفرادها يتحدثون أو يقرءون في كتاب أو صحيفة، أو يستمعون إلى مذياع فينصت ويصغى إليهم، وبالتالي يكتسب بعض أفكارٍ تضاف إلى ثقافته، كما أن أي شخص عندما يسير في شوارع المدينة وبالذات عندما يوجد في المركز الرئيسي للمدينة يستمع إلى أخبار تتناقلها الجماهير، وإلى قصص يرويها بعضهم إلى البعض الآخر سموها شائعة، أو خبرًا من إذاعة أو جريدة ورقية أو جريدة إلكترونية، هذه بعض أشكال من التثقيف العفوي الذي يكتسبه الفرد أحيانا دون قصد من جانبه ولا من جانب السلطات الحاكمة.

هذه العفوية المزدوجة قد تكون نظرية إلى حد ما، ففي هذا العصر- مهما وضع الفرد نفسه خارج الإطار الاجتماعي العام فإنه يقع ضمن هذا الإطار فيجد نفسه مرتبطًا به وبثقافته اليومية، لهذا يندفع بفضول أو بمصلحة للاطلاع على ما يحيط به، فيواجه برغبة مباشرة أو غير مباشرة من جانب السلطات الحاكمة، أو بعض المؤسسات الاجتماعية والسياسية بنشر- المعلومات والأخبار والآراء هكذا، كي تصل إلى أكبر عدد ممكن من الناس، ولهذا يمكن القول: إنه توجد دائمًا رغبات متبادلة في هذا التثقيف، لكن أحيانًا يتعدى هذا الوجود حدود الرغبة فيصبح هدفًا وبرنامجًا وخطة، إما من جانب الفرد أو من جانب المؤسسات الحاكمة، لأجل ذلك يمكن تسمية التثقيف الذي يحصل على هذه الحالة بالتثقيف المبرمج المخطط المقصود، إذ إن التثقيف المخطط هو في الواقع حصيلة الوظيفتين الأولى والثانية لوسائل الإعلام، (أي حصيلة التوجيه والتبشير)، لكن هناك بعض حالات تقع في دائرة التثقيف المخطط كالبرامج الزراعية التي هي عبارة عن حلقات إرشاد للمزارعين يدعون إليها، أو تبث إليهم عبر الإذاعة والتليفزيون، أو المنشورات والملصقات والكتيبات التي توزعها المؤسسات المسئولة والحاكمة التي يقصد بها زيادة ثقافة الفرد وتوسيع أفق إدراكه ومعرفته، وليست الأنظمة السياسية على حالة واحدة في مجال التثقيف المخطط، بل هناك تفاوت بين النظام الإعلامي الموجَّه والنظام الإعلامي الحر.

ففي الحالة الأولى تعتبر الدولة نفسها مسئولة عن ثقافة المواطن وتوسيع أفق وعيه وإدراكه، وتجد مصلحة لها في هذا الأمر، بينما في الحالة الثانية توجد دول لا تعتبر نفسها

كذلك، وتترك مجالًا لعدة وسائل إعلامية وبرامج تثقيفية تتصارع على كسب اهتمام الفرد وجذبه إليها.

ولقد ثبت أن معظم دول العالم لديها برامج تثقيف عام من جانبها؛ لأنها تخشى على شخصية المواطن أن تتفتت أمام تنوع وسائل الإعلام وتعددها، وتختلف تلك الدول من دولة إلى أخرى في السماح بأكثر من وسيلة واحدة، وفي التشدد في ضبط مصادر التثقيف العام بشكل حاد ومقنن، والأفضل أن تتولى تحديد الخط العام للإعلام لديها، هذا إلى جانب ضرورة امتلاك وسائل الإعلام وتوجيهها من جانبها كي لا تكون ملكًا لقوى تستعملها ضد تلك الدولة وجماهيرها، ويشكل التعليم الإجباري ومدارس محو الأمية برامج تثقيف أكاديمي وجماهيري تعمل الدولة على توفيرها للمواطنين بقصد زيادة تثقيفهم العام.

وأحيانًا يندفع الفرد من تلقاء نفسه، فيذهب ليفتش عن كتاب أو عن برنامج تليفزيوني أو شريط سينمائي أو برنامج إذاعي، وذلك بقصد الاطلاع وتوسيع إطار ثقافته، وتعميق تلك الثقافة، في هذه الحالة يكون التثقيف مقصودًا أيضًا من جانب هذا الفرد، وعندما يوالي الفرد حضور برنامج محاضرات أو ندوات علمية أو سياسية أو اجتماعية إنما ينفذ برنامج تثقيف مخطط من جانبه أو يتجاوب مع برنامج وضعته مؤسسات علمية أو أدبية أو غيرها.

ومهما كانت أشكال التثقيف العام، فوسائل الإعلام من حيث تنوعها من الندوة إلى التلفزيون مرورًا بالكتاب وغيره إنما هي وسائل تثقيف وزيادة اطلاع وتعميق ثقافة.

### 2- الإعلام والاتصال الاجتماعي:

يعد الاتصال الاجتماعي وظيفة رئيسية من وظائف الإعلام ويعرف عادة بالاحتكاك المتبادل بين الأفراد بعضهم ببعض، هذا الاحتكاك -وهو نوع من التعارف الاجتماعي- يتم عن طريق وسائل الإعلام التي تتولى تعميق الصلات الاجتماعية وتنميتها، فعندما تقدم الصحف كل يوم أخبارًا اجتماعية سواء عن الأفراد أو الجماعات أو المؤسسات الاجتماعية والثقافية، (كالنوادي والمدارس والجمعيات) فإنها بذلك تكون أداة وصل يومية تنقل أخبار الأفراح من مواليد وزيجات، وأخبار الأحزان من وفيات وفشل وخسارة. وليست صفحة الوفيات والولادات والشكر بصفحة عابرة وغير مهمة في الصحف؛ بل إنها وسيلة للاتصال الاجتماعي اليومي بين جميع فئات الجماهير، ويلعب التلفزيون الدور نفسه، وأحيانًا الإذاعة، ولكن الصحف والمجلات تبقى نقطة ارتكاز في تأدية هذه الوظيفة. وثمة أمر آخر مهم هو: قيام وسائل الإعلام كلها تقريبًا بتعريف الناس ببعض الشخصيات البارزة في المجتمع: في

مجال السياسة، والفن، والمجتمع، والأدب، وهذا التعريف يقرب هؤلاء الأشخاص من الناس حتى ليكاد بعض هؤلاء الأشخاص يصبح جزءًا من حياة قارئ مجلة، أو من حياة مستمع إذاعة، أو مشاهد تليفزيون، ورغم أن قيام وسائل الإعلام بإيراد تفاصيل دقيقة عن حياة بعض هؤلاء الأشخاص يعد أمرًا غير مقبول بشكل عام، إلا أنّ مثل هذه التفاصيل تهم بعض المتتبعين لوسائل الإعلام تلك، فيتابعونها بدقة لأنها تتولى مهمة الاتصال الاجتماعي، إما عن طريق توفير أخبار يومية عن الأفراد أو عن طريق عرض وتقديم بعض الأشخاص البارزين، إلى درجةٍ يصبحون معها مألوفين مقبولين إلى مدى بعيد لدى المتتبعين لوسائل الإعلام.

**3- الإعلام والإعلان:**

تقوم وسائل الإعلام بوظيفةِ الإعلان عن السلع الجديدة التي تهم المواطنين، كما تقوم بدور مهم في حقول العمل والتجارة عندما تتولى الإعلان عن وجود وظائف شاغرة، أو وجود موظفين مستعدين للعمل، أو عندما تتولى الإعلان عن إجراء مناقصة، أو وضع التزام موضع التنفيذ.. ولهذا استطاعت وسائل الإعلام على تنوعها؛ من صحافة وتلفزيون وسينما وأحيانًا إذاعة- أمام تعقيد الحياة وتعدد ما فيها من اختراعات وصناعات واكتشافات - أن تقوم بمهمة التعريفَ بما هو جديد وتقديمه إلى الجمهور، وعرض فوائده وأسعاره وحسناته بشكل عام.

وعلى هذا الأساس تمكنت وسائل الإعلام من إعلام الجماهير بما هو جديد، وكذلك تعليمها كيفية استعمال المكتشفات والصناعات الحديثة، فالإعلان عن أدوية طبية جديدة يقدم الدواء ويصف كيفية استعماله وفوائده، والإعلان عن بعض آلات العصر أو بعض المساحيق الجديدة أو غير ذلك يكون مرفقًا بشروحات عن الفوائد وكيفيات الاستعمال. إن وسائل الإعلام في تقديمها الإعلان إنما تقدم معلومات إلى قارئ الصحيفة أو المستمع أو المشاهد، حتى لو لم تكن كلها معلومات صحيحة لكنها غالبًا ما تُكوِّن رأيًا عامًّا حول سلعة جديدة نزلت إلى الأسواق، وأحيانًا تتولى وسائل الإعلام الإعلان عن كتاب جديد صدر تقدم فقرات منه، والإعلان بصفة عامة يدر على وسائل الإعلام دخلًا وفيرًا إلى درجة تمكّن القائمين على وسائل الإعلام من خفض كلفة تلك الوسائل وتوفيرها بأسعار زهيدة في متناول يد الجمهور، إذ لولا الإعلان لما تمكنت الجرائد -مثلا- من أن تكون أسعارها زهيدة كما هي عليه الآن باعتبار أن الجرائد تكلّف كثيرًا.

**4- الإعلام والترفيه:**

تقوم وسائل الإعلام فيما تقوم به من وظائف بمهمة ملء أوقات الفراغ عند الجمهور بما هو مسلٍّ ومرفِّهٍ، وهذا يتحقق بواسطة الأبواب المسلية في الصحف أو البرامج المضحكة في التليفزيون، وفي الحالتين تأخذ وسائل الإعلام في اعتبارها مبدأً واضحًا، وهو أن برامج الترفيه والتسلية ضرورية لراحة الجمهور ولجذبه إليها، وحتى في مجال الترفيه هناك برامج وأبواب ترفيهية موجهة، يمكن عن طريقها الدعوة إلى بعض المواقف ودعم الاتجاهات أو تحويرها وحتى تغييرها، وهذا يتطلب بالطبع أساليب مناسبة من جانب وسائل الإعلام.

وأحيانًا تعطي برامج الترفيه نتائج عكسية، فتفقد قدرتها على التوجيه، وذلك عندما تسقط تلك البرامج في السطحية والابتذال، ومجرد الإثارة والإضحاك، ففي الوقت الذي يجب فيه عدم وضوح التوجيه في برامج الترفيه والتسلية كي لا يصبح الأمر عبئًا مرفوضًا من الجمهور، يجب كذلك تحاشي الإسفاف والسطحية خوفًا من أن تصبح تلك البرامج مرفوضة وتفقد جماهيرها، وكثيرة هي الأفكار التي دعت إليها بعض الحكومات عن طريق برامج التسلية والترفيه والتي تبثها عبر إذاعات ومحطات تلفزيونية، وحتى دور السينما فيها عن طريق الأفلام القصيرة الموجهة[1].

**ثالثًا: كتبت الدكتورة: جيهان أحمد رشتي في كتابها (الأسس العلمية لنظريات الإعلام) تحت عنوان: (وظائف وسائل الإعلام)، قالت:**

إن من الأمور التي تميز البشر عن غيرهم من المخلوقات الحية أنهم قادرون على الاتصال، فالإنسان كان في حاجة دائمًا إلى وسيلة تراقب له الظروف المحيطة به، وتحيطه علمًا بالأخطار المحدقة به أو الفرص المتاحة له، ووسيلة تقوم بنشر الآراء والحقائق وتساعد الجماعة على اتخاذ القرارات، ووسيلة تقوم بنشر القرارات التي تتخذها الجماعة على نطاق واسع، ووسيلة تقوم بنقل حكمة الأجيال السابقة والتطلعات السائدة في المجتمع إلى الأجيال الناشئة، ووسيلة ترفه عن الناس وتنسيهم المعاناة والصعاب التي يواجهونها في حياتهم اليومية، ولقد عهدت القبائل البدائية بتلك المهام إلى الأفراد؛ فقام بعضهم بوظيفة الحراس الذين يحيطون القبيلة علمًا بالأخطار المحيطة والفرص المتاحة، فقد تقترب قبيلة معادية من القبيلة الأولى، أو قد

(1)طلعت همام ، موسوعة الإعلام والصحافة ، مائة سؤال عن الإعلام ، الطبعة الأولى (بيروت : دار الفرقان ، 1983م) ص 17-24.

يقترب منها قطيع من الحيوانات التي يمكن أن يصطادوا بعضها، فيكون هؤلاء الأفراد القائمون برصد الحياة من حول الجماعة أشبه بصفّارات الإنذار في حالتي الخطر والأمان، كذلك عهدت القبيلة إلى بعض الأفراد (مجلس القبيلة) بسلطة اتخاذ القرارات عن احتياجات وأهداف وسياسات القبيلة، والتأكد من أن تلك القرارات ستنفذ، وكان لابد من وجود رسل يحملون الأوامر والمعلومات من مجلس القبيلة إلى أفراد القبيلة، أو إلى القبائل المجاورة، وكذلك كفلت القبيلة لنفسها وسيلةً تساعدها على الاحتفاظ بحكمتها وتراثها الثقافي، كما كفلت لنفسها أسلوبًا لنقل تلك الحكمة إلى الجيل الجديد من الأطفال أو إلى القادمين الجدد، فقام الآباء والشيوخ بتعليم الجيل الجديد أو الأعضاء الجدد  عادات القبيلة، وعلمت الأمهات بناتهن كيف يعدِدْن الطعام، ويحِكُن الملابس، كما علم الآباء أبناءهم كيف يصطادوا الوحوش ويحاربوها ويحاربوا الأعداء. أما وظيفة الترفيه فقد تولاها الرواة الذين يحكُون القصص الشعبية، والمغنون الذين ينشدون الأغاني المحبوبة، والراقصون الذين كانوا يؤدون الرقصات الدينية والشعبية في المناسبات، وبالطبع لم تكن تلك هي كل مهام الاتصال في القبيلة القديمة، ولكنها كانت أهمها، ومن الغريب أن تلك المهام هي نفس مهام الاتصال في المجتمع الحديث، والفرق الوحيد أن تلك المهام تؤدى الآن في شكل جماهيري وأساليب حديثة ذات قدرات بعيدة المدى، فنحن ما زلنا في حاجة إلى معلومات عن الظروف المحيطة بنا، وتصلنا تلك المعلومات عن طريق وسائل الإعلام الحديثة، التي هي وسيلتنا لاتخاذ القرارات وجعل تلك القرارات معروفة.

ويحتاج المجتمع الحديث إلى أماكن لجمع حكمة الجيل وحفظها، ولهذا تقام المكتبات ويتعلم الأطفال التراث الثقافي في المدارس كما تتولى وسائل الإعلام مهمة تثقيف الأفراد بعد انتهاء المرحلة الدراسية، كما تثقف الأعضاء الجدد في المجتمع، كذلك نجد المجتمع الحديث في حاجة إلى الترفيه والتسلية اللذين توفرهما له وسائل الإعلام. أي أن مهام الاتصال التي وجدت في المجتمعات القديمة هي نفسها الموجودة في المجتمعات الحديثة، فقط الفرق الوحيد بين مهام الاتصال القديمة والحديثة: أنَّ وسائلنا الحديثة أصبحت أكثر تطورًا، وأصبحت الدولة حاليًا والحكومات القومية تشارك عن طريق ممثليها في التأثير على حياة القرية، وأصبحت الأهداف القومية تُحَدَّدُ إلى حد كبير، وتؤثر على القرارات المحلية، ودخلت الصحيفة والراديو والتليفزيون القرية وجعلتها نظامًا مفتوحًا على عكس القبيلة أو القرية القديمة، أي أصبحت مفتوحة أمام قوى التغيير التي تأتي من أعلى، ومعنى هذا أن الوظائف القديمة اختلفت فقط في درجتها وليس نوعها.

وعلى أية حال لماذا نهتم بوسائل الإعلام هذا الاهتمام؟

السبب هو أن تلك الوسائل أصبحت تصل إلى جمهور كبير؛ فوسائل الإعلام التي كانت في وقت ما ذات تأثير محدود، تستطيع الآن أن تصل إلى كل سكان العالم تقريبًا. وتؤثر على آراء الناس وتصرفاتهم وأسلوب حياتهم، والكتاب الذي كان يقرؤه في الماضي عدد محدود من الأفراد، أصبح الآن يقرؤه ملايينٌ من البشر ـ ذات الشيء ينطبق على الوسائل الأخرى مما جعل عددًا كبيراً من الناس يؤمنون بأن تلك الوسائل قادرة على التأثير على المجتمع وتغييره بشكل أساسي.

ويتميز القرن العشرين بأنه عصر الاتصال بالجماهير، حيث أصبحت الصحف والراديو والتليفزيون والمجلات الرخيصة والسينما وكتب الجيب، من الأدوات الأساسية لنقل الحقيقة والخيال والمعلومات الجادة والترفيهية، وأساليب الحياة وأنماطها في مختلف المجتمعات، ولقد ساعدت الثورة التكنولوجية في الإخراج والتوزيع على جعل الاتصال الجماهيري ميسرًا لا يكلف غير القليل من الجهد أو المال، ففي مطلع القرن العشرين لم يكن العالم يعرف إلا ثلاثًا من وسائل الإعلام الجماهيرية المعروفة حاليًا، وهي: السينما والراديو والتليفزيون، وحتى الوسائل القديمة مثل الصحف والمجلات لم تكن قد وصلت إلى الدرجة التي وصلت إليها في وقتنا الحاضر[(1)].

حاولت في هذا المبحث الذي جاء تحت عنوان (وظائف وسائل الإعلام) استعراض ما كتبه ثلاثة من المختصين في الإعلام .

ويجيء محور كتاب الدكتورة جيهان رشتي غائرًا في تاريخ وظائف الإعلام. وواضح أنها قد أَرَّخت لوظائف وسائل الإعلام، فظلت وظائف وسائل الإعلام تقريبًا عند أكثر الإعلاميين تشبه بعضها بعضًا في كل العصور غير أن العصور الحديثة شهدت تطورًا في الوسائل، كما ظلت الأفكار والاهتمامات عندهم مماثلة لبعضها، وواضح ممّا كتبه هؤلاء الكتاب الثلاثة أن وظائف وسائل الإعلام متشابهة إلى حد كبير، مما يعني أن وظائف وسائل الإعلام ثابتة، ولكن تتنوع الوسائل الخادمة لهذه الوظائف.

* * *

(1) جيهان رشتي، الأسس العلمية لنظريات الاتصال، بدون طبعة (القاهرة: دار نهر النيل للطباعة، بدون تاريخ) ص 356-357-358.

# المبحث الثاني
## وظائف وسائل نظام الإعلام الإسلامي (في المجتمع المسلم)

تقوم وسائل نظام الإعلام الإسلامي في المجتمع المسلم -وكذلك غيرهـا مـن وسائل الإعلام الحديثة أو التقليدية، وهي تعبر عن نظام الإعلام الإسلامي- تقوم بكل الوظائف المتقدمة التي أطلقت عليهـا وظائف وسائل الإعلام، ذلك لأن المجتمع المسلم في حاجة لهذه الوظائف، غير أن وسائل الإعلام في المجتمع المسلم والتي يمكن أن نطلق عليها (وسائل نظام الإعلام الإسلامي) لها وظائف تتفق مع الإسلام والمجتمع المسلم علاوة على ما أسميناه بـ(وظائف وسائل الإعلام).

ونورد في هذا المبحث وجهات نظر اثنين مـن الكتاب الـذين كتبـوا في مجـال نظام الإعلام الإسلامي، وتناولوا وظائف وسائل الإعلام في المجتمع المسلم تحت عنوان: (وظائف وسائل نظام الإعلام الإسلامي) أو (وظائف الإعلام الإسلامي).

### أولاً: وضح الدكتور علي جريشة في كتابه: (نحو إعلام إسلامي) هذه الوظائف فيما يلي:

### 1- بيان الحق:

الحق الذي جاء به محمد ﷺ، والحق فيما يجد من قضايا ويحدث من مشكلات في الداخل والخارج؛ لأن الحق هدف في ذاته.

### 2- دفع الباطل والفساد:

وهو فرع من بيان الحق، أو هو الوجه الآخر لبيان الحق، فلا يتم هذا البيان حتى يدفع الباطـل، وقـد يكون في بيان الحق دفع للباطل، كما أن دفع الباطل هو الحق وبيان الحق.

### 3- تبليغ الدعوة:

وهذه وظيفة مهمة، والناس بالنسبة للدعوة: (أمة إجابـة)، وأمـة دعـوة. فـالأولى بالنسبة لهـا تأكيـدًا وتفصيلًا، والثانية يكون الأمر بالنسبة لها بلاغًا مبينًا.

### 4- التربية:

والتربية من خلال الإعلام أمرها يسير وخيرها كثير، بيد أن تقديم التربية يحتاج إلى فن ودراية، حتى لا ينفر الناس ولا يملوا.

**5- تحقيق التعارف والتعاون والتآلف:**

فوسائل الإعلام ونظام الإعلام الإسلامي من وظائفهما تحقيق هذه الصفات بين المسلمين داخل القطر الواحد وداخل الأقطار المتعددة، لتحقيق قوله تعالى: ﴿إِنَّ هَٰذِهِۦٓ أُمَّتُكُمْ أُمَّةً وَٰحِدَةً﴾ [الأنبياء:92]، وقوله تعالى: ﴿وَأَلَّفَ بَيْنَ قُلُوبِهِمْ لَوْ أَنفَقْتَ مَا فِى ٱلْأَرْضِ جَمِيعًا مَّآ أَلَّفْتَ بَيْنَ قُلُوبِهِمْ وَلَٰكِنَّ ٱللَّهَ أَلَّفَ بَيْنَهُمْ﴾ [الأنفال:63]، ويحتاج ذلك إلى مناهج وبرامج واختيار الأنسب أسلوبًا ووسيلة.

**6- دفع الناس إلى المثل العليا في كل جانب من جوانب الحياة، ولاسيما المثل الأخلاقية تبعًا لمنهج الإسلام.**

**7- الحفاظ على الأوقات:**

وذلك بأن يلتزم الإعلام بساعات محددة للبث، وتلتزم الصحافة بصفحات محدودة، وبعدها عن الغث وعن اللغو، وما أكثر ما في الصحافة اليوم من غث ولغو فضلًا عما فيها من فساد وفجور.

**8- التنمية:**

ولئن كان المقصود بها في المجال الإعلامي الجانب الاقتصادي، فإننا لا نرفضه ونعتبره من وظائف الإعلام ووسائل الإعلام، ولكننا نضيف ونقدم عليه التنمية الأخلاقية. أو ما يطلق عليه "التنمية الشاملة".

**9- الترويح:**

وقد شرعه رسول الله ﷺ بالقول والعمل، وهو يتقيد بضوابط الإسلام، فضلًا عن التزام أوقات مناسبة وعدم طغيانه على البرامج الجاذبة (1).

**ثانيًا: يقول الدكتور عبد الوهاب كحيل في كتابه: (الأسس العلمية والتطبيقية للإعلام الإسلامي):**

يمكن تحديد أهم وظائف نظام الإعلام الإسلامي فيما يلي:

**أولًا:** الإقناع بأهمية الاتجاه الروحاني في مواجهة التيارات المادية.

**ثانيًا:** الإعلام بالدين الإسلامي والتعريف به وبقواعده، لإظهار أنه الدين المناسب لهذا العصر- ولحل مشكلاته بل ولكل العصور.

---

(1) علي محمد جريشة، نحو إعلام إسلامي، الطبعة الأولى (القاهرة: مكتبة وهبة، 1989م) ص 90-92.

**ثالثًا:** تنظيم حياة البشر على أسس سليمة مستمدة من الدين الإسلامي.

**رابعًا:** التعريف بالحياة الآخرة والسعادة فيها.

ويمكن استعراض شرحه لهذه الوظائف على النحو التالي:

## 1- الإقناع بأهمية الاتجاه الروحاني:

**وفيه يقول:** إن من أول وأهم وظائف نظام الإعلام الإسلامي محاربة النزعة المادية الإلحادية السائدة في العالم الآن وإبراز مضراتها، وبيان أنها السبب وراء الكثير من مشكلات العصر، بل وأمراضه المستعصية سواء كانت هذه الأمراض أمراضًا جسمانية أو أمراضًا معنوية، فقد استشرت هذه الأوبئة بمختلف الطرق، وبصورة سريعة تنذر بالهلاك والدمار وتهدد العالم بأسره.

والسبب في فشل هذه الاتجاهات والنظريات المادية أنها من صنع البشر ـ ومن بنات أفكارهم، وما يضعه البشر من نظريات وأفكار قد يصلح ليومهم ولكنه لا يصلح للغد، وقد يصلح لفرد معين ولكن لا يصلح لمجتمع متكامل، ذلك أن نظرة البشر ـ غالبًا ما تكون نظرة قاصرة، حتى وإن نبعت من أفكار الفلاسفة أو قادة الفكر والرأي؛ لأنهم في النهاية بشر يخطئون ويصيبون، لذا نجد أن هذه الأفكار تحتاج إلى التغيير والتعديل والتطوير دائمًا في مواجهة حاجات المجتمع ومعالجة مشكلات أفراده.

هذه المذاهب والأنظمة الداعية إلى الإلحادية والعلمانية والرافضة للأديان السماوية والمتجهة نحو المادية، قد أثبتت فشلها بما نتج عنها من فراغ عاطفي في حياة الأفراد والشعوب.

**ووظيفة نظام الإعلام الإسلامي هنا هي:** بيان فشل هذه المذاهب والنظريات، وإظهار الحلول المناسبة والملائمة للتخلص من ويلات ومشكلات هذه الاتجاهات في كل مكان من العالم. وسوف يلقى هذا الاتجاه قَبولًا لدى الجماهير والشعوب المختلفة، والتي تعاني من أخطار تلك النظريات، خاصة وأن جمهور نظام الإعلام الإسلامي، ليس هو جمهور المسلمين فقط وإنما هو البشر ـ جميعًا في كل زمان ومكان؛ لأن الإسلام رسالة عامة، لا يختص بها شعب دون شعب بل هي رسالة كل البشر ـ بالإجماع، فهي لإسعادهم جميعًا.

غير أنه يجب على القائمين بأجهزة الإعلام في الدولة الإسلامية أن يقوموا بحسن عرض

هذه الأفكار، مستخدمين الأساليب الجذابة في بيان ما يعانيه العالم من مشكلات، مستمدين مادتهم في ذلك من واقع حياة هذه المجتمعات، ضاربين الأمثلة على ذلك، كما يجب أن يعرضوا في المقابل كيفية حلول هذه المشكلات بالاتجاهات الروحانية والالتجاء إلى الدين، ويجب أن يكون ذلك حسب برامج مدروسة ومنظمة ومخططة، فيجب أن يتم إثر ذلك الترغيب في الاتجاه إلى الأديان بصفة عامة، ثم يلي ذلك في خطوة قادمة إبراز أهمية الإسلام على أنه الدين المناسب، والاتجاه الملائم مستخدمين في ذلك أيضًا الأساليب الجذابة والأمثلة والأدلة المقنعة.

كما يجب استخدام اللغات المختلفة والسائدة لدى الجمهور المخاطب، سواء كان ذلك كتابة أو بالوسائل المسموعة أو المرئية، مع القيام بدراسة هذه الجماهير دراسة واعية؛ للوقوف على أنسب اللغات والأساليب، والأوقات الملائمة للاستماع، بل المحببة لذلك، بل الأوقات التي يكون فيها الفرد مستعدًّا نفسيًّا لتلقي معلومات كهذه، ثم استخدام الوسائل المناسبة للوصول إلى الجمهور في كل مكان، وإذا تم ذلك بحماس ووعي ودراسة ودراية وحنكة من القائمين على نظام الإعلام الإسلامي فإنه سوف يجد رواجًا ورد فعل قوي من الجماهير المستقبلة؛ لأنها تعاني من المشكلات في حياتها، وسوف تجد الحل لهذه المشكلات والخلاص من كثيرٍ مما يؤرق الفرد في حياته اليومية، وبالتالي سوف يعمل الفرد فكره، ويستجيب لهذه الوسائل الموجهة لتخليصه من هذه المعاناة. وهنا يجب على رجال نظام الإعلام الإسلامي أن يقوموا بقياس ردود الفعل في كل مجتمع من المجتمعات التي يوجهون إليها إرسالهم، وإعلامهم لتعديل خططهم وبرامجهم ورسائلهم، بما يتناسب مع الجمهور.

## 2- الإعلام بالدين الإسلامي (التعليم والتوجيه):

نظام الإعلام الإسلامي هنا يوجه إلى المسلمين وغير المسلمين، أي على المستويات الداخلية والخارجية، للإعلام بالدين نفسه، ويوجه للمؤمنين به وغير المؤمنين في كل مكان؛ فأما المسلمون المؤمنون برسالة الإسلام فيوجه نظام الإعلام الإسلامي إليهم في هذه المرحلة من مراحله للتعليم بدينهم، ولكشف بعض الجوانب التي ربما جهلوها عن الإسلام، ويجب أن يكون الإعلام في هذه المرحلة محتويًا على تعليم المناسك والشعائر الدينية، ليس هذا فحسب وإنما تعليم كيفية المعاملات الإسلامية والسلوك الإسلامي القويم في حسن الخلق وحسن الحديث وحسن المعاملة للناس، وما يأمر به الإسلام من حسن الجوار وبر الوالدين والرحمة بالصغير وتوقير الكبير.

**ووظيفة نظام الإعلام الإسلامي هنا:** إنما هي الإرشاد والتوجيه والتعليم بالطرق المباشرة وغير المباشرة، فلا يجب أن يقتصر الأمر على الأحاديث الدينية بالطرق الجافة المحتوية على الأمر والنهي بطريقة مباشرة، سواء كانت مكتوبة أو مسموعة أو على شاشات التليفزيون، وإلى جانب ذلك يجب أن يكون هناك فن الحوار وأعمال الفكر في كيفية توصيل الرسالة الإعلامية المشتملة على التعليم الديني بالصورة المحببة الجذابة وغير المباشرة، فالتعليم المباشر شاقٌّ على النفس البشرية في بعض صوره.

كما يجب أن يمارس نظام الإعلام الإسلامي هذه الوظيفة مستخدمًا ضرب الأمثلة والأساليب الفنية غير المباشرة؛ كالتمثيليات والقصص الطريفة التي تؤخذ منها العبر والأمثال، ولاستخلاص القيم المفيدة النافعة للجماهير المستقبلة في حياتها سواء في العبادات أو المعاملات.

### 3- تنظيم حياة البشر على أسس سليمة مستمدة من الإسلام:

معروف أن الإسلام ليس معناه أداء الشعائر والعبادات فقط وإهمال النواحي السلوكية والخلقية؛ وإنما الإسلام منهج حياة، وهو دين يربط العبادات بالمعاملات؛ فهو يأمر بالصلاة لأنها تنهى عن الفحشاء والمنكر، وهو يأمر بالزكاة طهارةً للمال وتكافلا اجتماعيا بين الأغنياء والفقراء، وهكذا نجد أن الإسلام دين يهتم أشد الاهتمام بتنظيم حياة البشر على وجه الأرض، ويهتم بإصلاح أمور دنياهم ومعاملاتهم وعلاقاتهم بعضهم البعض على المستويات الفردية والجماعية، ومن ذلك نجد أن الإسلام يأمر بصلة الرحم ويحث عليها، ويأمر بالإحسان إلى الجار، ويأمر بالإحسان إلى الفقراء، ويأمر بالبر وحسن المعاملة حتى مع المسيء، قـــــال تعـــــالى: ﴿إِنَّ ٱللَّهَ يَأۡمُرُ بِٱلۡعَدۡلِ وَٱلۡإِحۡسَٰنِ وَإِيتَآئِ ذِي ٱلۡقُرۡبَىٰ وَيَنۡهَىٰ عَنِ ٱلۡفَحۡشَآءِ وَٱلۡمُنكَرِ وَٱلۡبَغۡيِۚ يَعِظُكُمۡ لَعَلَّكُمۡ تَذَكَّرُونَ ۝﴾ [النحل].

كذلك من وظائف نظام الإعلام الإسلامي تعليم المسلمين هذه السلوكيات عـن طريق مختلف فنون الإعلام، وبث هذه القيم على هيئة مضامين ومحتويات البرامج والمقالات المختلفة -مكتوبـة ومسموعة ومرئية- حتى تصل إلى جماهير المستقبلين في كل زمان ومكان كما أراد الله -عز وجل- لها وكما أمر بها، ونظام الإعلام الإسلامي يستطيع أن يقوم بهذه الوظيفة بطريقة غير مباشرة، مستخدمًا أيضًا الأسلوب الفني الجذاب بالوسائل الحديثة المتطورة مبتعدًا عن الإسفاف والسقوط الـذي نراه في كثير مـن التمثيليات الإذاعية والتي تقوم بغرس كثير من

القيم والعادات البعيدة عن أوامر الإسلام، والتي تهدف إلى هدم كثير من القيم الإسلامية الأصيلة، وما ذلك إلا لأن الأفكار القائمة عليها هذه البرامج والتمثيليات مستمدة من إعلام الدول غير الإسلامية، بل المعادية للإسلام والتي تتمنى هدم الإسلام وقيمه الأصيلة.

**ودور نظام الإعلام الإسلامي** ووظيفته هو عرض القيم والعادات والتقاليد والمبادئ الإسلامية السليمة الصحيحة الأصيلة، والتي تسعد الناس جميعًا في حياتهم، وتؤدي إلى نشر- الأمن والسلام والسعادة بين البشر -مسلمين وغير مسلمين- في كل مكان، وذلك بالأساليب الراقية الجذابة المثمرة المؤثرة، البعيدة عن الجفاف والغموض، حتى يتأثر بها كل من يراها ويسمعها ويقرأها فيعمل بها.

**4- التعريف بالحياة الآخرة والسعادة فيها:**

إذا كانت النظم الإعلامية في مختلف أنحاء العالم -أيًّا كانت اتجاهاتها- تهدف إلى: إسعاد البشر- في حياتهم الدنيا، وتعليمهم وإرشادهم وحثهم على ما يفيدهم، والعمل على إمتاعهم وتسليتهم، وقضاء أوقاتهم فيما يحبون، فإن نظام الإعلام الإسلامي يتميز عن هذه الأنظمة بأنه يعمل على: إسعاد البشر- في دنياهم بكل ما فيها وعلى مختلف مناحيها، ويعمل في الوقت ذاته على إسعادهم فيما بعد الموت، ذلك أن الإسلام دين يتعلم فيه الفرد أن الدنيا ليست هي نهاية المطاف ولا هي كل شيء، وإنما هي دار مؤقتة بنيت على النقص لا على الكمال، وأن الفرد فيها يتمتع بأنواع قليلة من المتع، وأنها مزرعة للآخرة التي هي الحياة الأبدية الخالدة، وعلى هذا فإن الأعمال الدنيوية والسلوكيات المختلفة فيها معلقة بأمور العبادات، وهذه وتلك تتعلق بالسعادة في الحياة الآخرة.

**ومن وظائف نظام الإعلام الإسلامي** أن يقوم بإقناع المسلمين وغير المسلمين بهذه الحقائق، حتى يكون الفرد راضيًا بحياته الدنيوية غير ساخط على الوضع الذي يعيشه إن كان فقيرًا أو مريضًا أو محرومًا من أي نوع من النعم، فهو وإن كان كذلك إلا أنه يتمتع بغيرها، وهو إن كان كذلك إلا أنه يعيش حياة دنيوية مؤقتة، يجب عليه الرضا بها والقناعة بما فيها من قليل أو كثير، وعليه أن يحسن معاملاته مع الناس، ويحسن أخلاقه وسلوكياته حتى ينعم بالحياة الآخرة التي هي دار الخلود، والتي يكون النعيم فيها من أجمل وأبهى الصور، حيث فيها ما لا عين رأت، ولا أذن سمعت ولا خطر على قلب بشر.

وقد قام نظام الإعلام الإسلامي بهذه المهمة منذ بدايته، فلم يكن القرآن الكريم يَعِدُ المسلمين بالملك أو الجاه أو الثروات الطائلة أو الحدائق الغناء أو نحو ذلك جزاء لأعمالهم

الدينية، وإنما كان يعدهم بالسعادة في الحياة الآخرة، قال تعالى: ﴿سَابِقُوٓاْ إِلَىٰ مَغۡفِرَةٖ مِّن رَّبِّكُمۡ وَجَنَّةٍ عَرۡضُهَا كَعَرۡضِ ٱلسَّمَآءِ وَٱلۡأَرۡضِ أُعِدَّتۡ لِلَّذِينَ ءَامَنُواْ بِٱللَّهِ وَرُسُلِهِۦۚ ذَٰلِكَ فَضۡلُ ٱللَّهِ يُؤۡتِيهِ مَن يَشَآءُۚ وَٱللَّهُ ذُو ٱلۡفَضۡلِ ٱلۡعَظِيمِ ﴿٢١﴾﴾ [الحديد].

ففي كل عمل من أعمال الخير؛ سواء كان صلاة أو صيام أو زكاة أو صدقة أو حسن خلق، أو جهاد أو صبر على الأذى، أو تحمل مشاق أو نحوها، نجد الإسلام يبين أن لذلك جزاء دنيويًا، وأن له أيضًا جزاء في الحياة الآخرة بعد الموت، بل إن الجزاء الأخروي أكثر من الجزاء الدنيوي. ففي أمر الصدقات مثلًا، التي هي تكافل اجتماعي، والتي هي دعوة إلى أن تعم السعادة البشر جميعًا، فالفقير يسعد بما يصله من مال، والغني يسعد برضا الناس عنه ومحبتهم له، ومع ذلك يبين الله تعالى أنه يرضى عن العبد بسببه ويخلفه عليه، ويدخره له ليسعد به في الآخرة، قال تعالى: ﴿مَّثَلُ ٱلَّذِينَ يُنفِقُونَ أَمۡوَٰلَهُمۡ فِي سَبِيلِ ٱللَّهِ كَمَثَلِ حَبَّةٍ أَنۢبَتَتۡ سَبۡعَ سَنَابِلَ فِي كُلِّ سُنۢبُلَةٖ مِّاْئَةُ حَبَّةٖۗ وَٱللَّهُ يُضَٰعِفُ لِمَن يَشَآءُۚ وَٱللَّهُ وَٰسِعٌ عَلِيمٌ ﴿٢٦١﴾ ٱلَّذِينَ يُنفِقُونَ أَمۡوَٰلَهُمۡ فِي سَبِيلِ ٱللَّهِ ثُمَّ لَا يُتۡبِعُونَ مَآ أَنفَقُواْ مَنّٗا وَلَآ أَذٗى لَّهُمۡ أَجۡرُهُمۡ عِندَ رَبِّهِمۡ وَلَا خَوۡفٌ عَلَيۡهِمۡ وَلَا هُمۡ يَحۡزَنُونَ ﴿٢٦٢﴾ قَوۡلٞ مَّعۡرُوفٞ وَمَغۡفِرَةٌ خَيۡرٞ مِّن صَدَقَةٖ يَتۡبَعُهَآ أَذٗىۗ وَٱللَّهُ غَنِيٌّ حَلِيمٞ ﴿٢٦٣﴾﴾ [البقرة].

في مقابل ذلك، يبين أن البخيل بالمال له فقر وضنك في الدنيا وعليه وبال في الآخرة، قال تعالى: ﴿وَٱلَّذِينَ يَكۡنِزُونَ ٱلذَّهَبَ وَٱلۡفِضَّةَ وَلَا يُنفِقُونَهَا فِي سَبِيلِ ٱللَّهِ فَبَشِّرۡهُم بِعَذَابٍ أَلِيمٖ ﴿٣٤﴾ يَوۡمَ يُحۡمَىٰ عَلَيۡهَا فِي نَارِ جَهَنَّمَ فَتُكۡوَىٰ بِهَا جِبَاهُهُمۡ وَجُنُوبُهُمۡ وَظُهُورُهُمۡۖ هَٰذَا مَا كَنَزۡتُمۡ لِأَنفُسِكُمۡ فَذُوقُواْ مَا كُنتُمۡ تَكۡنِزُونَ ﴿٣٥﴾﴾ [التوبة] .

**ومن وظائف نظام الإعلام الإسلامي إذن:** أن يرشد الناس إلى ما يسعدهم في حياتهم الآخرة وفي قبورهم بعد موتهم، وأن يبين لهم أن هذه الأعمال الصالحة والعبادات كما أنها تتعلق بما يفيدهم في انتشار السعادة والأمن والاستقرار على وجه الأرض فإنها كذلك تتعلق بسعادتهم في الحياة الآخرة، وعلى النقيض من ذلك، فإن ترك العبادات هو تركٌ للأعمال التي يترتب عليها استقرار الإنسان في حياته الدنيا، كما أن تركها —أي الاعمال- يؤدي إلى معيشته في قلق وزعزعة في الدنيا، وإلى جهنم والعذاب المقيم في الآخرة.

غير أنه في هذه الوظيفة يجب عدم الإسراف في جانب التخويف وإهمال جانب الرجاء والتبشير، ومن القرآن يجب أن يتعلم رجال نظام الإعلام الإسلامي؛ حيث لم يذكر العذاب -غالبا- إلا وذكر معه المغفرة، ولم يذكر النار إلا وذكر الجنة، وهكذا، ومن ذلك قوله عز

وجل: ﴿نَبِّئْ عِبَادِيٓ أَنِّيٓ أَنَا ٱلْغَفُورُ ٱلرَّحِيمُ ﴿٤٩﴾ وَأَنَّ عَذَابِي هُوَ ٱلْعَذَابُ ٱلْأَلِيمُ ﴿٥٠﴾﴾ [الحجر]،
وقوله تعالى: ﴿غَافِرِ ٱلذَّنۢبِ وَقَابِلِ ٱلتَّوْبِ شَدِيدِ ٱلْعِقَابِ ذِي ٱلطَّوْلِ لَآ إِلَٰهَ إِلَّا هُوَ إِلَيْهِ ٱلْمَصِيرُ ﴿٣﴾﴾.
[غافر]

ويجب كذلك ألا يسرف رجال نظام الإعلام الإسلامي في جانب التبشير فقط، حتى لا يتواكل الناس، كما يحذر عليهم ألا يسرفوا في جانب التخويف فقط حتى لا ييأس الناس. هذه أهم وظائف نظام الإعلام الإسلامي التي يجب أن تتم باللغات المختلفة المعروفة؛ لأنها تخاطب كل البشر في كل مكان وتصل إلى كل الناس بعد دراسة ووعي بأساليب راقية جذابة فنية وبوسائل متطورة متقدمة؛ حتى تصل قوية مؤثرة مفيدة وتعلم وتوجه وتسلي وتمتع البشر جميعًا؛ لتعم السعادة المعمورة بأكملها[1].

* * *

(1) عبد الوهاب كحيل، الأسس العلمية والتطبيقية للإعلام الإسلامي، الطبعة الأولى (بيروت: عالم الكتب، 1985م) ص 85-99.

الفصل السادس
ضوابط الاتصال في الدولة الإسلامية
(ضوابط نظام الإعلام الإسلامي)

ويحتوي على المباحث التالية:

المبحـث الأول : ضوابط عقدية.

المبحث الثاني: ضوابط شرعية.

المبحث الثالث: ضوابط أخلاقية.

\* \* \*

# المبحث الأول
## ضوابط عقدية

يتناول هذا المبحث: مفهوم وأهمية العقيدة الإسلامية، وكيفية ضبط وسائل الاتصال الجماهيري من خلال هذه العقيدة، وأنها يجب أن تكون هي المعيار والإطار لضبط وسائل الاتصال في الدولة الإسلامية، تتعاون في ذلك مع إطاري الشريعة والأخلاق حيث يمثل كل منهم مبحثًا قائمًا بذاته.

فمفهوم العقيدة ينبغي أن يكون واضحًا أمام القائمين على أمر الاتصال في الدولة الإسلامية، وأن يستصحبوا هذا الفهم أثناء ممارستهم للعمل الإعلامي، فالعقيدة ليست مختصة بالإسلام، بل كل ديانة أو مذهب له عقيدته التي يعتنقها أصحابه ويقيمون عليها نظام حياتهم، وهذا أمر ينطبق على الأفراد والجماعات، والعقائد منذ بداية الخليقة وإلى وقتنا الحاضر وإلى أن يرث الله الأرض ومن عليها قسمان:

**قسم يمثل العقيدة الصحيحة** التي جاءت بها الرسل الكرام، وهي عقيدة واحدة منزلة من العليم الخبير، لا يتصور بأي حال من الأحوال أن تختلف من رسول إلى آخر ومن زمان إلى زمان.

**وقسم يشمل العقائد الفاسدة**، التي جاء فسادها من كونها نتاج أفكار البشر ـ ومن وضع زعمائهم ومفكريهم، ومهما بلغ علم البشر فإنَّه سيبقى مقيدًا بقيودٍ، ومتأثرًا بما حوله من عادات وتقاليد وأفكار.

والعقيدة الصحيحة اليوم تمثل الإسلام دون سواه؛ لأنه الدين المحفوظ الذي تكفل الله بحفظه: ﴿ إِنَّا نَحْنُ نَزَّلْنَا ٱلذِّكْرَ وَإِنَّا لَهُۥ لَحَٰفِظُونَ ﴿٩﴾ ﴾ [الحجر].

والأديان الأخرى، وإن كان في عقائدها نتفًا من الحق فإنها لا تمثل الحق كلَّه؛ لذا تصبح العقيدة الإسلامية ضرورية للإنسان ضرورة الماء والهواء، وهو بدون هذه العقيدة ضائع تائه يفقد ذاته ووجوده، والعقيدة الإسلامية وحدها هي التي تجيب على التساؤلات التي شغلت -ولا تزال تشغل- الفكر الإنساني بل تحيره: من أين جاء؟ ومن أين جاء هذا الكون؟ وما دورنا في هذا الكون؟ وما علاقتنا بالخالق الذي خلقنا؟ وهل هناك عوالم أخرى غير منظورة وراء هذا المشهود؟ وهل هناك مخلوقات عاقلة مفكرة غير هذا الإنسان؟ وهل بعد هذه الحياة من حياة أخرى نصير إليها؟ وكيف تكون تلك الحياة إن كان الجواب بالإيجاب؟

لا توجد عقيدة سوى العقيدة الإسلامية اليوم تجيب إجابة صادقة مقنعة عن تلك التساؤلات، وكل من لم يعرف هذه العقيدة أو لم يعتنقها فإن حاله سوف يكون في اضطراب [1].

ومن هنا تنشأ أهمية العقيدة الإسلامية وضرورتها، وتبني هذه العقيدة في وسائل الاتصال في الدولة الإسلامية.

والعقيدة الإسلامية التي تشكل الإطار الضابط لوسائل الاتصال في الدولة الإسلامية لها مصادر؛ **إذ يعد القرآن الكريم مصدرها الأول**، وهو منهج الله ودستور الحياة في العقيدة الإسلامية، والعبادة، وفي الاقتصاد والسياسة، وفي التربية والسلوك، وفي السلم والحرب، تربية للفرد وبناء للشعب وتمكينًا للأمة لتنهض بمسئولياتها نحو الحق والعدل والسلام.

**قال الإمام علي بن أبي طالب** ﵁: (...سمعت رسول الله ﷺ يقول: ألا إنها ستكون فتنة. فقلت: ما المخرج منها يا رسول الله؟ قال: كتاب الله؛ فيه نبأ ما كان قبلكم وخبر ما بعدكم وحكم ما بينكم، وهو الفصل ليس بالهزل، من تركه من جبار قصمه الله، ومن ابتغى الهدى في غيره أضله الله، وهو حبل الله المتين، وهو الذكر الحكيم، وهو الصراط المستقيم، هو الذي لا تزيغ به الأهواء، ولا تلتبس به الألسنة، ولا يشبع منه العلماء، ولا يخلق على كثرة الرد، ولا تنقضي عجائبه، هو الذي لم تنته الجن إذا سمعته حتى قالوا: ﴿إِنَّا سَمِعْنَا قُرْآنًا عَجَبًا ۝ يَهْدِي إِلَى ٱلرُّشْدِ فَـَٔامَنَّا بِهِۦ وَلَن نُّشْرِكَ بِرَبِّنَآ أَحَدًا ۝﴾ [الجن] ، من قال به صدق، ومن عمل به أجر، ومن حكم به عدل، ومن دعا إليه هدي إلى صراط مستقيم...) (الترمذي: 2906).

**والمصدر الثاني من مصادر العقيدة الإسلامية: السنة النبوية**، وهي ما ثبت عنه ﷺ من أقوال وأفعال وتقريرات تتصل بمعاشه ومعاده وعلمه وعمله وحربه وسلمه وعاداته وعباداته وسلوكه وأخلاقه.

**والمصدر الثالث:** هو ما يحفظ التاريخ لنا ويحمل إلينا من: سنن الخلفاء الراشدين، وأقوال الصحابة، وآراء التابعين، واجتهادات الأئمة، واستنتاجات العلماء، وما خلفوا من علم وحكمة [2].

فالعقيدة الإسلامية التي ينبغي أن تضبط الأداء في وسائل الاتصال في الدولة الإسلامية

---

(1) عمر سليمان الأشقر، العقيدة في الله، الطبعة العاشرة (الأردن: دار النفائس، 1985م ) ص14-15.
(2) كمال محمد عيسى، العقيدة الإسلامية سفينة النجاة، الطبعة الأولى (جدة: دار الشروق، 1980م ) ص38-41.

هي العقيدة التي حولت هذه الأمة من رعاة غنم إلى رعاة أمم، ومن قبائل بداوة إلى أمة حضارة، وهيأت لها سبيل النصر على كسرى وقيصر، وفتحت لها باب السيادة على معظم الدنيا في عشرات من السنين (1).

ووسائل الاتصال في الدولة الإسلامية لابد أن تنتج البرامج وتخرجها على أساس العقيدة الإسلامية واليقين بوجود الله سبحانه وتعالى، وأن تسلك في ذلك مسلك القرآن الكريم الذي يعلمنا أن الإيمان بالله ليس صعبًا على العقول ولا بعيدًا عن فطرة الإنسان، بل إن كتاب الكون المفتوح صفحات واضحات في دلالتها على وجود الله سبحانه، شاهدًا على وحدانيته وكماله... وإنك لتجد هذا المعنى في أكثر سور القرآن الكريم، وخاصة السور المكية التي عنيت بتثبيت العقيدة وتأكيد حقائق الإيمان، ومن ذلك قوله تعالى: ﴿إِنَّ رَبَّكُمُ ٱللَّهُ ٱلَّذِي خَلَقَ ٱلسَّمَٰوَٰتِ وَٱلۡأَرۡضَ فِي سِتَّةِ أَيَّامٖ ثُمَّ ٱسۡتَوَىٰ عَلَى ٱلۡعَرۡشِ يُغۡشِي ٱلَّيۡلَ ٱلنَّهَارَ يَطۡلُبُهُۥ حَثِيثٗا وَٱلشَّمۡسَ وَٱلۡقَمَرَ وَٱلنُّجُومَ مُسَخَّرَٰتِۭ بِأَمۡرِهِۦٓۗ أَلَا لَهُ ٱلۡخَلۡقُ وَٱلۡأَمۡرُۗ تَبَارَكَ ٱللَّهُ رَبُّ ٱلۡعَٰلَمِينَ ٥٤﴾ [الأعراف].

هذه الآية تضمنت تعريف العباد بخالقهم العظيم، فهو سبحانه وتعالى خالق السماوات والأرض في ستة أيام، وهو الذي قدر لهذا الكون أمره ودبر أحواله، ويكفي أن ينظر العاقل إلى ظواهر الفلك، وأن يتأمل تعاقب الليل والنهار؛ في هذه الحركة الدائبة المطردة التي لا تفتر ولا تختل منذ أزمان بعيدة، موغلة في القدم لا يعلم بدايتها إلا الله سبحانه وتعالى ولا يعلم نهايتها إلا هو، فكل هذه الكواكب والنجوم على كثرتها وعظم خلقها وخطر شأنها وكبر جرمها مسخرات بأمره سبحانه وتعالى؛ فهو خالقها ومسخرها ومنظم حركتها لا تستطيع أن تخالف ولا أن تتوقف.

فأيّ عقل يأبى قبول الإيمان بوجود الله سبحانه وهذه آياته في الأرض وفي السماء؟ ومن ذا الذي ينازع في أمر الكواكب والنجوم أو يدعي أن له شأنًا في حركتها أو نظام سيرها؟

ومن هنا يهتدي العقل السليم بعد التأمل في هذه الدلائل إلى الإيمان بتلك الحقيقة التي تتضمنها الآية في ختامها: ﴿أَلَا لَهُ ٱلۡخَلۡقُ وَٱلۡأَمۡرُۗ تَبَارَكَ ٱللَّهُ رَبُّ ٱلۡعَٰلَمِينَ ٥٤﴾ [الأعراف].

تستطيع وسائل الاتصال أن تعرض العقيدة الإسلامية وترد أبلغ رد على مزاعم الفلاسفة، ولاسيما هذه الجملة التي ختمت بها هذه الآية، وترد على مزاعم الفلاسفة الذين جادلوا في شأن الألوهية بغير علم ولا هدى ولا كتاب منير، إذ زعموا أن الله -سبحانه

---

(1) يوسف القرضاوي، الإيمان والحياة، الطبعة التاسعة (القاهرة: مكتبة وهبة، 1990م) ص310.

وتعالى- خلق هذا الكون ثم أهمله وتركه سدى. فلا يليق به سبحانه وتعالى- كما زعم المفترون- أن يعنى بشيء من هذه المخلوقات لنقصها، ولا يليق بكماله وعظمته أن يدبر شيئًا من أحوال هذا الكون المتسم بالنقص الصائر إلى الفناء، لكن القرآن الكريم قد نقض مزاعم هؤلاء المفترين، وبين أن الله - سبحانه وتعالى- لم يترك هذا الكون بعد أن خلقه، بل إن من شواهد القدرة الإلهية التي لا يعجزها انفراده -سبحانه وتعالى- بالخلق والأمر، فكل ظواهر هذا الكون ومقاديره صادرة عن إرادته سبحانه وتدبيره؛ لأن الخلق إيجاد من العدم، والأمر هو التدبير والتسخير، وبهذا لا يكون لأيٍّ من هذه المخلوقات -صغيرها وكبيرها وعاقلها وجاهلها- إلا داخل في الخلق والأمر، ولهذا يقطع العقل بعد هذا التأمل والنظر بأن الله وحده هو المستحق للعبادة، وهو المنعم على عباده بالخلق والأمر والتدبير...تبارك الله رب العالمين [1] .

إذن، فالله هو الخالق المدبر لأمر الكون كله، وعلى هذا الأساس لابد أن تنضبط وسائل الاتصال في الدولة الإسلامية بهذا الضابط، ولا تنسب لفظ الخلق إلى أحد غير الله، وهو وحده الخالق، قال تعالى:

﴿هُوَ ٱللَّهُ ٱلۡخَٰلِقُ ٱلۡبَارِئُ ٱلۡمُصَوِّرُۖ لَهُ ٱلۡأَسۡمَآءُ ٱلۡحُسۡنَىٰۚ﴾ [الحشر-24] ، لا يشاركه في الخلق غيره، أما ما جاء في القرآن من الأخبار عن عيسى ابن مريم عبد الله ورسوله ﷺ، إنه كان يخلق من الطين كهيئة الطير في قوله سبحانه وتعالى: ﴿وَإِذۡ تَخۡلُقُ مِنَ ٱلطِّينِ كَهَيۡـَٔةِ ٱلطَّيۡرِ﴾ [المائدة:110] ، وقوله تعالى: ﴿وَرَسُولًا إِلَىٰ بَنِىٓ إِسۡرَٰٓءِيلَ أَنِّى قَدۡ جِئۡتُكُم بِـَٔايَةٖ مِّن رَّبِّكُمۡ أَنِّىٓ أَخۡلُقُ لَكُم مِّنَ ٱلطِّينِ كَهَيۡـَٔةِ ٱلطَّيۡرِ فَأَنفُخُ فِيهِ فَيَكُونُ طَيۡرًۢا بِإِذۡنِ ٱللَّهِۖ﴾ [آل عمران:49] . فالمراد بالخلق في الآيتين السابقتين التصوير والتقدير؛ أي صنع تماثيل على هيئة الطير من الطين بإذن الله، فإذا نفخ فيها عيسى- كانت طيرًا بإذن الله، أي بقدرته سبحانه؛ لتكون آية نبوة عيسى ومعجزة دالة على صدقه، فلم يكن عيسى ابن مريم في الحقيقة خالقًا لهذا الطير، وإنما كان مصورًا لهيئته فقط، أما الخلق بمعنى الإيجاد من العدم ونفخ الحياة في المخلوقات فهو من أمر الله [2].

إن الله سبحانه وتعالى خلق الكون ودبر أمره، وهذا جانب مهم ينبغي على وسائل الاتصال عرضه وضبطه بالأطر العقدية الدالة على هذا التدبير، وقد جاء تدبير الله للكون في

---

(1) مصطفى عبد الواحد، الإيمان في القرآن، الطبعة الأولى (القاهرة: دار الصحوة، 1987م ) ص14-16.
(2) المرجع السابق.

كثير من الآيات، نذكر منها؛ قوله تعالى: ﴿إِنَّ رَبَّكُمُ ٱللَّهُ ٱلَّذِي خَلَقَ ٱلسَّمَٰوَٰتِ وَٱلْأَرْضَ فِي سِتَّةِ أَيَّامٍ ثُمَّ ٱسْتَوَىٰ عَلَى ٱلْعَرْشِ يُدَبِّرُ ٱلْأَمْرَ مَا مِن شَفِيعٍ إِلَّا مِنۢ بَعْدِ إِذْنِهِۦ ذَٰلِكُمُ ٱللَّهُ رَبُّكُمْ فَٱعْبُدُوهُ أَفَلَا تَذَكَّرُونَ ٣﴾ [يونس].

وقوله تعالى: ﴿قُلْ مَن يَرْزُقُكُم مِّنَ ٱلسَّمَآءِ وَٱلْأَرْضِ أَمَّن يَمْلِكُ ٱلسَّمْعَ وَٱلْأَبْصَٰرَ وَمَن يُخْرِجُ ٱلْحَيَّ مِنَ ٱلْمَيِّتِ وَيُخْرِجُ ٱلْمَيِّتَ مِنَ ٱلْحَيِّ وَمَن يُدَبِّرُ ٱلْأَمْرَ فَسَيَقُولُونَ ٱللَّهُ فَقُلْ أَفَلَا تَتَّقُونَ ٣١﴾ [يونس].

وفي سورة الرعد، قوله تعالى: ﴿ٱللَّهُ ٱلَّذِي رَفَعَ ٱلسَّمَٰوَٰتِ بِغَيْرِ عَمَدٍ تَرَوْنَهَا ثُمَّ ٱسْتَوَىٰ عَلَى ٱلْعَرْشِ وَسَخَّرَ ٱلشَّمْسَ وَٱلْقَمَرَ كُلٌّ يَجْرِي لِأَجَلٍ مُّسَمًّى يُدَبِّرُ ٱلْأَمْرَ يُفَصِّلُ ٱلْآيَٰتِ لَعَلَّكُم بِلِقَآءِ رَبِّكُمْ تُوقِنُونَ ٢﴾ [الرعد:2].

وقد كانت دعوة كل الرسل لهذه العقيدة -عقيدة لا إله إلا الله- وهي عقيدة التوحيد، ومعنى التوحيد أن يعلم الإنسان أنه لا إله إلا الله، وأن يفرده تعالى بالعبادة والاستعانة فلا يشرك معه شيئًا،

وهذا معنى: ﴿إِيَّاكَ نَعْبُدُ وَإِيَّاكَ نَسْتَعِينُ ٥﴾ [الفاتحة]، التي يرددها الإنسان المسلم ما لا يقلُّ عن سبع عشر مرة، كلَّما قرأ الفاتحة في الصلاة [1].

وقد خاطب الله رسوله بهذه الحقيقة، ومن ثم أمره أن يعلنها على الملأ، وهو المطلوب الآن من وسائل الاتصال؛ أن تعلن هذه الحقيقة آخذة القدوة والأسوة من رسول الله ﷺ وأصحابه الكرام، لاسيما أن وسائل الاتصال تطورت تطورًا ملحوظًا، مما يجعلها قادرة على ترسيخ مفهوم لا إله إلا الله، وإعلانها على ملايين البشر بواسطة هذه الوسائل.

قال تعالى مخاطبًا رسوله ﷺ: ﴿قُلْ إِنَّنِي هَدَانِي رَبِّي إِلَىٰ صِرَٰطٍ مُّسْتَقِيمٍ دِينًا قِيَمًا مِّلَّةَ إِبْرَٰهِيمَ حَنِيفًا وَمَا كَانَ مِنَ ٱلْمُشْرِكِينَ ١٦١ قُلْ إِنَّ صَلَاتِي وَنُسُكِي وَمَحْيَايَ وَمَمَاتِي لِلَّهِ رَبِّ ٱلْعَٰلَمِينَ ١٦٢ لَا شَرِيكَ لَهُۥ وَبِذَٰلِكَ أُمِرْتُ وَأَنَا۠ أَوَّلُ ٱلْمُسْلِمِينَ ١٦٣ قُلْ أَغَيْرَ ٱللَّهِ أَبْغِي رَبًّا وَهُوَ رَبُّ كُلِّ شَيْءٍ وَلَا تَكْسِبُ كُلُّ نَفْسٍ إِلَّا عَلَيْهَا وَلَا تَزِرُ وَازِرَةٌ وِزْرَ أُخْرَىٰ ثُمَّ إِلَىٰ رَبِّكُم مَّرْجِعُكُمْ فَيُنَبِّئُكُم بِمَا كُنتُمْ فِيهِ تَخْتَلِفُونَ ١٦٤﴾ [الأنعام].

**هذه العقيدة التي عمادها لا إله إلا الله جاءت أدلتها من القرآن في آيات عديدة، وقد تناول الإمام الرازي في تفسيره الكبير ثمانية من الأدلة على هذه العقيدة نوردها هنا:**

قال: اعلم أن الله -سبحانه وتعالى- لما حكم بالفردانية والوحدانية ذكر ثمانية من الأدلة التي يمكن أن يستدل بها على وجوده -سبحانه- أولًا، وعلى توحيده وبراءته من الأضداد

---

(1) د. يوسف القرضاوي، الخصائص العامة للإسلام (الدار البيضاء، دار المعرفة) ص 10-11.

والأنداد ثانيًا، وأخذ يعدد هذه الأدلة دليلًا تِلو الدليل، وذلك في قوله تعالى: ﴿وَإِلَٰهُكُمْ إِلَٰهٌ وَاحِدٌ ۖ لَّا إِلَٰهَ إِلَّا هُوَ الرَّحْمَٰنُ الرَّحِيمُ ﴿١٦٣﴾ إِنَّ فِي خَلْقِ السَّمَاوَاتِ وَالْأَرْضِ وَاخْتِلَافِ اللَّيْلِ وَالنَّهَارِ وَالْفُلْكِ الَّتِي تَجْرِي فِي الْبَحْرِ بِمَا يَنفَعُ النَّاسَ وَمَا أَنزَلَ اللَّهُ مِنَ السَّمَاءِ مِن مَّاءٍ فَأَحْيَا بِهِ الْأَرْضَ بَعْدَ مَوْتِهَا وَبَثَّ فِيهَا مِن كُلِّ دَابَّةٍ وَتَصْرِيفِ الرِّيَاحِ وَالسَّحَابِ الْمُسَخَّرِ بَيْنَ السَّمَاءِ وَالْأَرْضِ لَآيَاتٍ لِّقَوْمٍ يَعْقِلُونَ ﴿١٦٤﴾﴾ [البقرة].

**والأدلة الثمانية هي:**

1- الاستدلال بأحوال السماوات.

2- الاستدلال بأحوال الأرض.

3- الاستدلال باختلاف الليل والنهار.

4- الاستدلال بالفلك التي تجري في البحر.

5- الاستدلال بإنزال الماء.

6- الاستدلال بخلق الدواب وبثها في الأرض.

7- الاستدلال بالسحاب المسخر بين السماء والأرض.

8- الاستدلال بتصريف الرياح.

**وختم الرازي هذه الأدلة بقوله:** أما قوله تعالى:﴿لِّقَوْمٍ يَعْقِلُونَ﴾؛ لأنهم الذين يتمكنون من النظر فيه والاستدلال به على ما يلزمهم من توحيد ربهم وعدله وحكمه ليقوموا بشكره وما يلزم من عبادته وطاعته[1].

من أهم القضايا التي عنى بها القرآن قضية التوحيد، وهي قضية العقيدة الأولى، وكذلك قضية خلق الله للكون وتدبيره لأحواله، وهي قضية عقدية لابد لوسائل الاتصال في الدولة الإسلامية من عرضها والتعامل معها وضبطها بضوابطها في القرآن الكريم، وهي نقطة الخلاف الأولى بين دعوة الإسلام وأوهام الجاهلية؛ قال تعالى: ﴿وَعَجِبُوا أَن جَاءَهُم مُّنذِرٌ مِّنْهُمْ ۖ وَقَالَ الْكَافِرُونَ هَٰذَا سَاحِرٌ كَذَّابٌ ﴿٤﴾ أَجَعَلَ الْآلِهَةَ إِلَٰهًا وَاحِدًا ۖ إِنَّ هَٰذَا لَشَيْءٌ عُجَابٌ ﴿٥﴾ وَانطَلَقَ الْمَلَأُ مِنْهُمْ أَنِ امْشُوا وَاصْبِرُوا عَلَىٰ آلِهَتِكُمْ ۖ إِنَّ هَٰذَا لَشَيْءٌ يُرَادُ ﴿٦﴾﴾ [ص:4].

(1) عبد العال سالم مكرم، أثر العقيدة في بناء الفرد والمجتمع، الطبعة الأولى (بيروت: مؤسسة الرسالة، بدون تاريخ) ص 31- 32.

وعلى وسائل الاتصال في الدولة الإسلامية توضيح أن القرآن أقام الدليل الناصع على فساد عقيدة الشرك ونادى البشر جميعًا ليعبدوا إلهًا واحدًا في ذاته وصفاته، لا ند له ولا شريك ولا صاحبة ولا ولد: ﴿قُلْ هُوَ اللَّهُ أَحَدٌ (١) اللَّهُ الصَّمَدُ (٢) لَمْ يَلِدْ وَلَمْ يُولَدْ (٣) وَلَمْ يَكُن لَّهُ كُفُوًا أَحَدٌ (٤)﴾ [الإخلاص].

وفي هذا الإطار تقدمُ وسائلُ الاتصال الأدلة العقلية والكونية على وحدانية اللـه سبحانه وتعالى، منها قوله تعالى: ﴿سُبْحَانَهُ وَتَعَالَىٰ عَمَّا يَقُولُونَ عُلُوًّا كَبِيرًا (٤٣)﴾ [الإسراء]. وقوله تعالى: ﴿لَوْ كَانَ فِيهِمَا آلِهَةٌ إِلَّا اللَّهُ لَفَسَدَتَا ۚ فَسُبْحَانَ اللَّهِ رَبِّ الْعَرْشِ عَمَّا يَصِفُونَ (٢٢)﴾ [الأنبياء]، وقوله تعالى: ﴿مَا اتَّخَذَ اللَّهُ مِن وَلَدٍ وَمَا كَانَ مَعَهُ مِنْ إِلَٰهٍ ۚ إِذًا لَّذَهَبَ كُلُّ إِلَٰهٍ بِمَا خَلَقَ وَلَعَلَا بَعْضُهُمْ عَلَىٰ بَعْضٍ ۚ سُبْحَانَ اللَّهِ عَمَّا يَصِفُونَ (٩١) عَالِمِ الْغَيْبِ وَالشَّهَادَةِ فَتَعَالَىٰ عَمَّا يُشْرِكُونَ (٩٢)﴾ [المؤمنون].

فقد بينت آية الإسراء أنه لو كان مع اللـه إله آخر لوقع التنازع والصراع، وبينت آية الأنبياء أنه لو كان هناك آلهة غير اللـه لفسدت السماوات والأرض، ومن ثم أوضحت آية (المؤمنون) أن اللـه سبحانه وتعالى لم يتخذ ولدًا، وأنه ليس معه إله، ولو كان معه آلهة آخرون لانفرد كل منهم بخلقه ولَتكبّر بعضهم على بعض حتى يسلم سائرهم لأقواهم، فحينئذ فالأقوى هو الإله، والآخرون ليسوا آلهة، وهكذا نرى السور الثلاث قد تكاملت في إيضاح الدليل وتأكيد نفي الشرك عن اللـه سبحانه وتعالى بحكم العقل إلى جوانب شواهد الكون، ونلاحظ أن آية سورة المؤمنون أقامت الدليل على نفي الشريك عن اللـه عز وجل قد سبقت بدليل كوني على تلك الحقيقة يعد تمهيدًا للحجة العقلية، قال تبارك وتعالى: ﴿قُل لِّمَنِ الْأَرْضُ وَمَن فِيهَا إِن كُنتُمْ تَعْلَمُونَ (٨٤) سَيَقُولُونَ لِلَّهِ ۚ قُلْ أَفَلَا تَذَكَّرُونَ (٨٥) قُلْ مَن رَّبُّ السَّمَاوَاتِ السَّبْعِ وَرَبُّ الْعَرْشِ الْعَظِيمِ (٨٦) سَيَقُولُونَ لِلَّهِ ۚ قُلْ أَفَلَا تَتَّقُونَ (٨٧) قُلْ مَن بِيَدِهِ مَلَكُوتُ كُلِّ شَيْءٍ وَهُوَ يُجِيرُ وَلَا يُجَارُ عَلَيْهِ إِن كُنتُمْ تَعْلَمُونَ (٨٨) سَيَقُولُونَ لِلَّهِ ۚ قُلْ فَأَنَّىٰ تُسْحَرُونَ (٨٩) بَلْ أَتَيْنَاهُم بِالْحَقِّ وَإِنَّهُمْ لَكَاذِبُونَ (٩٠)﴾ [المؤمنون] ، وبعدها تأتي الآية التي تنفي عن اللـه سبحانه الولد والشريك، وتبين ما ينشأ من افتراض وجود الشركاء من فساد ينفيه نظام الكون المحكم، ووحدة الخلق في السنن والتكوين، وهذا يبين أن القرآن قد سلك مسلك النظر الكوني، ومسلك الدليل العقلي في إثبات التوحيد ونفي الشركاء، كما نلاحظ أن هذه الآيات من سورة (المؤمنون) قد جاءت بأسلوب التشويق الذي نجده في القرآن في المواطن التي تحتاج إلى إيقاظ المشاعر الهامدة، وتحريك القلوب الجامدة، وقد أحاطت هذه الآيات بالمعاندين من كل

جانب، بإثارة هذه الأسئلة المفاجئة التي تستخرج الجواب أسرع ما يكون، ﴿ قُل لِّمَنِ ٱلۡأَرۡضُ وَمَن فِيهَآ ﴾ [المؤمنون:84] ﴿ قُلۡ مَن رَّبُّ ٱلسَّمَٰوَٰتِ ٱلسَّبۡعِ ﴾ [المؤمنون:86] ﴿ مَنۢ بِيَدِهِۦ مَلَكُوتُ كُلِّ شَيۡءٍ ﴾ [المؤمنون:88] والجواب في كل موضع (الله)، أي: ذلك خالص لله سبحانه لا ينازعه فيه أحد، إذن ﴿ قُلۡ فَأَنَّىٰ تُسۡحَرُونَ ٨٩ ﴾ [المؤمنون] أي: كيف تصرفون عن هذه الحقائق؟ وتتجاهلون دلالة الكون وهو يناديكم بأوضح منطق، منطق المشاهدة والعيان؟ وأمام هذا الدليل العقلي الذي أقامه القرآن على نفي الشركاء وإثبات الوحدانية لله سبحانه لم يبق للمشركين المعاندين من حجة، وقد طالبهم القرآن أن يظهروا ما لديهم من برهان على ما ادَّعوا من دون الله من أنداد، فلم يجدوا ما يقولون إلا الزور والبهتان، فهاهم في صورتهم الحقيقية لا يملكون دليلًا من شواهد الكون على ما يزعمون ﴿ أَرُونِي مَاذَا خَلَقُوا۟ مِنَ ٱلۡأَرۡضِ ﴾ [فاطر:40]، ويكتفي السياق هنا بالأرض، ولا يطالبهم برؤية ما خلقت أصنامهم في السماء، فحسبهم إن استطاعوا أن يدلونا على أثر معبوداتهم الباطلة في الأرض وحدها، أو في جزء صغير منها، وأن يدلونا على نصيب معبوداتهم من السماء، لكنهم لا يقدرون على هذا ولا ذاك، ثم تطالبهم الآيات بالدليل العقلي إن كان لديهم دليل ﴿ ٱئۡتُونِي بِكِتَٰبٍ مِّن قَبۡلِ هَٰذَآ أَوۡ أَثَٰرَةٍ مِّنۡ عِلۡمٍ إِن كُنتُمۡ صَٰدِقِينَ ٤ ﴾ [الأحقاف]، وأي علم يثبت لهم أن لله شركاء فيما خلق وبرأ؟ وأي كتاب يقرهم على مسلك الجهالة والجحود؟

إذن فليس للشرك من حجة ولا برهان، وإنما هي أهواء متبعة وأوهام متسلطة، وقع هؤلاء الأشقياء صرعى بها، فأصبحوا نجسًا؛ إذ فارقتهم طهارة القلب، وغابت عنهم بديهة العقل وسلامة الوجدان، ولهذا استحقوا أن يوصفوا بهذا الوصف[1] في قوله تعالى: ﴿ يَٰٓأَيُّهَا ٱلَّذِينَ ءَامَنُوٓا۟ إِنَّمَا ٱلۡمُشۡرِكُونَ نَجَسٌ فَلَا يَقۡرَبُوا۟ ٱلۡمَسۡجِدَ ٱلۡحَرَامَ بَعۡدَ عَامِهِمۡ هَٰذَا وَإِنۡ خِفۡتُمۡ عَيۡلَةً فَسَوۡفَ يُغۡنِيكُمُ ٱللَّهُ مِن فَضۡلِهِۦٓ إِن شَآءَ إِنَّ ٱللَّهَ عَلِيمٌ حَكِيمٌ ٢٨ ﴾ [التوبة] ، ووسائل الاتصال في الدولة الإسلامية لابد أن تنضبط بالمنهج الرباني، وأن يعرف القائمون على هذه الوسائل هذا المنهاج الرباني، وهو الذي أنزله الله سبحانه وتعالى على رسوله محمد ﷺ ليبلغه للناس أجمعين وليبينه لهم، ولتختم به الرسالات السماوية، وهو من عند الله وحده، وهو إما وحي يتنزل على الرسول ﷺ بالمعنى والنص، أو إلهام من عند الله سبحانه وتعالى لرسوله ونبيه بالمعنى ويصوغ الرسول ﷺ هذا المعنى بأسلوبه النبوي، وبذلك

---

(1) مصطفى عبد الواحد، الإيمان في القرآن، مرجع سابق ص 39-42.

يكون المنهاج الرباني هو القرآن الكريم وما صح من حديث الرسول عليه الصلاة والسلام، والمنهاج على هذه الصفة يتميز على كل ما يمكن أن يصفه البشر من مناهج وصفية بصفات، لتبرز علويته وربانيته، **وأهم هذه الصفات ما يلي:**

1- أنه الحق المطلق الذي لا يأتيه الباطل من بين يديه: ﴿الٓمٓرۚ تِلۡكَ ءَايَٰتُ ٱلۡكِتَٰبِۗ وَٱلَّذِيٓ أُنزِلَ إِلَيۡكَ مِن رَّبِّكَ ٱلۡحَقُّ وَلَٰكِنَّ أَكۡثَرَ ٱلنَّاسِ لَا يُؤۡمِنُونَ ١﴾ [الرعد]. ﴿أَفَمَن يَعۡلَمُ أَنَّمَآ أُنزِلَ إِلَيۡكَ مِن رَّبِّكَ ٱلۡحَقُّ كَمَنۡ هُوَ أَعۡمَىٰٓۚ إِنَّمَا يَتَذَكَّرُ أُوْلُواْ ٱلۡأَلۡبَٰبِ ١٩﴾ [الرعد]. وعن مالك أنه بلغه أن رسول الله ﷺ قال: (تركت فيكم أمرين لن تضلوا ما تمسكتم بهما كتاب الله وسنة نبيه)(الموطأ: 1594) [1].

2- أنه تام كامل: قال تعالى: ﴿وَيَوۡمَ نَبۡعَثُ فِي كُلِّ أُمَّةٖ شَهِيدًا عَلَيۡهِم مِّنۡ أَنفُسِهِمۡۖ وَجِئۡنَا بِكَ شَهِيدًا عَلَىٰ هَٰٓؤُلَآءِۚ وَنَزَّلۡنَا عَلَيۡكَ ٱلۡكِتَٰبَ تِبۡيَٰنٗا لِّكُلِّ شَيۡءٖ وَهُدٗى وَرَحۡمَةٗ وَبُشۡرَىٰ لِلۡمُسۡلِمِينَ ٨٩﴾ [النحل].

3- أنه مفصل بيّن: ﴿وَمَآ أَرۡسَلۡنَٰكَ إِلَّا كَآفَّةٗ لِّلنَّاسِ بَشِيرٗا وَنَذِيرٗا وَلَٰكِنَّ أَكۡثَرَ ٱلنَّاسِ لَا يَعۡلَمُونَ ٢٨﴾ [سبا]، ﴿وَنَزَّلۡنَا عَلَيۡكَ ٱلۡكِتَٰبَ تِبۡيَٰنٗا لِّكُلِّ شَيۡءٖ وَهُدٗى وَرَحۡمَةٗ وَبُشۡرَىٰ لِلۡمُسۡلِمِينَ ٨٩﴾ [النحل].

4- وهو للناس كافة: ﴿وَمَآ أَرۡسَلۡنَٰكَ إِلَّا كَآفَّةٗ لِّلنَّاسِ بَشِيرٗا وَنَذِيرٗا﴾ [سبا: 28].

5- وهو هدى ورحمة وبشرى: ﴿وَنَزَّلۡنَا عَلَيۡكَ ٱلۡكِتَٰبَ تِبۡيَٰنٗا لِّكُلِّ شَيۡءٖ وَهُدٗى وَرَحۡمَةٗ وَبُشۡرَىٰ لِلۡمُسۡلِمِينَ ٨٩﴾ [النحل].

6- وهو شفاء ونور: ﴿وَنُنَزِّلُ مِنَ ٱلۡقُرۡءَانِ مَا هُوَ شِفَآءٞ وَرَحۡمَةٞ لِّلۡمُؤۡمِنِينَ﴾ [الإسراء:82].

7- وهو النور: ﴿فَـَٔامِنُواْ بِٱللَّهِ وَرَسُولِهِۦ وَٱلنُّورِ ٱلَّذِيٓ أَنزَلۡنَاۚ وَٱللَّهُ بِمَا تَعۡمَلُونَ خَبِيرٞ ٨﴾ [التغابن].

ولهذه الصفات المتقدمة وغيرها كان معجزًا، فقد تحدى الله سبحانه وتعالى الجن والإنس على أن يأتوا بمثله، وتحدى الكافرين على أن يأتوا بمثله بعشر سور أو يأتوا بسورة: ﴿قُل لَّئِنِ ٱجۡتَمَعَتِ ٱلۡإِنسُ وَٱلۡجِنُّ عَلَىٰٓ أَن يَأۡتُواْ بِمِثۡلِ هَٰذَا ٱلۡقُرۡءَانِ لَا يَأۡتُونَ بِمِثۡلِهِۦ وَلَوۡ كَانَ بَعۡضُهُمۡ لِبَعۡضٖ ظَهِيرٗا ٨٨﴾ [الإسراء].

---

[1] رواية يحيى الليثي.

8- وأنه الذكر الذي نزل على محمد ﷺ ليبلغه للناس عامة ويبينه: ﴿وَأَنزَلْنَآ إِلَيْكَ ٱلذِّكْرَ لِتُبَيِّنَ لِلنَّاسِ مَا نُزِّلَ إِلَيْهِمْ﴾ [النحل: 44].

9- وأن الله قد تعهد بحفظه: ﴿إِنَّا نَحْنُ نَزَّلْنَا ٱلذِّكْرَ وَإِنَّا لَهُۥ لَحَٰفِظُونَ ﴿٩﴾﴾ [الحجر].

10- وأنه ميسر للذكر؛ جاء ميسورًا سهلًا لينًا على القلوب المؤمنة: ﴿وَلَقَدْ يَسَّرْنَا ٱلْقُرْءَانَ لِلذِّكْرِ فَهَلْ مِن مُّدَّكِرٍ ﴿١٧﴾﴾ [القمر].

وعلى وسائل الاتصال في الدولة الإسلامية أن تقدم مادتها - المقروءة والمشاهدة والمسموعة- وفقًا لهذا المنهاج الرباني المستوفى من كتاب الله وسنة رسوله ﷺ[1].

وهذا المنهاج الرباني إذا التزمت به وسائل الاتصال فإنه سيلبي حاجة العالم، فضلًا عن حاجة جماهير الدولة المسلمة؛ لأن العالم الآن في حاجة لملء الفراغ الذي أوجدته النزعات المادية في نفوس البشر كما يسد —أيضًا- الاحتياجات العاطفية ليحدث الاستقرار النفسي لدى البشر في كل المجتمعات؛ حتى لا يشعروا بأنواع الفراغ العاطفي الذي يدفع إلى الأمراض النفسية المستعصية وغيرها من أمراض الشذوذ التي تؤدي إلى الانتحار بصورة فردية وجماعية في كل مجتمع من هذه المجتمعات، ومن ثم فالفرصة سانحة أمام وسائل الاتصال في الدولة الإسلامية لأن تقدم المبادئ الإسلامية وعقيدة الإسلام السمحاء التي من شأنها أن تنشر الأمن والاستقرار النفسي الداخلي بين البشر وبين المجتمعات، ولهذا تسعد البشرية كلها في الدنيا والآخرة [2].

إن حاجة الإنسان إلى الإيمان بوجود الله حاجة أساسية، سواء من الناحية العقلية والفطرية أو الناحية العاطفية، فالإنسان منذ أن وجد على سطح البسيطة وهو يسأل: كيف وجد؟ ومن أين جاء؟ وإلى أين يذهب؟ ومتى يذهب؟ هذه الأسئلة ذاتية تنبعث على لسانه، وتتحرك في ذهنه طالما بدأ يدرك وجوده ويحس بالكائنات حوله، الأمر الذي يجعل الإيمان حيًّا في النفوس متفاعلًا معها، وإذا قارن الإنسان نفسه مع سائر المخلوقات الكونية أدرك أنه مخلوق صغير بالنسبة للكون ولمظاهر الطبيعة وللسنن المستمرة، وهذا ما يشعره بضعفه،

---

(1) عدنان النحوي ، دور المنهاج الرباني في الدعوة الإسلامية ، الطبعة الأولى ( القاهرة : مكتبة الاعتصام ، 1979م ) ص 21-24 .
(2) عبد الوهاب كحيل ، الأسس العلمية والتطبيقية للإعلام الإسلامي ، الطبعة الأولى (بيروت عالم الكتب ، 1985م) ص 84-85 .

فيلجأ إلى الإيمان بالله ويستمد منه القوة في الحياة والعون في التعامل مع السنن الكونية[1].

إن العقيدة الإسلامية عندما ينضبط بها الأداء في وسائل الاتصال يتعلم الناس أن سكينة النفس لا تكون إلا بالعقيدة الإسلامية، وأن هذه السكينة هي الينبوع الأول للسعادة، ولكن كيف السبيل إليها؛ إذا كانت شيئًا لا يثمره الذكاء ولا العلم ولا الصحة ولا القوة ولا المال ولا الغنى ولا الشهرة ولا الجاه، ولا غير ذلك من نعم الحياة المادية؟

إن للسكينة مصدرًا واحدًا -ليس هنالك مصدر سواه- ألا وهو: الإيمان بالله واليوم الآخر. الإيمان الصادق العميق، الذي لا يكدره شك ولا يفسده نفاق، وهذا ما يشهد به الواقع الماثل ويؤيده التاريخ الحافل، وما يلمسه كل إنسان بصير منصف في نفسه وفيمن حوله، لقد علمتنا الحياة أن أكثر الناس ضيقًا في الخلق واضطرابًا وشعورًا بفقدان الذات والضياع هم المحرومون من نعمة الإيمان وبرد اليقين، وأن السكينة ثمرة من ثمار دوحة الإيمان وشجرة التوحيد الطيبة التي تؤتي أكلها كل حين بإذن ربها[2].

وتستطيع وسائل الاتصال أن تُعرِّف المجتمع بوحدانية الله تعالى، وتُقِيم الأدلة على ذلك؛ ليتبصر بها أفراد المجتمع؛ **ومن هذه الأدلة ما يلي:**

1- أن الإنسان لم يخلق نفسه ولم يخلق أولاده، ولم يخلق الأرض التي يدرج فوقها، ولا السماء التي يعيش تحتها. والبشر الذين ادَّعوا الألوهية لم يكلِّفوا أنفسهم مشقة ادِّعاء ذلك، فمن المقطوع به أن وظيفة الخلق والإبراز من العدم لم ينتحلها لنفسه إنسان ولا حيوان ولا جماد، ومن المقطوع به كذلك أن شيئًا لم يحدث من تلقاء نفسه، ولم يبق إلا الله، وقد قرر القرآن الكريم هذا الدليل: ﴿أَمْ خُلِقُوا مِنْ غَيْرِ شَيْءٍ أَمْ هُمُ الْخَالِقُونَ ﴿٣٥﴾ أَمْ خَلَقُوا السَّمَاوَاتِ وَالْأَرْضَ بَلْ لَا يُوقِنُونَ ﴿٣٦﴾﴾ [الطور] ، وهو بذلك يلفت أنظار العرب إلى مظاهر الإبداع في المجتمع البسيط الذي يعيشون فيه، قال تعالى: ﴿وَإِلَى الْجِبَالِ كَيْفَ نُصِبَتْ ﴿١٩﴾ وَإِلَى الْأَرْضِ كَيْفَ سُطِحَتْ ﴿٢٠﴾﴾ [الغاشية]، ويسمى هذا الدليل دليل الإبداع.

2- لو دخل المرء دارًا فوجد بها غرفة مهيأة للطعام، وأُخرى للنوم، وأخرى للنظافة، وأخرى للضيافة... إلخ لجزم بأن هذا الترتيب وهذا الإعداد النافع لابد أنه قد نشأ عن تقدير

(1) نادية شريف العربي ، أضواء على الثقافة الإسلامية ، الطبعة الأولى ( بيروت ، مؤسسة الرسالة ، 1981م ) ص67.
(2) يوسف القرضاوي، الإيمان والحياة، الطبعة التاسعة: (القاهرة: مكتبة وهبة، 1990م ) ص 60 - 61.

وحكمة، وأشرف عليه فاعل يعرف ما يفعل، والناظر إلى الكون وآفاقه والمادة وخصائصها يعرف كيف أنها محكمة بقوانين مضبوطة شرحت الكثير منها علوم الطبيعة والكيمياء والنبات والحيوان والطب، وأفاد منها الناس أجمل الفوائد. وما وصل إليه علم الإنسان من أسرار العالم حاسم في إبعاد كل شبهة توهم أنه وجد كيفما اتفق، كلا إن النظام الدقيق في طوايا الذرة مطرد فيما بين أفلاك السماء الرحبة من أبعاد:

﴿تَبَارَكَ ٱلَّذِى جَعَلَ فِى ٱلسَّمَآءِ بُرُوجًا وَجَعَلَ فِيهَا سِرَٰجًا وَقَمَرًا مُّنِيرًا ۝٦١ وَهُوَ ٱلَّذِى جَعَلَ ٱلَّيْلَ وَٱلنَّهَارَ خِلْفَةً لِّمَنْ أَرَادَ أَن يَذَّكَّرَ أَوْ أَرَادَ شُكُورًا ۝٦٢﴾ [الفرقان].

وقـال تعالى: ﴿ٱللَّهُ ٱلَّذِى سَخَّرَ لَكُمُ ٱلْبَحْرَ لِتَجْرِىَ ٱلْفُلْكُ فِيهِ بِأَمْرِهِۦ وَلِتَبْتَغُوا۟ مِن فَضْلِهِۦ وَلَعَلَّكُمْ تَشْكُرُونَ ۝١٢ وَسَخَّرَ لَكُم مَّا فِى ٱلسَّمَٰوَٰتِ وَمَا فِى ٱلْأَرْضِ جَمِيعًا مِّنْهُ إِنَّ فِى ذَٰلِكَ لَءَايَٰتٍ لِّقَوْمٍ يَتَفَكَّرُونَ ۝١٣﴾ [الجاثية].

وفي القرآن الكريم آيات شتى تقرر هذا الدليل، ويسمى دليل العناية.

3- هل فكرت في هذه السيارات المنطلقة؟ أي هذه الكواكب التي تخترق أعماق الجو، والتي تلزم مدارًا واحدًا لا تنحرف عنه يمينًا ولا يسارًا، وسرعة واحدة لا تبطئ فيها ولا تعجل. إن الكرة تنطلق من أقدام اللاعبين، ثم لا تلبث أن تهوي بعد تحليق، وهذه الكرات الغليظة الحجم، الحي منها والميت، المضيء منها والمعتم، فهي معلقة لا تسقط، سائرة لا تقف... كل في دائرته لا يعدوها. وقد يصطدم المشاة على أرضنا، وهم أصحاب بصر وعقل، أما هذه الكواكب التي تزحم الفضاء فإنها لا تزغ ولا تصطدم قال تعالى:

﴿وَٱلشَّمْسُ تَجْرِى لِمُسْتَقَرٍّ لَّهَا ذَٰلِكَ تَقْدِيرُ ٱلْعَزِيزِ ٱلْعَلِيمِ ۝٣٨ وَٱلْقَمَرَ قَدَّرْنَٰهُ مَنَازِلَ حَتَّىٰ عَادَ كَٱلْعُرْجُونِ ٱلْقَدِيمِ ۝٣٩ لَا ٱلشَّمْسُ يَنۢبَغِى لَهَآ أَن تُدْرِكَ ٱلْقَمَرَ وَلَا ٱلَّيْلُ سَابِقُ ٱلنَّهَارِ وَكُلٌّ فِى فَلَكٍ يَسْبَحُونَ ۝٤٠﴾ [يس].

من الذي هيمن على نظامها؟ وأشرف على مدارها؟ بل من الذي أمسك بأجرامها الهائلة، ودفعها تجري بهذه القوة الفائقة؟ إنها لا ترتكز في علوها إلا على دعائم القدرة الأعلى:

﴿إِنَّ ٱللَّهَ يُمْسِكُ ٱلسَّمَٰوَٰتِ وَٱلْأَرْضَ أَن تَزُولَا وَلَئِن زَالَتَا إِنْ أَمْسَكَهُمَا مِنْ أَحَدٍ مِّنۢ بَعْدِهِۦ إِنَّهُۥ كَانَ حَلِيمًا غَفُورًا ۝٤١﴾ [فاطر]. ويسمى هذا الدليل دليل الحركة.

4- لا شك أن لوجود كل واحد منا بداية معروفة، فنحن قبل ميلادنا لم نكن شيئًا يذكر: ﴿هَلْ أَتَىٰ عَلَى ٱلْإِنسَٰنِ حِينٌ مِّنَ ٱلدَّهْرِ لَمْ يَكُن شَيْئًا مَّذْكُورًا ۝١﴾ [الإنسان].

فالإنسان وعناصر الكون الذي يعيش فيه كذلك لها بداية معروفة، وعلماء الجيولوجيا يقدرون لها أعمارًا محدودة مهما طالت، فقد كانت قبلها صفرًا، وكان هناك ظن بأن المادة لا

تفنى؛ اعتمد عليه فريق من الناس في القول بقدم العالم، وما يتبع هذا القول الموهوم من أباطيل، إلا أن تفجير الذرة هدم هذا الظن، ولو لم يتم تفجيرها ما قبلنا هذا الظن بأنه حقيقة ثابتة، فإنّ المفتاح الذي يفتح على العالم أبواب الفناء، ليس من الضروري أن يضعه الله في أيدي العلماء. وعدم اهتداء الناس إلى ما يدمر مادة الكون لا يعني أن مادة الكون غير قابلة للدمار والفناء. إننا جازمون أن وجودنا محدث لأن تفكيرنا وإحساسنا يهدينا لذلك، وغير معقول أن يتطور العدم إلى وجود وجود – أي ذاتي - إنه إذا وقعت حادثة ولم يدر فاعلها، **قيل**: إن الفاعل مجهول. **ولم يقل أحد قط**: إنه ليس لها فاعل. فكيف يراد من العقلاء أن يقطعوا الصلة بين العالم وربه؟ إننا لم نكن شيئًا فكنا، فمَنْ كوننا؟ ﴿وَمَا قَدَرُوا۟ ٱللَّهَ حَقَّ قَدْرِهِۦٓ إِذْ قَالُوا۟ مَآ أَنزَلَ ٱللَّهُ عَلَىٰ بَشَرٍ مِّن شَىْءٍ ۗ قُلْ مَنْ أَنزَلَ ٱلْكِتَٰبَ ٱلَّذِى جَآءَ بِهِۦ مُوسَىٰ نُورًا وَهُدًى لِّلنَّاسِ ۖ تَجْعَلُونَهُۥ قَرَاطِيسَ تُبْدُونَهَا وَتُخْفُونَ كَثِيرًا ۖ وَعُلِّمْتُم مَّا لَمْ تَعْلَمُوٓا۟ أَنتُمْ وَلَآ ءَابَآؤُكُمْ ۖ قُلِ ٱللَّهُ ۖ ثُمَّ ذَرْهُمْ فِى خَوْضِهِمْ يَلْعَبُونَ ﴿٩١﴾﴾ [الأنعام]. ويسمى هذا دليل الحدوث[1].

بمثل هذا العرض للعقيدة الإسلامية والانضباط بها تستطيع وسائل الاتصال أن تربط الجمهور في الدولة الإسلامية بخالقه، وتصنع منه جمهورًا مَوَحّدًا صحيح العقيدة، وتحرره من عبادة العباد والنظريات إلى عبادة الله وحده، وهي حقيقةٌ هدفَ لها رجال الاتصال منذ نزول القرآن وفجر الإسلام، حينما كانوا يفدون إلى مقابلة عظماء الفرس والروم وهم يقومون بمهمة الاتصال، فكانوا يسألونهم عن هدفهم الذي أخرجهم من ديارهم، فيقولون: الله ابتعثنا لنخرج العباد من عبادة العباد إلى عبادة الله، ومن جور الأديان إلى عدل الإسلام، ومن ضيق الدنيا إلى سعة الآخرة. وأهم ما تحرص عليه وسائل الاتصال في الدولة الإسلامية: أن توضح أن الإسلام جاء لتحرير قلب العبد من تلك العبودية. فالقلب هو الركن الأصيل الذي يقود الجسد كله ويسيره ويوجهه، وبصلاحه يصلح الإنسان.

وفي ذلك يقول الرسول ﷺ: (ألا إن في الجسد مضغة إذا صلحت صلح الجسد كله، وإذا فسدت فسد الجسد كله؛ ألا وهي القلب)(البخاري: 52).

والقلب أيضًا هو محل الاعتقاد، وموضع الإرادة والنية، فصلاح الاعتقاد والعقيدة يصلح القلب، وبصلاحه يصلح الإنسان، ولابد لوسائل الاتصال أن تُعرِّف العبد بربه وصفاته وأسمائه وأفعاله، وتعرِّفُه بملائكة الرحمن، وباليوم الآخر وما أعده الله فيه لمن أطاعه ولمن عصاه، وبصلاح القصد بأن يتوجه المرء نحو خالقه بأعماله كلها؛ فلا يقصد بعمله ملكًا

---

(1) محمد الغزالي، عقيدة المسلم، الطبعة الرابعة (دمشق: دار القلم 1983م ) ص13-16.

ولا ملكًا ولا شجرًا ولا حجرًا ولا بشرًا، وهذا هو الإخلاص في العبادة الذي لا يقبل من أحد دينًا سواه، يقول تعالى: ﴿أَلَا لِلَّهِ الدِّينُ الْخَالِصُ ۚ وَالَّذِينَ اتَّخَذُوا مِن دُونِهِ أَوْلِيَاءَ مَا نَعْبُدُهُمْ إِلَّا لِيُقَرِّبُونَا إِلَى اللَّهِ زُلْفَىٰ إِنَّ اللَّهَ يَحْكُمُ بَيْنَهُمْ فِي مَا هُمْ فِيهِ يَخْتَلِفُونَ ۗ إِنَّ اللَّهَ لَا يَهْدِي مَنْ هُوَ كَاذِبٌ كَفَّارٌ ﴿٣﴾﴾ [الزُّمَر] ، ويقول: ﴿هُوَ الْحَيُّ لَا إِلَٰهَ إِلَّا هُوَ فَادْعُوهُ مُخْلِصِينَ لَهُ الدِّينَ ۗ الْحَمْدُ لِلَّهِ رَبِّ الْعَالَمِينَ ﴿٦٥﴾﴾ [غافر].

وعلى وسائل الاتصال في الدولة الإسلامية أن تقدم كل المواد من خلال هذه النظرة، نظرة أن الإيمان بالله هدفه تحرير الإنسان من كل عبودية غير العبودية لله وحده[1].

وفي إطار تحرير الإنسان من العبودية لغير الله، يقع على عاتق وسائل الاتصال في الدولة الإسلامية أن توضح للجماهير أولى خصائص الألوهية، وهي حق تعبيد الناس وتطويعهم للشرائع والأوامر، وحق إقامة النظم والأوضاع والمناهج والشرائع والقيم والموازين وحمل الناس على اتّباعها، وهذا الحق في جميع الأنظمة الأرضية يدعيه بعض الناس في صورة من الصور، ويرجع الأمر فيه إلى مجموعة من الناس على وضع من الأوضاع، وهذه المجموعة التي تخضع الآخرين لأنظمتها وأوضاعها ومناهجها وشرائعها وقيمها وموازينها هي الأرباب الأرضية التي يتخذها الناس في جميع أنظمة الأرض أربابًا من دون الله، ويسمحون لها بادعاء خصائص الألوهية والربوبية، عن طريق السماح لها بادّعاء الحاكمية ومزاولتها ومزاولة ابتداع الأنظمة والأوضاع والمناهج والشرائع والقيم والموازين، كما يسمحون لها برفض ألوهية الله سبحانه وتعالى وربوبيته في الأرض، ذلك عن طريق السماح لها بتنحية شريعة الله عن الهيمنة وحدها على حياة الناس كلها، وهم بذلك يعبدون هذه الآلهة والأرباب من دون الله، وإن لم يركعوا لها ويسجدوا ويسلموا لها؛ بأن ترفض ألوهية الله وربوبيته في السماء وفي الحياة الآخرة وفي الضمائر والشعائر، والإقرار بألوهية الله سبحانه وربوبيته لا يقوم إلا حين تقر النفس ربوبيته في السماء وفي الأرض وفي الحياة الدنيا والحياة الآخرة، وفي ضمائر الناس وشعائرهم، وفي حياتهم وواقعهم على السواء، بحيث لا تخرج جزئية واحدة من جزئيات الحياة البشرية في الدنيا ولا في الآخرة عن سلطانه إلى سلطان سواه، وهذا مدلول قوله[2] سبحانه وتعالى: ﴿وَهُوَ الَّذِي فِي السَّمَاءِ إِلَٰهٌ وَفِي الْأَرْضِ إِلَٰهٌ ۚ وَهُوَ الْحَكِيمُ الْعَلِيمُ ﴿٨٤﴾﴾ [الزُّخرُف].

---

(1) عمر سليمان الأشقر ، أثر الإيمان في تحرير الإنسان ، الطبعة الثانية ( عمان : دار النفائس ، 1991م ) ص 16-17.

(2) سيد قطب ، مقومات التصور الإسلامي ، الطبعة الأولى ( القاهرة : دار الشروق ، 1986م ) ص 18-19 .

وبهذا الفهم تكون وسائل الاتصال المنضبطة بالعقيدة الإسلامية قد أدت دورها الحقيقي في ربط العباد بخالقهم، ويتم تحريرهم حتى يسلموا القيادة لله سبحانه وتعالى، وكل ما تقدم من مقومات العقيدة الإسلامية لابد أن تصحبه وسائل الاتصال في الدولة الإسلامية فتضبط به الأداء في وسائل الاتصال، حتى تكون ثمرة أداءٍ لها واضحة في المجتمع، لأن الدولة الإسلامية دولة تقيم بناءها كلّه، السياسي والاجتماعي والاقتصادي والتربوي وفق العقيدة الإسلامية، فيتحقق الانضباط وتتكون له ثمراتٌ في كافة مجالات الحياة في الدولة الإسلامية؛ بحيث تصبح للعقيدة الإسلامية ثمرة تجعل الإنسان يعيش الأمن النفسي الذي يحقق له السعادة والسكينة ويجعل المؤمن آمنًا على رزقه؛ فإن الأرزاق في ضمان الله الذي لا يخلف وعده ولا يضيع عبده، وقد خلق الأرض مهادًا وفراشًا وبساطًا وبارك فيها وقدر فيها أقواتها وجعل فيها معايش، ووعد عباده بكفالة الأرزاق وعدًا كرره وأكده وأقسم عليه، وعدُ كريم لا يبخل، قديرٍ لا يعجز، حكيم لا يعبث. قال تعالى:

﴿قَالَ هَٰذَا رَحْمَةٌ مِّن رَّبِّي ۖ فَإِذَا جَاءَ وَعْدُ رَبِّي جَعَلَهُ دَكَّاءَ ۖ وَكَانَ وَعْدُ رَبِّي حَقًّا ﴿٩٨﴾﴾ [الكهف].

﴿وَعْدَ اللَّهِ ۖ لَا يُخْلِفُ اللَّهُ وَعْدَهُ وَلَٰكِنَّ أَكْثَرَ النَّاسِ لَا يَعْلَمُونَ ﴿٦﴾﴾ [الروم].

﴿وَمَا مِن دَابَّةٍ فِي الْأَرْضِ إِلَّا عَلَى اللَّهِ رِزْقُهَا وَيَعْلَمُ مُسْتَقَرَّهَا وَمُسْتَوْدَعَهَا ۚ كُلٌّ فِي كِتَابٍ مُّبِينٍ ﴿٦﴾﴾ [هود].

﴿وَكَأَيِّن مِّن دَابَّةٍ لَّا تَحْمِلُ رِزْقَهَا اللَّهُ يَرْزُقُهَا وَإِيَّاكُمْ ۚ وَهُوَ السَّمِيعُ الْعَلِيمُ ﴿٦٠﴾﴾ [العنكبوت].

بهذه الضمانات يعيش المؤمن حياته آمنًا على رزقه، مطمئنًا إلى أن الله لن يهلكه جوعًا -وهو الذي يطعم الطير في الوكنات، والسباع في الفلوات، والأسماك في البحار، والديدان في الصخور.

وقد كان المؤمن يذهب إلى ميدان الجهاد حاملًا رأسه على كتفه متمنيًا الموت في سبيل الله وفي سبيل عقيدته، ومن خلفه ذريته ضعاف وفراخ، زغب الحواصل لا ماء ولا شجر، ولكنه كان يوقن أنه يتركهم في رعاية رب كريم وهو أبر بهم وأحنى عليهم منه، وتقول الزوجة عن زوجها وهو ذاهب في سبيل الله: (إنني عرفته أكالًا وما عرفته رزاقًا، ولئن ذهب الأكال فقد بقي الرزاق)[1].

---

(1) يوسف القرضاوي ، الإيمان والحياة ، مرجع سابق ص 151-152 .

والعقيدة الإسلامية سوف تقود إلى التغيير الاجتماعي وإلى الإصلاح؛ إذ إن إصلاح الجماعات والشعوب لا يجيء جزافًا ولا يتحقق عفوًا، إن الأمم لا تنهض من كبوة ولا تقوى من ضعف ولا ترتقي من هبوط إلا بعد تربية أصيلة حقة، وإن شئت فقل بعد تغيير نفسي ـ عميق الجذور يحول الخمود فيها إلى حركة، والغفوة إلى صحوة، والركود إلى يقظة، والفتور إلى عزيمة، والعقم إلى إنتاج، والموت إلى حياة، تغيير في عالم النفس أشبه ما يكون بثورة أو انقلاب في عالم المادة، تغيير يحوّل الوجهة والأخلاق والميول والعادات، تغيير نفسي لابد أن يصاحب كل حركة أو نهضة أو ثورة سياسية أو اجتماعية، ومن غيره تكون النهضة أو الثورة حبرًا على ورق، أو كلامًا أجوف تبدد في الهواء.

وهي سنة قائمة من سنن الله تعالى في الكون، قررها القرآن في عبارة وجيزة بليغة: ﴿إِنَّ ٱللَّهَ لَا يُغَيِّرُ مَا بِقَوْمٍ حَتَّىٰ يُغَيِّرُواْ مَا بِأَنفُسِهِمْ﴾ [الرعد:11].

ولكن هذا التغيير المنضبط بالضوابط والأطر العقدية أمر ليس بالهين أو اليسير، إنه عبء ثقيل تنوءُ به الكواهل. والإنسان مخلوق مركب معقد، ومن أصعب الصعاب تغيير نفسه أو قلبه أو فكره.

إن صنع هذا الإنسان أمر عسير غير يسير، ولكن الإيمان وحده هو صانع العجائب، لذلك كان لابد لوسائل الاتصال من أن تنضبط بهذا الإيمان والعقيدة الإسلامية في أداء مهامها في مجال التغيير الإنساني[1]، وحتى يحصل التحول الإنساني، كما كان حال التحول الأول بالعقيدة الإسلامية التي حولت القبائل البدوية إلى أمة ذات حضارة، سادت على كل الحضارات في ذلك الزمان في زمن قصير، وذلك كله بفضل أن الذين قدموا العقيدة الإسلامية كانوا يضبطون دعوتهم وحركتهم بأطر العقيدة الإسلامية.

والدولة الإسلامية في العصر الحاضر أحوج ما تكون إلى أن تنضبط وسائل اتصالها بالضوابط العقدية، وفي مقابل تقديم العقيدة الإسلامية الصحيحة لابد لوسائل الاتصال أن تبين فشل المذاهب والنظريات المادية، وإظهار الحلول المناسبة والملائمة للتخلص من الويلات والمشكلات التي خلقتها تلك المذاهب الداعية للإلحاد والعلمانية والرافضة للأديان السماوية، وأنها فشلت في كل مكان في العالم، وسوف يلقى هذا الاتجاه قبولًا لدى الجماهير والشعوب المختلفة، والتي تعاني من أفكار تلك النظريات، خاصة وأن جمهور وسائل

(1) يوسف القرضاوي، الإيمان والحياة، مرجع سابق، ص 306-307.

الاتصال في الدولة الإسلامية ليس هو فقط جمهور المسلمين ، بل البشر ـ جميعًا في كل زمان ومكان، لأن الإسلام رسالة عامة لا يختص بها شعب دون شعب، بل هي رسالة إلى البشر بالإجماع ولإسعاد البشرية جميعًا[1].

إن القائمين بالاتصال في الدولة الإسلامية يرفضون نشر أو إذاعة المواد التي تزلزل العقيدة الإسلامية، أو تستهين بالعبادات والمعاملات الإسلامية، أو التقاليد والأخلاق، كما يبرز القائم بالاتصال المواد التي من شأنها أن تزكي هذه المعاني[2] وتوضح الأهداف التي من أجلها خلق الله الإنسان، قال تعالى: ﴿وَمَا خَلَقْتُ الْجِنَّ وَالْإِنسَ إِلَّا لِيَعْبُدُونِ ۝٥٦﴾ [الذاريات] .

وللعقيدة المعروضة من خلال وسائل الاتصال ثمار كثيرة، تُعَدُّ العبودية ثمرة من ثمارها؛ لأن عبادة الله هي الغاية المحبوبة له والمرضية له التي خلق الخلق لها وبها أرسل الله كل الرسل، كما قال نوح لقومه: ﴿لَقَدْ أَرْسَلْنَا نُوحًا إِلَىٰ قَوْمِهِ فَقَالَ يَٰقَوْمِ ٱعْبُدُوا۟ ٱللَّهَ مَا لَكُم مِّنْ إِلَٰهٍ غَيْرُهُۥٓ إِنِّىٓ أَخَافُ عَلَيْكُمْ عَذَابَ يَوْمٍ عَظِيمٍ ۝٥٩﴾ [الأعراف].

وكذلك قال هود وصالح وشعيب لقومهم، قال تعالى: ﴿إِنَّ هَٰذِهِۦٓ أُمَّتُكُمْ أُمَّةً وَٰحِدَةً وَأَنَا۠ رَبُّكُمْ فَٱعْبُدُونِ ۝٩٢﴾ [الأنبياء]، وقال تعالى: ﴿وَلَقَدْ بَعَثْنَا فِى كُلِّ أُمَّةٍ رَّسُولًا أَنِ ٱعْبُدُوا۟ ٱللَّهَ وَٱجْتَنِبُوا۟ ٱلطَّٰغُوتَ ۖ فَمِنْهُم مَّنْ هَدَى ٱللَّهُ وَمِنْهُم مَّنْ حَقَّتْ عَلَيْهِ ٱلضَّلَٰلَةُ ۚ فَسِيرُوا۟ فِى ٱلْأَرْضِ فَٱنظُرُوا۟ كَيْفَ كَانَ عَٰقِبَةُ ٱلْمُكَذِّبِينَ ۝٣٦﴾ [النحل].

وجعل ذلك لازمًا لرسوله حتى الموت: ﴿وَٱعْبُدْ رَبَّكَ حَتَّىٰ يَأْتِيَكَ ٱلْيَقِينُ ۝٩٩﴾ [الحجر].

وبذلك وصف ملائكته وأنبياءه فقال: ﴿وَلَهُۥ مَن فِى ٱلسَّمَٰوَٰتِ وَٱلْأَرْضِ ۚ وَمَنْ عِندَهُۥ لَا يَسْتَكْبِرُونَ عَنْ عِبَادَتِهِۦ وَلَا يَسْتَحْسِرُونَ ۝١٩﴾ [الأنبياء].

وقد وصف خلقه بالعبودية، فقال تعالى: ﴿وَعِبَادُ ٱلرَّحْمَٰنِ ٱلَّذِينَ يَمْشُونَ عَلَى ٱلْأَرْضِ هَوْنًا وَإِذَا خَاطَبَهُمُ ٱلْجَٰهِلُونَ قَالُوا۟ سَلَٰمًا ۝٦٣﴾ [الفرقان].

وقال في وصف الملائكة بذلك: ﴿وَقَالُوا۟ ٱتَّخَذَ ٱلرَّحْمَٰنُ وَلَدًا ۗ سُبْحَٰنَهُۥ ۚ بَلْ عِبَادٌ مُّكْرَمُونَ ۝٢٦﴾ [الأنبياء].

ـــــــــــــــــــــــــــــ
(1) عبد الوهاب كحيل، الأسس العلمية والتطبيقية للإعلام الإسلامي، الطبعة الأولى (بيروت عالم الكتب، 1985م) ص 84-85.
(2) محمود كرم سليمان، التخطيط الإعلامي في ضوء الإسلام، الطبعة الأولى (المنصورة دار الوفاء للطباعة، 1988م) ص 103.

ونعت الله رسوله بالعبودية في أكمل أحواله فقال: ﴿سُبْحَنَ ٱلَّذِىٓ أَسْرَىٰ بِعَبْدِهِۦ لَيْلًا مِّنَ ٱلْمَسْجِدِ ٱلْحَرَامِ إِلَى ٱلْمَسْجِدِ ٱلْأَقْصَا ٱلَّذِى بَٰرَكْنَا حَوْلَهُۥ لِنُرِيَهُۥ مِنْ ءَايَٰتِنَآ إِنَّهُۥ هُوَ ٱلسَّمِيعُ ٱلْبَصِيرُ ١﴾

[الإسراء] .

وقال تعالى في الدعوة: ﴿وَأَنَّهُۥ لَمَّا قَامَ عَبْدُ ٱللَّهِ يَدْعُوهُ كَادُوا۟ يَكُونُونَ عَلَيْهِ لِبَدًا ١٩﴾ [الجن].

والدين حقيقةٌ كلِّ عبادة؛ بل إن من معاني العبادة التوحيد.

\* \* \*

أود أن أشير في نهاية هذا المبحث الذي خصصته لمناقشة أهمية تقديم العقيدة الإسلامية من خلال وسائل الاتصال في الدولة الإسلامية إلى: أن انضباط وسائل الاتصال في الدولة الإسلامية بالأطر والضوابط العقدية ليس اختيارًا وإنما هو واجب تقوم به وسائل الاتصال؛ لأن الدولة الإسلامية يجب أن ينضبط الأداء فيها بالعقيدة الإسلامية، لاسيما وسائل الاتصال، لأهميتها في نقل الأفكار الصالحة ومحاربة الأفكار الطالحة، وتقف العقيدة على رأس الأفكار الصالحة.

والعقيدة الإسلامية هي التي من خلالها تقاس إسلامية الدولة، إذ إنها هي المرتكز الأول والمنطلق الأساسي.

\* \* \*

المبحث الثاني

ضوابط شرعية

الشريعة الإسلامية هي المنهج العملي الذي يطبق في الدولة الإسلامية، وعليه فإن وسائل الاتصال لابد أن تنضبط بالأطر الشرعية وأحكام الفقه الإسلامي.

ويتعرض هذا المبحث لمعاني الشريعة الإسلامية، وأهميتها، وكيف تؤدي وسائل الاتصال وظائفها في إطار هذه الشريعة في شتى المجالات: الاجتماعية، والسياسية والتربوية والتعليمية والاقتصادية.

وفي البداية، يجدر بنا أن نوضح ماهية الشريعة التي نريدها ضابطًا وإطارًا لوسائل الاتصال في الدولة الإسلامية.

**فالشرع في اللغة العربية:** مصدر شرع بالتخفيف، والتشريع: مصدر شرّع بالتشديد، والشريعة في الأصل اللغوي: مورد الماء الذي يقصد للشرب باعتبار أن مورد الماء سبيل الحياة للأبدان، وكذلك الشأن في الطريقة المستقيمة التي تهدي الناس إلى الخير، ففيها حياة نفوسهم وري عقولهم، قال تعالى: ﴿ثُمَّ جَعَلْنَاكَ عَلَىٰ شَرِيعَةٍ مِّنَ ٱلْأَمْرِ فَٱتَّبِعْهَا﴾ [الجاثية:18].

ويقال: **شرعت الإبل:** وردت شريعة الماء. **وشرع له الأمر** بمعنى: سنه وبين طريقته. قال تعالى: ﴿شَرَعَ لَكُم مِّنَ ٱلدِّينِ مَا وَصَّىٰ بِهِۦ نُوحًا﴾ [الشورى:13].

وسميت الشريعة شريعةً تشبيهًا لها بشريعة الماء، من حيث إنّ من شرع فيها على الحقيقة المعروفة روي وتطهر.

**والشريعة في الاصطلاح:** ما شرعه الله لعباده من العقائد والعبادات والأخلاق والمعاملات ونظم الحياة في شعبها المختلفة؛ لتحقيق سعادتهم في الدنيا والآخرة، فشريعة الله هي المنهج المستقيم الذي يشفي علاتها، ويحيي نفوسها، وترتوي به عقولها، ولهذا كانت الغاية من تشريع الله استقامة الإنسان على الجادة؛ لينال عز الدنيا وسعادة الآخرة.

والشريعة بهذا المعنى خاصةٌ بما جاء من الله تعالى وبلغه الرسل للعباد، و الله هو الشارع الأول، وأحكامه تسمى شرعًا، فلا يجوز إطلاق هذا على القوانين الوضعية؛ لأنّها من صنع البشر، وقد جرى عرفُ كثير من الكتاب على تسمية القوانين الوضعية بالتشريع الوضعي وتسمية الوحي الإلهي بالتشريع السماوي، والحق أن الشرع أو الشريعة لا يجوز إطلاقها إلا على الطريقة الإلهية دون سواها من طرائق وأنظمة(1).

(1) مناع القطان، التشريع والفقه في الإسلام، الطبعة الثامنة (بيروت: مؤسسة الحياة، 1987م) ص15-16.

**والشريعة الإسلامية في الاصطلاح الشرعي**: هي الأحكام التي شرعها اللـه لعباده، سواء أكان تشريـع هذه الأحكام بالقرآن أو السنة -وهي قول رسول اللـه ﷺ، أو فعله، أو تقريره[(1)].

**ومن هنا يمكن القول بأن الشريعة الإسلامية هي**: كل ما جاء به محمد ﷺ من عند اللـه عز وجل، سواء ما يتعلق بإصلاح العقيدة لتحرير العقل البشري من رقّ الوثنيـة والتقليـد والخرافات، أو مـا يتعلق بإصلاح الأخلاق لتحرير الناس من زيغ الأهواء، أو مـا يتعلق بإصلاح المجتمع لتحريـر الأمـة مـن الظلم والفوضى والاستبداد. ومن أجل هذا كله جاءت الشريعة بنظام مدني يـنظم علائـق الناس بعضـهم ببعض وعلائقهم بالسلطة الحاكمة. ويصون للجميع مصالحهم، ويحقق في الأرض عزتهم وسيادتهم[(2)].

وبهذا المعنى تكون الشريعة الإسلامية صمام أمـان للمجتمع، والطريق الوحيد لعـودة المسـلمين إلى القوة والعزة، وبدون تطبيق الشريعة الإسلامية فلا أمل في أن يخرج المسلمون من واقعهم المرير والمؤسف والمذل الذي أوصلهم إلى هذا الدرك من الجهل والضعف والتخلف والرشوة والفساد والتمزق، وهـذا مـما يجعل أهمية خاصة لضبط وسائل الاتصال في الدولة الإسلامية بالضوابط الشرعية[(3)].

والتشريع الذي ينبغي أن نضبط بـه وسائل الاتصال تشريـع شامل، لا يشرـع للفرد دون الأسرة، ولا للأسرة دون المجتمع، ولا للمجتمع منفردًا عن غيره من المجتمعات، كما أن تشريع الإسلام يشمل التشريـع للفرد في تعبده وصلته بربه، وهو أمر مشروح ومفسر في فقه العبادات، الأمـر الـذي لا نجد لـه نظيرًا في القوانين الوضعية.

ويشمل التشريع للفرد في سلوكه الخاص والعام، نعني بذلك (الحـلال والحرام) أو (الحظـر والإباحـة)، وأحكام ما يتعلـق بأحوال الأسرة مـن زواج وطلاق ونفقة ورضاعة وميـراث وولايـة عـلى النـفس والمـال ونحوها، وهذا يشمل ما يسمى في عصرنا بالأحوال الشخصية.

ويشمل التشريع للمجتمع في علاقاته المدنية والتجارية، وما يتصل بتبادل الأموال

---

(1) محمد يوسف موسى، الفقه الإسلامي، ص7.
(2) عبد اللـه ناصح علوان، محاضرة في الشريعة الإسلامية وفقهها ومصادرها، 1984م، الطبعة الأولى (القاهرة: دار السلام) ص9.
(3) محمد الشويعر، تطبيق الشريعة طريق الأمن والعزة، الطبعة الأولى (القاهرة: دار الصحوة، 1987م ) ص6.

والمنافع، بعِوض أو بغير عِوض من البيوع والإجارات والقروض والمداينات والرهن والحوالة والكفاية والضمان، وغيرها مما تضمنته في عصرنا القوانين المدنية والتجارية.

ويشمل التشريع ما يتصل بالجرائم وعقوبتها المقدرة شرعًا؛ كالحدود والقصاص، والمتروكة لتقدير أهل الشأن كالتعازير، وهي أحكام ما يسمى بالتشريع الجنائي أو الجزائي وقوانين العقوبات.

ويشمل التشريع الإسلامي كل ما يتعلق بواجب الحكومة نحو الحكام، وتنظيم الصلة بين الطرفين - وهذا ما عنيت به السياسة الشرعية- والخراج والأحكام السلطانية في الفقه، وهو ما تضمنه في عصرنا الحاضر التشريع الدستوري أو الإداري أو المالي.

ويشمل التشريع الإسلامي ما ينظم العلاقات الدولية في السلم والحرب بين المسلمين وغيرهم، وهو ما عنيت به كتب السيرة أو الجهاد في فقهنا الإسلامي، وينظمه في عصرنا القانون الدولي.

ومن هنا لا توجد ناحية من نواحي الحياة إلا وبرز التشريع الإسلامي آمرًا أو ناهيًا، مما يتيح الفرصة لوسائل الاتصال أن تجد مادة لضبط الأداء الاتصالي في الدولة الإسلامية، وحسبنا أنَّ أطْول آيةٍ نزلت في كتاب الله تعالى نزلت في تنظيم شأنٍ من الشئون المدنية وكتابة الدين، كما يبدو شمول التشريع الإسلامي في أمر آخر، وهو النفاذ إلى أعماق المشكلات المختلفة، وما يؤثر فيها وما يتأثر بها والنظر إليها نظرة محيطة، مبنية على معرفة النفس الإنسانية، وحقيقة دوافعها وتطلعاتها وأشواقها، ومعرفة الحياة البشرية وتنوع احتياجاتها وتقلباتها، وربط التشريع بالقيم الدينية والأخلاقية، بحيث يكون التشريع في خدمتها وحمايتها، فلا يكون بأي حال من الأحوال معْوَلًا لهدمها.

ومن عرف هذا جيدًا استطاع أن يفهم موقف التشريع الإسلامي وروعته من قضايا كثيرة، كالطلاق والربا والحدود والقصاص وغيرها. وقد أثبتت الدراسات فضل الإسلام في هذه النواحي، وأنه متفوق على كل تشريع سابق أو لاحق، وأن من عيب البشر - الذي هو من لوازم ذواتهم المحدودة - أنهم ينظرون إلى الأمور والأشياء من جانب واحد، غافلين عن جانب أو أكثر من جوانبها الأخرى، والحقيقة أنهم لا ذنب لهم في القصور ولا حيلة؛ لأن النظرة المحيطة الشاملة التي تستوعب الشيء من كل جوانبه وتعرف كل احتياجاته، وتدرك احتمالاتِه وتوقعاته لا يقدر عليها إلا رب البشر وخالق الكون[1]: ﴿أَلَا يَعْلَمُ مَنْ خَلَقَ وَهُوَ

---

(1) يوسف القرضاوي، الخصائص العامة للإسلام، (الدار البيضاء: دار المعرفة، بدون تاريخ) ص121-123.

ٱللَّطِيفُ ٱلۡخَبِيرُ ١٤﴾ [الملك].

من الطرح المتقدم يتضح لنا أن التشريع الإسلامي هو ما يعبر عنه باسم "الشريعة الإسلامية"، وهو تشريع يغطي جميع أنشطة الحياة، حيث نجده ينقسم إلى أنظمةٍ كالنظام الاجتماعي والنظام السياسي والنظام التعليمي والثقافي والنظام الاقتصادي، تمثّل هذه النظم في مجموعها الإسلام وأنظمة المجتمع. ومن هنا تتاح الفرصة واسعة أمام أجهزة ووسائل الاتصال الجماهيري، لكي تخدم كافة أهداف وأغراض الدولة الإسلامية منضبطة بهذا التشريع الإسلامي، ومتقيدة بالشريعة الإسلامية.

ولابد لوسائل الاتصال الجماهيري أن تحقق من خلال أدائها أهداف الشريعة الإسلامية، ذلك لأن الشريعة الإسلامية تستهدف تحقيقَ مجموعةٍ من الأهداف التي تكون مجتمعًا فاضلًا. غير مفرطة في المثالية التي لا يمكن تحقيقها، كما حدث في النظريات الوضعية الزائفة، ولكنها تجمع بين السموّ الروحي والإشباع الإنساني في غير ما تطرف.

ونوجز فيما يلي أهم أهداف الشريعة الإسلامية التي ينبغي أن تنضبط بها وسائل الاتصال الجماهيري في الدولة الإسلامية:

**أولًا: تهذيب الإنسان بالعبادات** لما لها من أثر في شفاء النفوس والتخلص من وسوسة الشيطان، يقول تعالى: ﴿إِنَّ ٱللَّهَ يَأۡمُرُ بِٱلۡعَدۡلِ وَٱلۡإِحۡسَٰنِ وَإِيتَآيِٕ ذِى ٱلۡقُرۡبَىٰ وَيَنۡهَىٰ عَنِ ٱلۡفَحۡشَآءِ وَٱلۡمُنكَرِ وَٱلۡبَغۡيِۚ يَعِظُكُمۡ لَعَلَّكُمۡ تَذَكَّرُونَ ٩٠﴾ [النحل].

وقد جعل الله تعالى بقية العبادات من صوم وزكاة وحج تطهيرًا للنفس والمال وتقربًا إلى الله لنيل رضائه سبحانه.

**ثانيًا: إقامة العدل في الجماعة؛** إذ ينشد الإسلام تحقيق المجتمع الصالح الذي تسوده علاقات التعاون والتكامل والحب، وهذا لن يتحقق إلا إذا شعر الجميع بالعدل، واختفى من بينهم الشعور بالظلم أو الاستغلال، يقول تعالى: ﴿إِنَّ ٱللَّهَ يَأۡمُرُ بِٱلۡعَدۡلِ وَٱلۡإِحۡسَٰنِ وَإِيتَآيِٕ ذِى ٱلۡقُرۡبَىٰ﴾ [النحل:90]، وقال تعالى: ﴿وَأَقۡسِطُوٓاۖ إِنَّ ٱللَّهَ يُحِبُّ ٱلۡمُقۡسِطِينَ ٩﴾ [الحجرات].

وعن عبد الله بن عمرو بن العاص عن النبي ﷺ: (إن المقسطين عند الله على منابر من نور عن يمين الرحمن عز وجل، وكلتا يديه يمين، الذين يعدلون في حكمهم وأهليهم وما ولوا)(مسلم:1827).

**ثالثًا: المصلحة:** جميع أحكام الشريعة الإسلامية تستهدف تحقيق المصلحة، وقد حددها

الفقهاء، وأطلقوا عليها مقاصد الشريعة، وهي:

(أ) حفظ الدين (ب) حفظ العقل (ج) حفظ العرض (د)حفظ النفس (هـ) حفظ المال.

فجميع الشرائع السماوية لم تختلف على هذه الأهداف الخمسة، وقد رتبت الشريعة الإسلامية هذه المقاصد الخمسة حسب الأهمية.

ووسائل الاتصال في الدولة الإسلامية لابد أن تحقق هذه الأهداف، وتنضبط بما يحققها، فلا تعرض أو تنشر مثلًا ما يتعارض مع حفظ الدين كهدف مهم من أهداف الشريعة الإسلامية؛ بل تعمل على نشر الدين وتعميق منهجه وسط المسلمين، وتدعو غير المسلمين للدخول فيه، وتبتعد عن كل ما يقلل من العقل أو يؤدي إلى فقدانه؛ لأن العقل هو مناط التكليف، وهكذا في سائر مقاصد الشريعة الإسلامية الخمسة، ولابد أن تعمل وسائل الاتصال في الدولة الإسلامية على تحقيق هذه المصالح التي عن طريقها يصلح المجتمع[1].

لقد جاءت الشريعة الإسلامية في مجال المجتمع بنظام اجتماعي متوازن يؤثر التكافل بين الفرد والجماعة، ولا يحابي الفرد على حساب الجماعة ولا الجماعة على حساب الفرد، وهو نظام وسط، قال تعالى: ﴿وَكَذَٰلِكَ جَعَلْنَٰكُمْ أُمَّةً وَسَطًا لِّتَكُونُوا۟ شُهَدَآءَ عَلَى ٱلنَّاسِ وَيَكُونَ ٱلرَّسُولُ عَلَيْكُمْ شَهِيدًا ۗ وَمَا جَعَلْنَا ٱلْقِبْلَةَ ٱلَّتِى كُنتَ عَلَيْهَآ إِلَّا لِنَعْلَمَ مَن يَتَّبِعُ ٱلرَّسُولَ مِمَّن يَنقَلِبُ عَلَىٰ عَقِبَيْهِ ۚ وَإِن كَانَتْ لَكَبِيرَةً إِلَّا عَلَى ٱلَّذِينَ هَدَى ٱللَّهُ ۗ وَمَا كَانَ ٱللَّهُ لِيُضِيعَ إِيمَٰنَكُمْ ۚ إِنَّ ٱللَّهَ بِٱلنَّاسِ لَرَءُوفٌ رَّحِيمٌ (١٤٣)﴾ [البقرة].

والأمة الوسط تحرص على إطلاق جميع الطاقات الفردية والعامة من غير إفراط ولا تفريط، لإيجاد التوازن في المجتمع نتيجة لتوزيع التبعات على الجميع بالقسطاس المستقيم مصداقًا لقوله ﷺ: (كلكم راع وكلكم مسئول عن رعيته)(البخاري:853).

وليس في نظام الإسلام الاجتماعي غلو ولا تقصير، فلا يتشدد في دين الله حتى يحطم نشاطه الفردي وميوله ونوازعه، فتحرم الجماعة من أن تنتفع بطاقته الصالحة، والمقصر يتجاهل تعاليم الله فيرخي لنفسه عنان الشهوات، ويذهب مع غرائزه إلى أبعد مدى حتى يحطم المجتمع مثلما يحطم نفسه أيضًا.

ودين الله هو دين الفطرة: ﴿فِطْرَتَ ٱللَّهِ ٱلَّتِى فَطَرَ ٱلنَّاسَ عَلَيْهَا﴾ [الروم:30] ، فلا هو غلو الاجتماعيين ولا تقصير الفرديين، بل تكافل بين الفرد

---

(1) نبيل محمد توفيق السمالوطي، المنهاج الإسلامي في دراسة المجتمع، الطبعة الثانية (جدة: دار الشروق، 1985م) ص16-18.

والجماعة يوجب على كل منهما تبعات ويلقي عليه مسئوليات[1].

تقوم وسائل الاتصال في الدولة الإسلامية بتوضيح أن الإسلام في نظامه الاجتماعي قد قرر العدل والمساواة والتعاون، والتواصي بالصبر، وقرر في ذلك كله مسئولية الجماعة نحو الفرد ومسئولية الفرد نحو الجماعة، وقد كان له في ذلك الجانب كثير من العناية والاهتمام: ﴿إِنَّ اللَّهَ يَأْمُرُ بِالْعَدْلِ وَالْإِحْسَـٰنِ وَإِيتَآئِ ذِى الْقُرْبَىٰ وَيَنْهَىٰ عَنِ الْفَحْشَآءِ وَالْمُنكَرِ وَالْبَغْىِ يَعِظُكُمْ لَعَلَّكُمْ تَذَكَّرُونَ ٩٠﴾ [النحل]، ﴿يَـٰٓأَيُّهَا النَّاسُ إِنَّا خَلَقْنَـٰكُم مِّن ذَكَرٍ وَأُنثَىٰ وَجَعَلْنَـٰكُمْ شُعُوبًا وَقَبَآئِلَ لِتَعَارَفُوٓا۟ إِنَّ أَكْرَمَكُمْ عِندَ اللَّهِ أَتْقَىٰكُمْ إِنَّ اللَّهَ عَلِيمٌ خَبِيرٌ ١٣﴾ [الحُجُرات]، ﴿اللَّهُ لَآ إِلَـٰهَ إِلَّا هُوَ الْحَىُّ الْقَيُّومُ ٢﴾ [آل عمران]، ﴿وَلْتَكُن مِّنكُمْ أُمَّةٌ يَدْعُونَ إِلَى الْخَيْرِ وَيَأْمُرُونَ بِالْمَعْرُوفِ وَيَنْهَوْنَ عَنِ الْمُنكَرِ وَأُو۟لَـٰٓئِكَ هُمُ الْمُفْلِحُونَ ١٠٤﴾ [آل عمران].

هذه المعاني إذا تمت إشاعتها في وسط المجتمع سوف يكون الناتج مجتمعًا متماسكًا، وتكون وسائل الاتصال قد أدت دورها الاجتماعي[2].

كذلك من القضايا الاجتماعية التي ينبغي أن تأخذ حظًا وافرًا في وسائل الاتصال في الدولة الإسلامية قضية المرأة، وأن توضح وسائل الاتصال كيف أن الإسلام رفع من شأن المرأة وأزال عنها المظالم التي لحقت بها في المجتمعات الجاهلية الأولى، فوضع لها نظامًا عامًا وشاملاً يحمي المجتمع من الفوضى والاضطراب والضياع.

**ونورد هنا ما قام به الإسلام تجاه المرأة:**

**أولاً:** قرر الإسلام أن المرأة إنسان، وهي شقيقة الرجل ووجودها يساعد على بقاء النوع الإنساني وتربية الأجيال الصالحة، يقول عمر بن الخطاب ﵁: (والله ما كنا نعد للنساء أمرًا حتى أنزل الله فيهن ما أنزل، وقسم لهن ما قسم)(مسلم: 1479)، وقد قرر القرآن ذلك في قوله تعالى: ﴿يَـٰٓأَيُّهَا النَّاسُ إِنَّا خَلَقْنَـٰكُم مِّن ذَكَرٍ وَأُنثَىٰ وَجَعَلْنَـٰكُمْ شُعُوبًا وَقَبَآئِلَ لِتَعَارَفُوٓا۟ إِنَّ أَكْرَمَكُمْ عِندَ اللَّهِ أَتْقَىٰكُمْ إِنَّ اللَّهَ عَلِيمٌ خَبِيرٌ ١٣﴾ [الحُجُرات].

**ثانيًا:** قرر الإسلام أن على النساء ما على الرجال من الواجبات والفرائض، فلا فرق بين الذكر والأنثى، إلا ما كان من بعض الأحكام الخاصة بها في أيام حيضها أو نفاسها، قال

---

(1) صبحي الصالح ، النظم الإسلامية نشأتها وتطورها ( بيروت : دار العلم للملايين ، 1976م ) ص 435.
(2) محمود شلتوت ، من توجيهات الإسلام ، الطبعة السابعة ( بيروت ، دار الشروق ، 1983م ) ص89.

تعالى: ﴿إِنَّ ٱلْمُسْلِمِينَ وَٱلْمُسْلِمَٰتِ وَٱلْمُؤْمِنِينَ وَٱلْمُؤْمِنَٰتِ وَٱلْقَٰنِتِينَ وَٱلْقَٰنِتَٰتِ وَٱلصَّٰدِقِينَ وَٱلصَّٰدِقَٰتِ وَٱلصَّٰبِرِينَ وَٱلصَّٰبِرَٰتِ وَٱلْخَٰشِعِينَ وَٱلْخَٰشِعَٰتِ وَٱلْمُتَصَدِّقِينَ وَٱلْمُتَصَدِّقَٰتِ وَٱلصَّٰٓئِمِينَ وَٱلصَّٰٓئِمَٰتِ وَٱلْحَٰفِظِينَ فُرُوجَهُمْ وَٱلْحَٰفِظَٰتِ وَٱلذَّٰكِرِينَ ٱللَّهَ كَثِيرًا وَٱلذَّٰكِرَٰتِ أَعَدَّ ٱللَّهُ لَهُم مَّغْفِرَةً وَأَجْرًا عَظِيمًا ۝٣٥﴾ [الأحزاب].

**ثالثًا:** قرر الإسلام أن مسئولية المرأة مستقلة عن مسئولية الرجل؛ فلا ينفع صلاح الرجل زوجته إذا فسدت، ولا ينفع صلاح المرأة زوجها إذا فسد، فلكل واحد منهما مسئوليته الخاصة عن عمله، قال تعالى: ﴿وَضَرَبَ ٱللَّهُ مَثَلًا لِّلَّذِينَ ءَامَنُوا۟ ٱمْرَأَتَ فِرْعَوْنَ إِذْ قَالَتْ رَبِّ ٱبْنِ لِى عِندَكَ بَيْتًا فِى ٱلْجَنَّةِ وَنَجِّنِى مِن فِرْعَوْنَ وَعَمَلِهِۦ وَنَجِّنِى مِنَ ٱلْقَوْمِ ٱلظَّٰلِمِينَ ۝١١ وَمَرْيَمَ ٱبْنَتَ عِمْرَٰنَ ٱلَّتِىٓ أَحْصَنَتْ فَرْجَهَا فَنَفَخْنَا فِيهِ مِن رُّوحِنَا وَصَدَّقَتْ بِكَلِمَٰتِ رَبِّهَا وَكُتُبِهِۦ وَكَانَتْ مِنَ ٱلْقَٰنِتِينَ ۝١٢﴾ [التحريم].

ومن أجل هذا فإن الإسلام ساوى بين الرجل والمرأة في الجزاء والثواب على الأعمال في الدار الآخرة، قال تعالى: ﴿مَنْ عَمِلَ صَٰلِحًا مِّن ذَكَرٍ أَوْ أُنثَىٰ وَهُوَ مُؤْمِنٌ فَلَنُحْيِيَنَّهُۥ حَيَوٰةً طَيِّبَةً وَلَنَجْزِيَنَّهُمْ أَجْرَهُم بِأَحْسَنِ مَا كَانُوا۟ يَعْمَلُونَ ۝٩٧﴾ [النحل].

**رابعًا:** إشراك الإسلام المرأة في النشاط الاجتماعي لبناء المجتمع، وذلك فيما يناسبها من أعمال، بعيدا عن الاختلاط والتبرج، قال تعالى: ﴿مَنْ عَمِلَ صَٰلِحًا مِّن ذَكَرٍ أَوْ أُنثَىٰ وَهُوَ مُؤْمِنٌ فَلَنُحْيِيَنَّهُۥ حَيَوٰةً طَيِّبَةً وَلَنَجْزِيَنَّهُمْ أَجْرَهُم بِأَحْسَنِ مَا كَانُوا۟ يَعْمَلُونَ ۝٩٧﴾ [النحل].

**خامسًا:** أباح الإسلام للمرأة المسلمة أن تجير الأعداء، فها هي أم هانئ تجير يوم فتح مكة رجلين من أحمائها وتخبر رسول الله ﷺ صنيعها.

**سادسًا:** قرَّر الإسلام للمرأة حقَّ التعليم، وقد ثبت أنَّ الشفاء بنت عبد الله المهاجرة القرشية العدوية كان رسول الله ﷺ يأتيها يقيل عندها، فطلب منها أن تُعلِّمَ حفصة بنت عمر أم المؤمنين رقية النمل، كما علمتها الكتابة، (والنمل جروح تخرج من الجنب).

**سابعًا:** منح الإسلام المرأة حق التملك، بخلاف ما كانت عليه في المجتمع العربي الجاهلي، وسائر المجتمعات المزامنة، وجعل لها حق التصرف المستقل في الأشياء التي تملكها، وجعل لها حق الولاية على مالها وإبرام العقود متى بلغت سن الرشد.

**ثامنًا :** جعل الإسلام للمرأة حق الميراث، قال تعالى: ﴿وَءَاتُوا۟ ٱلْيَتَٰمَىٰٓ أَمْوَٰلَهُمْ وَلَا تَتَبَدَّلُوا۟ ٱلْخَبِيثَ

بِالطَّيِّبِ وَلَا تَأْكُلُوٓا أَمْوَٰلَهُمْ إِلَىٰٓ أَمْوَٰلِكُمْ إِنَّهُۥ كَانَ حُوبًا كَبِيرًا ﴿٢﴾ ﴾ [النساء].

وجعل صداقها حقًّا ليس لأحد أن يشاركها أو يأخذه منها، كما كانت العادة في المجتمعات السابقة.

قال تعالى: ﴿ وَءَاتُوا۟ ٱلنِّسَآءَ صَدُقَٰتِهِنَّ نِحْلَةً ﴾ [النساء:4]، فلا يحق لأحد من أوليائها أن يأخذ منه شيئًا ولا يهبه لزوجها(1).

فعلى وسائل الاتصال في الدولة الإسلامية أن تبرز أن الإسلام دين اجتماعي، وهو يسعى لإنشاء المجتمع الصالح سعيه لتكوين الفرد الصالح، بل يرى أن صلاح المجتمع لازم لصلاح الفرد، ولا يتصور الإسلام الفرد المسلم إنسانًا منعزلًا في خلوة، أو راهبًا في صومعة، بل يتصوره دائمًا في جماعة حتى في عبادته لربه فقد دعاه إلى أداء الصلاة في صورة جماعية، ومن هنا نشأت المساجد في الإسلام وتأكدت أهميتها، ولو تخلف مسلم عن الجماعة وصلى وحده فإنَّ روح الجماعة تظل متمثلة في ضميره جارية على لسانه حين يناجي ربه قارئًا: ﴿ إِيَّاكَ نَعْبُدُ وَإِيَّاكَ نَسْتَعِينُ ۝ ٱهْدِنَا ٱلصِّرَٰطَ ٱلْمُسْتَقِيمَ ﴿٦﴾ ﴾ [الفاتحة].

والزكاة والحج كذلك عبادتان اجتماعيتان، والقرآن يخاطب المكلفين بصيغة الجماعة: ﴿ يَٰٓأَيُّهَا ٱلَّذِينَ ءَامَنُوٓا۟ ﴾ [البقرة:104] ليشعرهم بأنهم متضامنون في تنفيذ الأوامر واجتناب النواهي وأداء التكاليف في جماعة.

والشريعة الإسلامية التي نريد لها أن تكون الإطار الذي يضبط وسائل الاتصال في الدولة الإسلامية، نجدها بجانب النظام الاجتماعي تغطي ما يسمى بنظام الإسلام السياسي، ووسائل الاتصال في تقديمها للجوانب السياسية لابد أن تضع نصب عينيها ما يمكن أن تقدم من نواحٍ سياسية منضبطة بالشريعة الإسلامية. ومعروف أن الشريعة الإسلامية تشمل النظام السياسي في الإسلام، وهي سياسة توجه المسلمين في شئون الحكم.

والإسلام سياسة وتدبير لشئون المجتمع الإسلامي، وهو تحديد للأصول العامة التي يجب أن يكون منهاج الأمة الإسلامية قائمًا عليها في مجالات العلاقات والروابط التي تشد المؤمنين بعضهم إلى بعض، والتي تقيهم سوء أنفسهم واعتداء غيرهم عليهم.

وعلى وسائل الاتصال أيضًا أن تخدم مفهوم الشرع في النظام الإسلامي السياسي،

---

(1) محمد الأمين حسن، خصائص الدعوة الإسلامية، الطبعة الأولى (الأردن: مكتب المنار، 1983م ) ص278-282.

وتوضح أن الحكم في نظر الإسلام أمانة في أعناق الحكام من رئيس الدولة إلى حامل أدنى رتبة بين العاملين في أجهزة الدولة المختلفة، وكل واحد من هؤلاء مسئول بمقدار حظه من السلطة والنفوذ، وللأمانة في الإسلام مفهوم خاص فوق ما يتصوره الناس، ففي التنزيل المجيد: ﴿ إِنَّا عَرَضْنَا ٱلْأَمَانَةَ عَلَى ٱلسَّمَٰوَٰتِ وَٱلْأَرْضِ وَٱلْجِبَالِ فَأَبَيْنَ أَن يَحْمِلْنَهَا وَأَشْفَقْنَ مِنْهَا وَحَمَلَهَا ٱلْإِنسَٰنُ إِنَّهُۥ كَانَ ظَلُومًا جَهُولًا ﴿٧٢﴾ ﴾ [الأحزاب].

إن أمانة الحكم أثقلُ الأمانات كلِّها؛ لأنها تتعلق بحقوق العباد، ولهذا كان أكبر واجب ملقى على عاتق رئيس الدولة تطبيقُ أحكام الدين ورعاية مصالح الأمة، وتأكيدًا لهذا الأمر الإلهي يطالعنا هذا النص القرآني آمرًا كل حامل أمانة أنى كان موقعه في الحياة، حاكمًا كان أو محكومًا رئيسًا أو مرءوسًا: ﴿ إِنَّ ٱللَّهَ يَأْمُرُكُمْ أَن تُؤَدُّوا۟ ٱلْأَمَٰنَٰتِ إِلَىٰٓ أَهْلِهَا ﴾ [النساء:58].

وتكشف السنة المطهرة عما في نصوصها من تنبيه المسلمين إلى عظيم أمانة الحكم، ومسئولية من يقوم عليها حتى يكونوا على بينة من الأمر، فقد روى عبد الرحمن بن سَمُرَة رضي الله عنه أن رسول الله ﷺ قال: (يا عبدالرحمن بن سمرة، لا تسأل الإمارة؛ فإنك إن أعطيتها عن مسألة وكلت إليها، وإن أعطيتها من غير مسألة أعنت عليها، وإذا حلفت على يمين فرأيت غيرها خيراً منها فكفر عن يمينك، وائت الذي هو خير) (مسلم:1652)، وفي حديثٍ آخر رُوِيَ عن أبي ذر رضي الله عنه أنه قال: قلت: يا رسول الله، ألا تستعملني؟ قال: فضرب بيده على منكبي، ثم قال: يا أبا ذر، إنك ضعيف، وإنها أمانة، وإنها يوم القيامة خزي وندامة، إلا من أخذها بحقها وأدى الذي عليه فيها)(مسلم: 1852). **قال النووي:** (هذا الحديث أصل عظيم في اجتناب الولايات، لاسيما لمن كان فيه ضعف عن القيام بوظائف تلك الولاية، أما الخزي والندامة فهو حقّ من لم يكن أهلًا لها أو كان أهلًا لها ولم يعدل فيها، يخزيه الله ويفضحه ويندم على ما فرط، وأما من كان أهلًا للولاية وعدل فيها، فله فضل تظاهرت به الأحاديث الصحيحة كحديث: (سبعة يظلهم الله)[1] .

وتقوم وسائل الاتصال في الدولة الإسلامية بتوضيح رسالة الدولة الإسلامية، وهي تتمثل في أن الدولة بكل ما تتمتع به من حقوق وسلطة، لم تكن إلا لتحقيق غاية وأداء رسالة، وليس لها في ذلك بين دول الأرض من نظير، ولكي نكون على بينة من مجمل تلك الرسالة يتعين أن نقف عند بعض النصوص.

---

(1) سعدي أبوحبيب، دراسة في منهاج الإسلام السياسي، الطبعة الأولى (بيروت: مؤسسة الرسالة، 1985م) ص ص105-109.

قال تعالى: ﴿ ٱلَّذِينَ إِن مَّكَّنَّٰهُمْ فِى ٱلْأَرْضِ أَقَامُوا۟ ٱلصَّلَوٰةَ وَءَاتَوُا۟ ٱلزَّكَوٰةَ وَأَمَرُوا۟ بِٱلْمَعْرُوفِ وَنَهَوْا۟ عَنِ ٱلْمُنكَرِ ۗ وَلِلَّهِ عَٰقِبَةُ ٱلْأُمُورِ ﴿٤١﴾ ﴾ [الحج].

وفي السنة المطهرة نقرأ صدر الكتاب الذي أرسله رسول الله ﷺ إلى اليمن.. وقد جاء فيه:

بسم الله الرحمن الرحيم

هذا بيان من الله ورسوله ﴿ يَٰٓأَيُّهَا ٱلَّذِينَ ءَامَنُوٓا۟ أَوْفُوا۟ بِٱلْعُقُودِ ﴾ [المائدة:1] عهد من محمد النبي رسول الله إلى عمرو بن حزم حين بعثه إلى اليمن، أمره بتقوى الله في أمره كله: ﴿ إِنَّ ٱللَّهَ مَعَ ٱلَّذِينَ ٱتَّقَوا۟ وَّٱلَّذِينَ هُم مُّحْسِنُونَ ﴿١٢٨﴾ ﴾ [النحل].

وأمره أن يأخذ بالحق، وأن يبشر بالخير ويأمرهم به، ويعلم الناس أمر دينهم ويفقههم فيه، ويقرئهم القرآن ويعلمهم ألا يمسوه إلا وهم على طهارة، ويخبرهم بالذي لهم والذي عليهم، ويلين للناس في الحق، ويشتد عليهم في الظلم، فإن الله كرّه الظلم ونهى عنه؛ قال تعالى: ﴿أَلَا لَعْنَةُ ٱللَّهِ عَلَى ٱلظَّٰلِمِينَ ﴿١٨﴾ ﴾ [هود]، ويبشر الناس بالجنة وما فيها، وكيفية العمل لها، وحذرهم من النار وما يقرب إليها.

من هذا المعين النبوي نهل الخلفاء الراشدون رضوان الله عليهم، وعلموا أن لدولة الإسلام رسالة واضحة المعالم، لابد من القيام بها فكان لهم ما أرادوا.

مما تقدم يظهر لنا أن الدولة الإسلامية لم تكن إلا دولة رسالة ذات أهداف[1].

فما دامت الدولة الإسلامية تقوم على أصول، ونظم هي جزء من منهج الإسلام السياسي، فعلى وسائل الاتصال في الدولة الإسلامية أن تبرز هذه الأصول، **وقد أوجزها صاحب كتاب أصول الفكر السياسي الإسلامي فيما يلي:**

1- يقوم مفهوم الأمة في الإسلام على أساس عقد (أيديولوجي) لا على أساس أرضي جغرافي أو تاريخي، قال تعالى: ﴿ كُنتُمْ خَيْرَ أُمَّةٍ أُخْرِجَتْ لِلنَّاسِ تَأْمُرُونَ بِٱلْمَعْرُوفِ وَتَنْهَوْنَ عَنِ ٱلْمُنكَرِ وَتُؤْمِنُونَ بِٱللَّهِ ۗ وَلَوْ ءَامَنَ أَهْلُ ٱلْكِتَٰبِ لَكَانَ خَيْرًا لَّهُم ۚ مِّنْهُمُ ٱلْمُؤْمِنُونَ وَأَكْثَرُهُمُ ٱلْفَٰسِقُونَ ﴿١١٠﴾ ﴾ [آل عمران].

وقوله تعالى: ﴿ وَكَذَٰلِكَ جَعَلْنَٰكُمْ أُمَّةً وَسَطًا لِّتَكُونُوا۟ شُهَدَآءَ عَلَى ٱلنَّاسِ وَيَكُونَ ٱلرَّسُولُ

---

(1) سعدي أبو حبيب، دراسة في منهاج الإسلام السياسي، مرجع سابق ص124-12.

عَلَيْكُمْ شَهِيدًا ۗ وَمَا جَعَلْنَا ٱلْقِبْلَةَ ٱلَّتِى كُنتَ عَلَيْهَآ إِلَّا لِنَعْلَمَ مَن يَتَّبِعُ ٱلرَّسُولَ مِمَّن يَنقَلِبُ عَلَىٰ عَقِبَيْهِ ۚ وَإِن كَانَتْ لَكَبِيرَةً إِلَّا عَلَى ٱلَّذِينَ هَدَى ٱللَّهُ ۗ وَمَا كَانَ ٱللَّهُ لِيُضِيعَ إِيمَٰنَكُمْ ۚ إِنَّ ٱللَّهَ بِٱلنَّاسِ لَرَءُوفٌ رَّحِيمٌ (١٤٣)﴾ [البقرة].

وقد ورد ما يشير إلى إقامة كيان سياسي نظامي لأمة الإسلام في القرآن والسنة، عُبِّرَ عن المسئول عنه بالإمام أو ولي الأمر، ومن هنا قامت أمة الإسلام ودولته على أساس إنساني عالمي، قال تعالى: ﴿وَجَعَلْنَٰكُمْ شُعُوبًا وَقَبَآئِلَ لِتَعَارَفُوٓا۟ ۚ﴾ [الحُجرات:13] ﴿وَمَآ أَرْسَلْنَٰكَ إِلَّا رَحْمَةً لِّلْعَٰلَمِينَ (١٠٧)﴾ [الأنبياء].

ويرفض الإسلام لأمته ودولته أن تقوما على عصبية، ففي الحديث: ( ليس منا من قاتل على عصبية)(أبو داود:332)، والإسلام يفتح السبيل لاستعراب أي مسلم، فمن تكلم لغة القرآن فهو عربي، وهذا لا ينفي مزية العرب التاريخية في عصر النبوة فهم الذين نزل القرآن على محمد ﷺ بلغتهم، وهو بين ظهرانيهم وهم الذين حفظوا رسالة الإسلام فيما بينهم، وتمثلوا هديها في سلوكهم وأخلاقهم، وأنفقوا مما رزقهم الله من عقل وقوة بدن وجهد وعزيمة ومال في حضرة هذا الدين.

وقدم الإسلام للعرب شرف الدهر وعز الأبد ﴿لَقَدْ أَنزَلْنَآ إِلَيْكُمْ كِتَٰبًا فِيهِ ذِكْرُكُمْ ۖ أَفَلَا تَعْقِلُونَ (١٠)﴾ [الأنبياء] ، ﴿بَلِ ٱللَّهُ يَمُنُّ عَلَيْكُمْ أَنْ هَدَىٰكُمْ لِلْإِيمَٰنِ إِن كُنتُمْ صَٰدِقِينَ (١٧)﴾ [الحُجرات] .

فينبغي أن يكون العرب في كل عصر أقدر على فهم القرآن والسنة إذ جاء القرآن بلغتهم، وعليه فإنهم أقدر على إبلاغ الرسالة وأداء الأمانة، وهي مسئولية عظمى وشرف كبير للعرب إذا قدروا ذلك حق قدره: ﴿وَإِنَّهُۥ لَذِكْرٌ لَّكَ وَلِقَوْمِكَ ۖ وَسَوْفَ تُسْـَٔلُونَ (٤٤)﴾ [الزُّخرُف] .

2- الدولة الإسلامية تقوم على مبدأ سيادة القانون المكتوب المنشور الملزم للجميع، وعلى حكومتها أن تطبع أحكام السنة وتوضحها بكل سبيل، وأن توجه الأسرة والمدرسة ووسائل الاتصال في الدولة الإسلامية أن ترشد النفوس والعقول وفق دعوة الإسلام وهداية الدين، وأن تشيع في المجتمع التعاون على البر والتقوى والتواصي بالحق والخير والأمر بالمعروف والنهي عن المنكر يقول تعالى: ﴿وَأُوحِىَ إِلَىَّ هَٰذَا ٱلْقُرْءَانُ لِأُنذِرَكُم بِهِۦ وَمَنۢ بَلَغَ ۚ﴾ [الأنعام:19]، يقول ابن كثير في تفسير الآية والحديث: بلغوا عن الله؛ فمن بلغته آية من كتاب الله فقد بلغه أمر

الـلـه[1]. ويقول تعالى: ﴿ وَمِمَّنْ خَلَقْنَآ أُمَّةٌ يَهْدُونَ بِٱلْحَقِّ وَبِهِۦ يَعْدِلُونَ ﴿١٨١﴾ ﴾ [الأعراف].

والقرآن والسنة هما القانون الأعلى الذي يحكم ويضبط سلوك أولي الأمر وعامة المسلمين على السـواء، والذي يحكم أيضا أي حكم اجتهادي مستحدث؛ إذ ينبغي ألا يتعارض نـص، وأن يحقـق مقاصـد الشريعة ومبادئها العامة، فكل عمل ليس من أمر الـلـه ورسوله فهو ردٌّ كـما جاء في الحـديث، والنـاس سـواء أمـام شرع الـلـه والمسئولية القانونيـة فرديـة: ﴿وَلَا تَزِرُ وَازِرَةٌ وِزْرَ أُخْرَىٰ ﴾ [الأنعام:164] ، ولا عقوبـة إلاّ بـنص، وهو أمر مقرر في أُصول الإسلام: ﴿وَمَا كُنَّا مُعَذِّبِينَ حَتَّىٰ نَبْعَثَ رَسُولًا ﴿١٥﴾ ﴾ [الإسراء].

والإسلام يربي أمة الإسلام ودولته على التربية الأخلاقية أساسًا وشريعـة عـلى قـدر مـا يلـزم، ولا يشـدّد ويضع القوانين لكل تصرف وسلوك، وربما يكون التشريع على قدر ما يلزم لمواجهة ضرورات الواقـع التـي لا يمكن أن تحل إلا بالقانون.

3- تلتزم دولة الإسلام التي تقوم عـلى أسـاس شريعتـه أن تحقـق العدالـة بأوسـع معانيهـا، وفي شـتى مجالاتها؛ السياسية، والإدارية، والقضائية، والاجتماعية، والدولية، ويتضمن ذلك حماية الحقوق والحريـات العامة والمساواة في صورها المتعددة، كما تقوم ممارسة الحكم على الشورى التي جاءت بها الآيات في سورة آل عمران وسورة الشورى، وذلك بمعانيها السياسية والفنية على حد سواء، كـما ينبغـي أن يُكْفَـلَ بالصـورة الملائمة المنظمة الدائمة، اتصال الحاكم بالمحكومين، والتعرف على رغباتهم وآرائهم والاسـتماع إلى شـكواهم، والاستجابة لما يصح منها وإطلاعهم على ما يجد من أحداث مهمة وما يصدر من أحكام اجتهادية متجددة، والتحقق من رضا الناس وحسن أحوالهم وتوجيههم بالكلمة والقدوة إلى الحق والخير والمعروف، وقد كـان المسجد قديمًا أداةً لتحقيق هذا كله، والآن وسائل الاتصال كلها يجب أن تكون أدوات لنقل هـذا كلـه كـما يفعل المسجد.

وتستهدف الدولة الإسلامية في سياستها الاقتصادية عمارة الأرض، وتحقيق سبل العيش الكريم لرعاياها مع تحقيق تكافؤ الفرص والعدالة في توزيع انفاق الدولة وخدماتها، استرشـادًا بقولـه تعـالى: ﴿ كَيْ لَا يَكُونَ دُولَةًۢ بَيْنَ ٱلْأَغْنِيَآءِ مِنكُمْ ﴾ [الحشر:7] .

4- عدالة الإسلام الشاملة تحكم تعاملها مع غير المسلمين في داخل الدولة الإسلامية وفي العالم كله، قال تعالى: ﴿ لَّا يَنْهَىٰكُمُ ٱللَّهُ عَنِ ٱلَّذِينَ لَمْ يُقَٰتِلُوكُمْ فِى ٱلدِّينِ وَلَمْ يُخْرِجُوكُم مِّن دِيَٰرِكُمْ أَن تَبَرُّوهُمْ

(1) تفسير ابن كثير.

وَتُقْسِطُوٓا إِلَيْهِمْ إِنَّ ٱللَّهَ يُحِبُّ ٱلْمُقْسِطِينَ ﴿٨﴾ [الممتحنة].

والإسلام لم يستعمل القوة ضد الأديان، بل ضد العدوان، وحتى لو صدر من المسلمين أنفسهم إلا إذا كان هناك بغي.

5- تلتزم دولة الإسلام التوعية برسالته بكل وسائل الاتصال الممكنة، وكذلك على الدولة الإسلامية نشر ـ هداية دين الإسلام بسلوكها العملي المستقيم في سياستها الداخلية وفي المجال الدولي، وذلك لحفظ العهد ومناصرة الحق ومقاومة العدوان والتعاون مع الجميع على الخير والنفع، وينبغي أن يكون سلوك الدولة الإسلامية على أرضها في الداخل، وبين دول العالم في الخارج قائمًا على الأمانة والعدالة وحسن المعاملة، محققًا الأمن والاستقرار، متوقيًا القهر والإذلال والإفساد وإهلاك الحرث والنسل والعزة بالإثم، وإثارة الفزع والرعب بالاضطراب مما يكون إساءة للإسلام ومدعاة للصد عن سبيل الله[1].

ويقع على عاتق وسائل الاتصال في الدولة الإسلامية التأصيل للنظام الإسلامي السياسي، وأن تضبط الأداء الاتصالي في وسائله المختلفة بما جاء في الفكر السياسي الإسلامي، وتوضح أن **نظام الإسلام السياسي يقوم على قواعد مهمة، هي:**

1- **القاعدة الأولى من قواعده تُقرِّر أن:** على المسلم أنْ يعتقد أن الحاكمية لله تعالى لا يشاركه فيها أحد، ويجب عليه أن يتحاكم إلى شرع الله، ويحرم عليه أن يتحاكم إلى غيره، بل عليه أن يرفض التحاكم إلى القوانين الوضعية، كما تُقَرِّر هذه القاعدة أن الذي يرفض حكم الله كافر، والذي يدعي الحاكمية برغبة وإرادة ورضى منه كافر.

2- **والقاعدة الثانية: قاعدة العدل والمساواة:** إذ إن نظرة الإسلام إلى جميع الناس أنهم متساوون أمام القانون، وأنَّه لا فرق بين غني ولا فقير، ولا وزير ولا غفير، وأنه فرض على الأمة الإسلامية أن تقيم العدل، وعلى جميع المستويات في الأسرة والمجتمع والدولة.

والإسلام حين أوجب العدل بين الناس جعل لتكريم الناس معيارًا لا يتخلف هو: ﴿إِنَّ أَكْرَمَكُمْ عِندَ ٱللَّهِ أَتْقَىٰكُمْ﴾ [الحُجُرات:13]، وقرر أنه إذا ساد هذا المعيار في حياة الناس سعدوا، وإلا شقوا. وقد فتح الإسلام الباب على مصراعيه لكل مظلوم ليرفع مظلمته إلى من ينصفه، ويأخذ له بحقه، وألقى كل وسيلة من شأنها أن تعيق الناس عن الوصول إلى حقوقهم أو تمنعهم منها. وقد قامت التطبيقات العملية في الدولة الإسلامية بما يؤكد إمكانية ذلك.

---

(1) انظر: محمد فتحي عثمان، من أصول الفكر السياسي الإسلامي، الطبعة الثانية (بيروت: مؤسسة الرسالة، 1984م) ص62-68.

**3- أما القاعدة الثالثة فهي الطاعة:** فالإسلام يعتبر الطاعة من الرعية لولاة الأمر فرضًا من الفروض، وقاعدة من قواعد الحكم في الإسلام لا يستقيم إلا بها، ولكن وجوب الطاعة للأمراء ليس مطلقًا، بل هو مقيد بإقامة العدل بين الناس، وألا يأمروا رعاياهم بمعصية.

**4- والقاعدة الرابعة هي قاعدة الشورى:** وهي ذات الأهمية الكبرى في النظام السياسي الإسلامي وفي أي نظام أو أي جماعة من الجماعات، وترتكز عليها كل دولة راقية تنشد لرعاياها الأمن والاستقرار والفلاح والنجاح؛ لأنها الطريق السليم الذي يقود إلى اختيار الصالحين من الولاة، والوصول إلى الحلول المناسبة لتحقيق مصالح الأفراد والجماعات، ولأن الإسلام دين رباني نجده قد اهتم كثيرًا بالشورى، حتى أن الحق سبحانه سمّى سورةً من سُوَرِ كتابه بالشورى، وتحدث في هذه السورة عن صفات المؤمنين، وجعل من بينها أن حياتهم تقوم على الشورى، بل أمرهم شورى بينهم[(1)].

كذلك الشريعة الإسلامية نجدها تغطي نظام الإسلام التربوي والتعليمي، وهو نظام مهم في توجيه المجتمع، لابد لوسائل الاتصال في الدولة الإسلامية من الانضباط به كواحد من الأطر التي توجه وسائل الاتصال في الدولة الإسلامية، وسوف يُلْقِي الباحث نظرة على هذا النظام المهم؛ لأن التربية من وسائل بناء الحضارة واقعيا، فعلى أسسها الفكرية الراسخة تكون الدعوة إلى سبيل الله بالحكمة والموعظة الحسنة واستمالة الأنفس بالترغيب والترهيب مما تكره من شرّ أو ضُرّ أو أذىً، وهذه واحدة من الأمور التي تعتمد على وسائل الاقناع بالمنطق والحجج والبراهين المثبتة للحقائق، وتكون الحكمة باتخاذ الأساليب الملائمة للحالة الفكرية والنفسية التي عليها المستهدفون بالتربية، وللمربين في هذا المجال أصول وقواعد، استخلصوها من تجارب الحياة ومن الدراسات النفسية والنظرية والتطبيقية، ونلاحظ أن الإسلام يدعو إليها بشكل عام، ويعرض طائفة من جزئياتها، كما أنه يقدم لنا نماذج دقيقة قامت بها النخبة الممتازة من الدعاة إلى الله؛ وهم الرسل عليهم الصلاة والسلام، ونماذج أخرى قام بها بعض المربين الذين تخرجوا في مدارس الدعوة التي أسسها الرسل؛ كالنموذج الذي قصه لنا القرآن عن الحكيم لقمان في موعظته لابنه، قال تعالى: ﴿وَلَقَدْ ءَاتَيْنَا لُقْمَٰنَ ٱلْحِكْمَةَ أَنِ ٱشْكُرْ لِلَّهِ ۚ وَمَن يَشْكُرْ فَإِنَّمَا يَشْكُرُ لِنَفْسِهِۦ ۖ وَمَن كَفَرَ فَإِنَّ ٱللَّهَ غَنِىٌّ حَمِيدٌ ﴿١٢﴾ وَإِذْ قَالَ لُقْمَٰنُ لِٱبْنِهِۦ وَهُوَ يَعِظُهُۥ يَٰبُنَىَّ لَا تُشْرِكْ بِٱللَّهِ ۖ إِنَّ ٱلشِّرْكَ لَظُلْمٌ عَظِيمٌ ﴿١٣﴾﴾ [لقمان].

فمن حكمة لقمان في موعظته لابنه أنه حينما نهاه عن الشرك بالله قرن له ذلك بالدليل المقنع

---

(1) محمد عبد القادر أبو فارس، النظام السياسي في الإسلام (بيروت: دار القرآن، 1984م) ص66 وما بعدها.

المؤكد فقال: ﴿إِنَّ ٱلشِّرْكَ لَظُلْمٌ عَظِيمٌ ﴿١٣﴾﴾، **من بدهيات القول**: أن الظلم قبيح وعاقبته وخيمة، ومن أدرك هذه الحقيقة اكتسب قناعة كافية تجعله يخشى خشية كبيرة من الشرك بالله.

أما الدعوة بالموعظة الحسنة فهي التربية، حيث اعتمدوا على وسائل التأثير الخطابي المقرونة بأساليب البيان ذات الخصائص التي تمكن المربي من القبض على نواصي الأنفس، وتحريك العواطف والانفعالات الإنسانية وتوجيهها إلى طريق الحق والخير والجمال(1).

ونسبة لأن النظام التربوي الإسلامي له خصائص تميزه عن غيره من الأنظمة الأخرى كان لابد لوسائل الاتصال في الدولة الإسلامية أن تهتم بهذه الخصائص، وأهم هذه الخصائص تتمثل في تكيف النظام التعليمي بالأيديولوجية التي تدين بها الأمة، ثم ارتباط هذا النظام بنمط أخلاقي معين؛ فالغرض الأساسي من التعليم في الإسلام كما هو معلوم ينبغي أن يكون موجهًا إلى إيجاد الأخلاق الفاضلة والإيمان بهذا الدين ومنهجه وأهدافه في الحياة، ليكون نتاج هذا التعليم شبابًا مسلمًا مسلحًا بالقيم الإسلامية والمعارف الأساسية، وتوجيه الشباب المسلم إلى هذه الغاية لا يتم بمجرد دراستهم للمواد الدينية كالفقه والحديث والتوحيد والأصول، بل لابد عن طريق تغلغل روح الإسلام إلى درجة التشبع في كل المواد كالجغرافيا والعلوم والاقتصاد والهندسة والطب، وغيرها من المواد التي عرفتها البشرية.

ووسائل الاتصال لابد أن تهتم بالطفل تبعًا لخصائص التربية الإسلامية التي تعتني بالطفل عناية خاصة ككائن حي له اعتباره المستقل وحقه في النمو نموًا طبيعيًا، وتمتعه بمواهبه التي منحها الله له؛ إذ إن التربية الإسلامية لا تعتبر الطفل وافدًا مزعجًا لوالديه يحيطاه بقيود وأغلال تحد من مواهبه، ولنا في رسول الله ﷺ أسوة حسنة في رحمته بأحفاده وأبناء المسلمين ؛ إذ كان في قمة الرفق والرأفة بهم. وتستفيد وسائل الاتصال في أدائها مما راعته خصائص نظام الإسلام التربوي في مراعاة الفروق التي ينادي بها علماء التربية الحديثة.

كما أن من خصائص النظام التربوي في الإسلام: أن تربيته إيجابية تقوم على الأخلاق، وتعمل لسيادتها وتحارب المحسوبية ونفوذ أصحاب السلطات المتسلطين، كما تحارب الطمع والأثرة والأنانية، وتقف في وجه الفساد والرياء والرشوة، وتربي الأفراد على أساس من النزاهة والعفة والمودة والرحمة، والإيمان الراسخ بأن هذا الكون لم يخلق صدفة ولا يسير

---

(1) عبد الرحمن حسن حبنكة الميداني ، أسس الحضارة الإسلامية ووسائلها ، الطبعة الأولى، ص 251-254 .

اعتباطًا، وأن وجود الإنسان فيه مرتبط بخطة الله الكونية التي يسير الإنسان داخلها وفق قواعد ونواميس محددة طبيعية، ومهمته التلاؤم معها ليصل إلى غاية وجوده في العمل وتحقيق سيادة كلمة الله، وبناء مجتمع الإسلام مجتمع السلام والألفة والمودة والإخاء والرفاهية والطمأنينة. وتقوم وسائل الاتصال بتوضيح أن هذا النظام يخرج نفوسًا صادقة مؤمنة بالله متفائلة، لا مجال فيها للإلحاد والشك والتشاؤم، وأنها تنتج أمة محصنة ضد الأنظمة المستترة تحت الشعارات البراقة، والتي تسببت في مآسي كثير من الأمم وآلامها، ولازالت تجترها وتدفع ثمنها من حياتها وقيمها ومثلها ودينها[1]، بجانب النظام الاجتماعي الإسلامي والنظام السياسي الإسلامي والنظام التربوي والتعليمي الإسلامي، وهي أنظمة يجب أن تضبط أداء وسائل الاتصال في الدولة الإسلامية، وهناك النظام الاقتصادي الإسلامي، وكلها أنظمة تمثل الشريعة الإسلامية التي يراد لها أن تكون واحدة من الأطر التي تضبط الأداء الاتصالي في الدولة الإسلامية؛ فالنظام الاقتصادي الإسلامي يهدف إلى تحقيق العدالة الاجتماعية وفقًا للتصور الإسلامي عن الألوهية، والكون والحياة والإنسان، فليست العدالة الاجتماعية إلا فرعًا من ذلك الأصل الكبير الذي ترجع إليه كل تعاليم الإسلام، وتقوم العدالة على أسس نذكر منها:

**1- التحرر الوجداني المطلق:** فلن تتحقق العدالة الاجتماعية كاملة، ولن يضمن لها التنفيذ والبقاء ما لم تستند إلى شعور نفسي باستحقاق الفرد وبحاجة الجماعة إليها وبعقيدة تؤدي إلى طاعة الله وإلى واقع إنساني أسمى، وتستند كذلك إلى واقع مادي يهيئ للفرد أن يتمسك بها ويتحمل تكاليفها ويدافع عنها.

لقد بدأ الإسلام أولاً بتحرر الوجدان من شعور العبادة لغير الله، وامتلأ بالشعور بأنه على اتصال كامل بالله لم يتأثر بشعور الخوف على الحياة أو الخوف على الرزق أو الخوف على المكانة، ذلك الشعور الذي قد يدعوه إلى قبول الذل وإلى التنازل عن كثير من كرامته وكثير من حقوقه، كذلك حرر الإسلام وجدان معتنقيه من التأثر بعبودية القيم الاجتماعية قيم الحياة والحسب والنسب: ﴿إِنَّ أَكۡرَمَكُمۡ عِندَ ٱللَّهِ أَتۡقَىٰكُمۡۚ﴾ [الحجرات:13].

فالقيمة الصحيحة في الإسلام هي التقوى والإيمان والعمل الصالح، ومع هذا فإن

---

(1) عباس محجوب، نحو منهج إسلامي في التربية والتعليم، الطبعة الأولى (دمشق: دار ابن كثير، 1987م) ص95-98.

الإسلام لا يُنْقِصُ من قيمة المال ولا من قيمة الأبناء، قال تعالى: ﴿ٱلْمَالُ وَٱلْبَنُونَ زِينَةُ ٱلْحَيَوٰةِ ٱلدُّنْيَا﴾ [الكهف:46] ، فهما زينة ولكنهما ليس قيمة من قيمها التي ترفع وتخفض ﴿وَٱلْبَٰقِيَٰتُ ٱلصَّٰلِحَٰتُ خَيْرٌ عِندَ رَبِّكَ ثَوَابًا وَخَيْرٌ أَمَلًا ﴿٤٦﴾﴾ [الكهف].

كما عمل الإسلام على تحرير الوجدان البشري من ذلك الاستجداء والسؤال لحاجته، فيشرع شرائع لمنع الحاجة ولإزالتها حين توجد، فيجعل للفرد حقه في الكفاية مفروضًا على الدولة وعلى القادرين في الأمة، فرضًا يعاقب عليه في الآخرة ويقاتل عليه في الدنيا، ثم ينهى عن الاستجداء؛ فها هو النبي ﷺ يقول: (لأن يحتطب أحدكم حزمة على ظهره خير من أن يسأل أحدا فيعطيه أو يمنعه) (البخاري: 1968). ويقول سبحانه وتعالى: ﴿وَفِىٓ أَمْوَٰلِهِمْ حَقٌّ لِّلسَّآئِلِ وَٱلْمَحْرُومِ ﴿١٩﴾﴾ [الذاريات].

## 2- المساواة الإنسانية:

وهي واحدة من أسس نظام الإسلام الاقتصادي، قال تعالى: ﴿يَٰٓأَيُّهَا ٱلنَّاسُ ٱتَّقُوا۟ رَبَّكُمُ ٱلَّذِى خَلَقَكُم مِّن نَّفْسٍ وَٰحِدَةٍ وَخَلَقَ مِنْهَا زَوْجَهَا وَبَثَّ مِنْهُمَا رِجَالًا كَثِيرًا وَنِسَآءً ۚ وَٱتَّقُوا۟ ٱللَّهَ ٱلَّذِى تَسَآءَلُونَ بِهِۦ وَٱلْأَرْحَامَ ۚ إِنَّ ٱللَّهَ كَانَ عَلَيْكُمْ رَقِيبًا ﴿١﴾﴾ [النساء].

فالناس كلهم من نفس واحدة، وزوجها منها، ومنها نشأ الرجال والنساء، فهم من أصل واحد، وهم إخوة في النسب، وهم متساوون في الأصل والنشاط: ﴿يَٰٓأَيُّهَا ٱلنَّاسُ إِنَّا خَلَقْنَٰكُم مِّن ذَكَرٍ وَأُنثَىٰ وَجَعَلْنَٰكُمْ شُعُوبًا وَقَبَآئِلَ لِتَعَارَفُوٓا۟ ۚ إِنَّ أَكْرَمَكُمْ عِندَ ٱللَّهِ أَتْقَىٰكُمْ﴾ [الحُجُرات:13].

كما كفل الإسلام للمرأة مساواة تامة من حيث الجنس والحقوق الإنسانية، ولم يقرر إلا في بعض الملابسات المتعلقة بالاستعداد والدربة والتبعة مما لا يؤثر على حقيقة الوضع الإنساني للجنسين، وقد قررت الشريعة الإسلامية كرامة الجنس البشري التي لا يجوز أن تستذل، قال تعالى: ﴿وَأَنَّ ٱلَّذِينَ لَا يُؤْمِنُونَ بِٱلْءَاخِرَةِ أَعْتَدْنَا لَهُمْ عَذَابًا أَلِيمًا ﴿١٠﴾﴾ [الإسراء].

## 3- التكافل الاجتماعي:

إن الإسلام يمنح الحرية الفردية في أجمل صورها والمساواة الإنسانية في أدق معانيها، ولكنه لا يتركها فوضى، فللمجتمع حسابه، وللإنسانية اعتبارها، وللأهداف العليا للدين قيمتها، لذلك يقرر مبدأ التبعية الفردية في مقابل الحرية الفردية، ويقرر إلى جانب التبعية الجماعية التي تشمل الفرد والجماعة بتكاليفها، وهذا يدعى التكافل الاجتماعي في النظام

الاقتصادي الإسلامي (1).

والنظام الاقتصادي الإسلامي الذي ينبغي أن يضبط أداء وسائل الاتصال في الدولة الإسلامية إلى جانب هدفه الرئيسي في العدالة الاجتماعية، له خصائص تميزه عن الاقتصاد الوضعي، **وفيما يلي أبرز خصائص نظام الاقتصاد الإسلامي:**

**أولًا: نظام الاقتصاد الإسلامي جزء من نظام الإسلام الشامل:**

إذا كان الاقتصاد الوضعي بسبب ظروف نشأته قد انفصل تمامًا عن الدين؛ فإنَّ أهم ما يميز الاقتصاد الإسلامي هو ارتباطه التام بدين الإسلام عقيدة وشريعة، وبناء على ذلك فإنه لا ينبغي لنا أن ندرس نظام الاقتصاد في الإسلام مستقلًا عن العقيدة والشريعة؛ لأن النظام الاقتصادي الإسلامي جزء من الشريعة، وهو كذلك مرتبط بالعقيدة ارتباطًا أساسيًّا، وارتباطه بالعقيدة يبدو على سبيل المثال في نظر الإسلام إلى الكون باعتباره مسخرًا للإنسان ولخدمته، ويبدو كذلك في قضية الحلال والحرام التي تشغل المسلم عند إقدامه على أي معاملة من المعاملات، كما يبدو في عنصر الرقابة الذي يحسه المسلم من عالم الغيب.

إن ارتباط نظام الاقتصاد في الإسلام بعقيدة الإسلام وبشريعته هو الذي يجعل النشاط الاقتصادي في الإسلام -على خلاف النشاط الاقتصادي في النظم الوضعية- له طابع تعبدي وهدف سامي، والرقابة عليه تكون رقابة ذاتية. ويوضح لنا أن النشاط الاقتصادي في الإسلام له طابع تعبدي أدلة كثيرة؛ إذ إن كل عمل يقوم به المسلم يتحول إلى عبادة يثاب عليها المسلم إذا قصد بعمله هذا وجه الله عز وجل، وابتغى مرضاته وانصرفت نيته إلى ذلك.

ونظام الاقتصاد في الإسلام له هدف سام، فإذا كان يسعى إلى النفع المادي فهو لا يسعى إليه وحده، ولا يستهدفه كفاية في حد ذاته، وإنما يعتبره وسيلة لغاية أكبر، وهدفًا أكبر وأسمى، هو إعمار الأرض وتهيئتها للعيش الإنساني امتثالًا لأمر الله، قال تعالى: ﴿يَٰٓأَيُّهَا ٱلنَّاسُ كُلُواْ مِمَّا فِي ٱلۡأَرۡضِ حَلَٰلًا طَيِّبًا وَلَا تَتَّبِعُواْ خُطُوَٰتِ ٱلشَّيۡطَٰنِۚ إِنَّهُۥ لَكُمۡ عَدُوٌّ مُّبِينٌ ١٦٨﴾ [البقرة] ، وتحقيقًا لخلافته في أرضه، إيمانًا بأن الإنسان سوف يقف بين يدي خالقه ليسأل عن هذه الخلافة وعما قدم لها، والرقابة في النظام الإسلامي رقابة ذاتية؛ فإنه يوجد جوار ربه وجوار الرقابة الشرعية التي تمارسها السلطة العامة رقابة أشد وأكثر فاعلية هي رقابة الضمير القائمة على الإيمان بالله والحساب في اليوم الآخر، هذا الضمير نتاج التربية الإسلامية والمنهاج الإسلامي، ورقابة الله هي أكبر ضمان لسلامة السلوك الاجتماعي وعدم انحراف

(1) د. أحمد نوفل، في الثقافة الإسلامية، الطبعة الأولى (عمان: دار عمار، 1984م ) ص134-136.

النشاط الاقتصادي.

**ثانيًا: نظام الاقتصاد في الإسلام يحقق التوازن بين مصلحة الفرد ومصلحة الجماعة:**

الإسلام يعترف بكل من مصلحة الفرد ومصلحة الجماعة، طالما لم يكن ثمة تعارض بينهما، أو كان التوفيق بينهما ممكنًا؛ إذ إن الإسلام في مجال الملكية يعترف بالملكية، ويعترف كذلك في الوقت نفسه بالملكية الجماعية، فلا تلغى أي منهما في سبيل الأخرى.

وفي مجال الحرية، فإنه يعترف للفرد بحريته، ولكنه لا يغالي في ذلك إلى حد إطلاقها بغير قيود مما يضر الجماعة، والنظام الاقتصادي في الإسلام قدَّم دعوة الإسلام، وقد بدأت قواعده ترسخ مع بدء نزول القرآن في مكة المكرمة، قبل أن يعرف العالم شيئًا اسمه علم الاقتصاد، هذا العلم الذي لم يظهر في الغرب بنظرياته إلا منذ قرنين من الزمان[(1)].

ففي مكة نزلت سورة المطففين ومطلعها: ﴿وَيْلٌ لِّلْمُطَفِّفِينَ ﴿١﴾ ٱلَّذِينَ إِذَا ٱكْتَالُوا۟ عَلَى ٱلنَّاسِ يَسْتَوْفُونَ ﴿٢﴾ وَإِذَا كَالُوهُمْ أَو وَّزَنُوهُمْ يُخْسِرُونَ ﴿٣﴾ أَلَا يَظُنُّ أُو۟لَٰٓئِكَ أَنَّهُم مَّبْعُوثُونَ ﴿٤﴾ لِيَوْمٍ عَظِيمٍ ﴿٥﴾ يَوْمَ يَقُومُ ٱلنَّاسُ لِرَبِّ ٱلْعَٰلَمِينَ ﴿٦﴾﴾ [المطففين] ، ومن قبل هذه السورة نزلت سورة الروم، وجاء فيها قوله تعالى: ﴿وَمَآ ءَاتَيْتُم مِّن رِّبًا لِّيَرْبُوَا۟ فِىٓ أَمْوَٰلِ ٱلنَّاسِ فَلَا يَرْبُوا۟ عِندَ ٱللَّهِ ۖ وَمَآ ءَاتَيْتُم مِّن زَكَوٰةٍ تُرِيدُونَ وَجْهَ ٱللَّهِ فَأُو۟لَٰٓئِكَ هُمُ ٱلْمُضْعِفُونَ ﴿٣٩﴾﴾ [الروم].

فالربا يضعف الأموال ولا يزيدها إلا زيادة غير حقيقية، والزكاة تزيد المال زيادة ظاهرة، وحقيقية، وعندما هاجر رسول الله ﷺ توالى التشريع الإسلامي للمجتمع الجديد ينظم كل شيءٍ في حياة المسلم الاجتماعية والاقتصادية والتربوية[(2)].

وتستطيع وسائل الاتصال في الدولة الإسلامية من خلال فهم أهداف نظام الاقتصاد في الإسلام وفهم خصائصه أن تُقَدمَ برامج عن طريق كل الوسائل، منضبطة بهذه الأهداف والخصائص. وإذا انضبطت وسائل الاتصال في الدولة الإسلامية في أدائها وفقًا لهذه النظم الاجتماعية والسياسية والتربوية التعليمية والاقتصادية يكون قد تم ضبطها بالأطر الشرعية، إذ إن الشريعة الإسلامية هي مجموعة هذه النظم.

* * *

في هذا المبحث إشارات مهمة في مجال النظم الإسلامية يمكن أن تستهدي بها وسائل

(1) أحمد العسال، النظام الاقتصادي في الإسلام، الطبعة الثانية (القاهرة: مكتبة وهبة، 1992م ) ص18-31.
(2) عبد السميع المصري، معركة الاقتصاد الإسلامي، الطبعة الأولى (القاهرة: مكتبة وهبة، 1992م ) ص9-10.

الاتصال في أدائها، بأنواعها المختلفة المقروءة والمسموعة والمرئية، وإذا تم ضبط هذه الوسائل لتؤدي دورها وفقًا لأطر الشريعة فإنها ستختلف اختلافًا واضحًا عن وسائل الاتصال في غير الدولة الإسلامية، وتصير متميزة بسبب الضبط بهذه الأطر الشرعية، بالإضافة إلى الأطر العقدية التي تم مناقشتها في المبحث الأول من هذا الفصل، والأطر الأخلاقية التي سيتم مناقشتها في المبحث الثالث. وبهذا تكون الأطر التي تضبط وسائل الاتصال في الدولة الإسلامية ثلاثة.

## المبحث الثالث

## ضوابط أخلاقية

تعد الأخلاق هي الناتج والمردود الحقيقي للعقيدة والشريعة، وهي التي تميز السلوك الإنساني، ومن هنا تبرز أهميتها في ضبط مسار وسائل الاتصال، لذا يتناول هذا المبحث أهمية الأخلاق وكيفية استخدامها كمعيار لضبط حركة وسائل الاتصال في الدولة، وما يعود على المجتمع من مصلحة من خلال ذلك.

ففي هذا المبحث يتم توضيح: ما هي الأخلاق في ضوء الإسلام؟ وما هي النصوص التي وردت فيها؟ وأهمية الأخلاق في توجيه المجتمع وصياغته وضبطه.

**الخلق في اللغة العربية**: هو السجية والطبع.

**يقول الإمام الغزالي**: إن الخلق هو عبارة عن هيئة في النفس راسخة، عنها تصدر الأفعال في سهولة ويسر ومن غير حاجة إلى فكر وروية، فإن كانت الهيئة بحيث تصدر عنها الأفعال الجميلة المحمودة عقلًا وشرعًا سميت تلك الهيئة خلقًا حسنًا، وإن كان الصادر عنها الأفعال القبيحة سميت الهيئة التي هي المصدر خلقًا سيئًا. **ويقول ابن الأثير**: الخلق صورة الإنسان الباطنة، وهي نفسه وأوصافها ومعانيها، ولها أوصاف حسنة وقبيحة، والثواب والعقاب يتعلقان بأوصاف الصور الباطنة أكثر مما يتعلقان بأوصاف الصور الظاهرة، وهناك اختلاف بين الخلق والتخلق؛ فالأخلاق سجايا وطبائع، ولكن التخلق تكلف من الإنسان يحاول أن يظهر من أخلاقه خلاف ما يبطن، ومن السلف من يعد الدين هو الأخلاق الكريمة ويعد الأخلاق الكريمة هي الدين، ومن ثم يقول ابن عباس في تفسير قوله تعالى: ﴿وَإِنَّكَ لَعَلَىٰ خُلُقٍ عَظِيمٍ ٤﴾ [القلم] : إن المعنى: لعلى دين عظيم، لا دين أحب إليّ ولا أرضى عندي منه، وهو دين الإسلام.

**ويقول ابن القيم**: الدين كله خلق، فمن زاد عليك في الخلق زاد عليك في الدين. وقد أقبل

رجل على رسول الله ﷺ، فصار بين يديه، فقال: يا رسول الله، ما الدين؟ فأجاب رسول الله ﷺ: الخلق. فأتاه الرجل من قبل يمينه، فقال: يا رسول الله، ما الدين؟ فأجابه الرسول ﷺ ثانية: حسن الخلق. ثم أتاه الرجل من قبل شماله، وسأله: يا رسول الله، ما الدين؟ فأجابه الرسول مرة ثالثة: حسن الخلق. ثم جاءه الرجل من ورائه، وسأله: يا رسول الله، ما الدين؟ فالتفت إليه رسول الله ﷺ، وقال له: أما تفقه؟ هو ألا تغضب[1].

وهذا يتفق وما يراه علماء الأخلاق من أن الأخلاق ترجع إلى قيم ثلاثة، هي: الجمال والخير والحق. وإن الدين هو القوّام على هذه القيم والداعي إليها والحارس لها[2].

والأخلاق التي ينبغي أن تضبط الأداء في وسائل الاتصال في الدولة الإسلامية هي عبارة عن المبادئ والقواعد المنظمة للسلوك الإنساني التي يحددها الوحي لتنظيم حياة الإنسان، وتحديد علاقته بغيره على نحو يحقق الغاية من وجوده في العالم على أكمل وجه، والأخلاق نظام من العمل من أجل الحياة الخيرة وطريقة التعامل الإنساني مع الغير أيًّا كان هذا الغير ما دام كائنًا حيًّا، من حيث ما ينبغي أن يكون عليه هذا السلوك كسلوك إنساني خير تجاه الآخرين، وذلك بناء على مكانته في الكون ومسئولياته فيه التي يجب أن ينهض بها، وبناء على ما وضع له خالقه من أهداف في هذه الحياة[3].

**كما تعني الأخلاق:** القوى والسجايا النفسية الراسخة التي تصدر عنها أنماط السلوك الإنساني الخارجي من خلال إرادة حرة، وهي تمثل الصورة الباطنة للإنسان، كما أن الخلق يمثل الصورة الظاهرة وكلاهما يكون حسنًا أو قبيحًا، والأصل في الخلق أن يكون اختياريًا يكتسب بالتخلق والجهد والمثابرة على التزام التسامي، وذلك يمدح به الإنسان أو يذم ويثاب عليه أو يعاقب، بخلاف الخلق فهو فطرة مقسومة محددة لا دخل فيها ولا اختيار، ولا يتعلق بها لذاتها مدح ولا ذم ولا يترتب عليها ثواب ولا عقاب.

على أننا ننبه على أن الله تعالى قد فطر الإنسان من حيث هو على الخير، وركز في فطرته أصول الأخلاق والفضائل السامية، وركب فيه حب موافقتها، وبغض إليه مخالفتها، إلا من انتكست فطرته تحت وطأة البيئة وضلال التربية وإغواء الشيطان، والاختيار الخلقي حينئذ يكون في اتجاه الإنسان مع أصول فطرته ومقاومة عوامل التجني والتضليل المذكورة، وإلى

---

(1) نقلًا عن أحمد الشرباصي، موسوعة أخلاق القرآن، (بيروت: دار الرائد العربي، 1987) مجلد 1، ص ي.
(2) المرجع السابق، ص ي.
(3) عباس محجوب، أصول الفكر التربوي في الإسلام، الطبعة الأولى (دمشق: دار ابن كثير، 1987م) ص 45.

ذلك يشير قوله تعالى: ﴿وَنَفْسٍ وَمَا سَوَّىٰهَا ۝٧ فَأَلْهَمَهَا فُجُورَهَا وَتَقْوَىٰهَا ۝٨ قَدْ أَفْلَحَ مَن زَكَّىٰهَا ۝٩

وَقَدْ خَابَ مَن دَسَّىٰهَا ۝١٠﴾ [الشمس].

**والإلهام:** إلقاء الشيء في النفس. **والمعنى:** أفْهَم النفسَ الأمرين، وعرَّفها حالهما وما يؤدي إليه كل منهما، ومكنها من اختيار أيهما شاءت، فيفوز من تطهر من الدنايا ويخيب من طمس فطرته، **ومعنى دساها:** أخفاها بالفجور والمعاصي. والآيات الكريمة تجمع بين ما قلنا من الإلهام للإنسان بمقتضى فطرته والجهد الاختياري له في التزكية أو التدسية، وواضح أن الله تعالى يدعو إلى طريق الخير الذي وصفه بالتقوى وفلاح صاحبه، ويكرِّه الطريق الآخر بما وصفه بالفجور وخيبة صاحبه، ولو شاء منعه قهرًا ولكن حكمته اقتضت الاختيار.

ولأن أمر الترقي بالأخلاق أمر مهم كان لابد لوسائل الاتصال أن تعمل في الإطار الذي يؤدي إلى إشاعة الأخلاق الفاضلة في الخصائص الكبرى التي تميز الإنسان وتجعل له معنى أكبر من حدوده الحيوانية، وقد كانت صياغة الأخلاق في المنهاج الإلهي صياغة وفق الاعتقاد وبناء على أساس الحقيقة الكبرى للكون والحياة وغاية الجنس الإنساني ومآله ومهمة وجوده، من حيث هو خليفة الله في الأرض، يقيم فيها شريعة الله ومنهاجه. وبين القرآن الكريم مهمة الأخلاق الخطيرة مع الإنسان منذ النشأة الأولى؛ حيث ذكر توبة آدم والانكسار بين يدي مولاه، فقال هو وزوجته: ﴿رَبَّنَا ظَلَمْنَآ أَنفُسَنَا وَإِن لَّمْ تَغْفِرْ لَنَا وَتَرْحَمْنَا لَنَكُونَنَّ مِنَ ٱلْخَـٰسِرِينَ ۝٢٣﴾ [الأعراف]، فكان لهما في ذلك النجاة والقبول[1].

والمطلوب من وسائل الاتصال في الدولة الإسلامية أن تعمل جادة، وأن تركز على تربية المجتمع على الأخلاق الإسلامية، وهذا هو منهج القرآن والوحي.

لقد ركز الوحي نصف مدة نزوله على تربية الأمة الإسلامية على العقيدة والأخلاق، وشاد نظام الدولة على هذا الأساس المتين.. وتربت الأمة المسلمة الأولى على العقيدة والأخلاق، ولم تكن الصلاة عرفت بعد كفريضة، ولا الزكاة ولا الحج ولا الجهاد.

واستطاعت هذه الأمة بعد ذلك أن تهزم أعظم إمبراطوريتين على وجه الأرض، وأن تقيم على أنقاض حضارتهما أكبر حضارة عرفها التاريخ. جاء في القرآن قول الله لرسوله: ﴿وَإِنَّكَ لَعَلَىٰ خُلُقٍ عَظِيمٍ ۝٤﴾ [القلم] مع قوله تعالى للمؤمنين: ﴿لَّقَدْ كَانَ لَكُمْ فِى رَسُولِ ٱللَّهِ أُسْوَةٌ حَسَنَةٌ

---

(1) عبدالستار فتح الله سعيد، المنهاج القرآني في التشريع، الطبعة الأولى، (دار الطباعة والنشر الإسلامية، 1992) ص48-49.

﴿لِّمَن كَانَ يَرۡجُواْ ٱللَّهَ وَٱلۡيَوۡمَ ٱلۡأٓخِرَ وَذَكَرَ ٱللَّهَ كَثِيرٗا ٢١﴾ [الأحزاب]. وجاء في الحديث: (إنما بعثت لأتمم مكارم الأخلاق) (السنن الكبرى للبيهقي:20571).

وجاء في الحديث كذلك: (من شيء يوضع في الميزان أثقل من حسن الخلق، وإن صاحب حسن الخلق ليبلغ به درجة صاحب الصوم والصلاة) (الترمذي:2003).

لقد كانت أخلاق رسول الله ﷺ هي الترجمة العملية للقرآن، حتى أن السيدة عائشة رضي الله عنها قالت: (كان خلقه القرآن) (مسند أحمد: 25855)، وكان رسول الله ﷺ وأصحابه مُثُلًا قرآنية تتحرك، فتحوا القلوب بما لم تفتحه السيوف، ودخلت قارتان الإسلام بأخلاق المسلمين الذين كانوا ينتقلون خلالهما للتجارة دون أن تراق الدماء[1]. وواضح من ذلك أن الذين كانوا يقومون بالاتصال بهذه الشعوب كانوا منضبطين بالأخلاق الإسلامية، وهو منهج يجب أن تستفيد منه وسائل الاتصال في الدولة الإسلامية المعاصرة، حتى تكسب أنصارًا للإسلام، وتربي أفراد المجتمع على الأخلاق الإسلامية من خلال ما يراه الإنسان ويشاهده ويقرأه.

نجد وسائل الاتصال بمختلف أنواعها تشملها الأخلاق الإسلامية؛ إذ إن الأخلاق في الإسلام لم تدع جانبًا من جوانب الحياة الإنسانية -روحية أو جسمية، دينية أو دنيوية، عقلية أو عاطفية، فردية أو جماعية- إلا رسمت له المنهج الأمثل للسلوك الرفيع. فما فرقه الناس في مجال الأخلاق باسم الدين وباسم الفلسفة وباسم العرف أو المجتمع قد ضمه القانون الأخلاقي في الإسلام في تناسق وتكامل وزاد عليه كما يلي:

1- أن من أخلاق الإسلام ما يتعلق بالفرد في كافة نواحيه:

أ- جسمًا له ضروراته وحاجاته، بمثل قوله تعالى: ﴿يَٰبَنِيٓ ءَادَمَ خُذُواْ زِينَتَكُمۡ عِندَ كُلِّ مَسۡجِدٖ وَكُلُواْ وَٱشۡرَبُواْ وَلَا تُسۡرِفُوٓاْۚ إِنَّهُۥ لَا يُحِبُّ ٱلۡمُسۡرِفِينَ ٣١﴾ [الأعراف]، وقول رسول الله ﷺ: (إن لبدنك عليك حقًا) (2).

ب- وعقلًا له مواهبه وآفاقه: يقول الحق سبحانه: ﴿قُلِ ٱنظُرُواْ مَاذَا فِي ٱلسَّمَٰوَٰتِ وَٱلۡأَرۡضِۚ﴾ [يونس:101]، ﴿قُلۡ إِنَّمَآ أَعِظُكُم بِوَٰحِدَةٍۖ أَن تَقُومُواْ لِلَّهِ مَثۡنَىٰ وَفُرَٰدَىٰ ثُمَّ تَتَفَكَّرُواْۚ مَا بِصَاحِبِكُم مِّن جِنَّةٍۚ إِنۡ هُوَ إِلَّا نَذِيرٞ لَّكُم بَيۡنَ يَدَيۡ عَذَابٖ شَدِيدٖ ٤٦﴾ [سبأ].

(1) على جريشة، المشروعية الإسلامية العليا (المنصورة: دار الوفاء، بدون تاريخ) ص 61.
(2) علي بن أبي بكر الهيثمي، مجمع الزوائد، الجزء السابع (القاهرة: دار الكتاب العربي، 1407هـ) ص 239.

2- ومن أخلاق الإسلام ما يتعلق بالأسرة:

أ- كالعلاقة بين الزوجين: ﴿يَٰأَيُّهَا الَّذِينَ ءَامَنُوا لَا يَحِلُّ لَكُمْ أَن تَرِثُوا النِّسَاءَ كَرْهًا وَلَا تَعْضُلُوهُنَّ لِتَذْهَبُوا بِبَعْضِ مَا ءَاتَيْتُمُوهُنَّ إِلَّا أَن يَأْتِينَ بِفَٰحِشَةٍ مُّبَيِّنَةٍ وَعَاشِرُوهُنَّ بِالْمَعْرُوفِ فَإِن كَرِهْتُمُوهُنَّ فَعَسَىٰ أَن تَكْرَهُوا شَيْئًا وَيَجْعَلَ اللَّهُ فِيهِ خَيْرًا كَثِيرًا ﴿١٩﴾﴾ [النساء].

ب- وكالعلاقة بين الأبوين والأولاد: ﴿وَوَصَّيْنَا الْإِنسَٰنَ بِوَٰلِدَيْهِ إِحْسَٰنًا حَمَلَتْهُ أُمُّهُ كَرْهًا وَوَضَعَتْهُ كَرْهًا وَحَمْلُهُ وَفِصَٰلُهُ ثَلَٰثُونَ شَهْرًا حَتَّىٰ إِذَا بَلَغَ أَشُدَّهُ وَبَلَغَ أَرْبَعِينَ سَنَةً قَالَ رَبِّ أَوْزِعْنِي أَنْ أَشْكُرَ نِعْمَتَكَ الَّتِي أَنْعَمْتَ عَلَيَّ وَعَلَىٰ وَٰلِدَيَّ وَأَنْ أَعْمَلَ صَٰلِحًا تَرْضَٰهُ وَأَصْلِحْ لِي فِي ذُرِّيَّتِي إِنِّي تُبْتُ إِلَيْكَ وَإِنِّي مِنَ الْمُسْلِمِينَ ﴿١٥﴾﴾ [الأحقاف] ، ﴿وَلَا تَقْتُلُوا أَوْلَٰدَكُمْ خَشْيَةَ إِمْلَٰقٍ نَّحْنُ نَرْزُقُهُمْ وَإِيَّاكُمْ إِنَّ قَتْلَهُمْ كَانَ خِطْئًا كَبِيرًا ﴿٣١﴾﴾ [الإسراء].

ج- والعلاقة بين الأقارب والأرحام: ﴿إِنَّ اللَّهَ يَأْمُرُ بِالْعَدْلِ وَالْإِحْسَٰنِ وَإِيتَآئِ ذِي الْقُرْبَىٰ وَيَنْهَىٰ عَنِ الْفَحْشَآءِ وَالْمُنكَرِ وَالْبَغْيِ يَعِظُكُمْ لَعَلَّكُمْ تَذَكَّرُونَ ﴿٩٠﴾﴾ [النحل]، ﴿وَءَاتِ ذَا الْقُرْبَىٰ حَقَّهُ وَالْمِسْكِينَ وَابْنَ السَّبِيلِ وَلَا تُبَذِّرْ تَبْذِيرًا ﴿٢٦﴾﴾ [الإسراء].

3- ومن أخلاق الإسلام ما يتعلق بالمجتمع:

أ- في آدابه ومجاملاته: ﴿يَٰأَيُّهَا الَّذِينَ ءَامَنُوا لَا تَدْخُلُوا بُيُوتًا غَيْرَ بُيُوتِكُمْ حَتَّىٰ تَسْتَأْنِسُوا وَتُسَلِّمُوا عَلَىٰ أَهْلِهَا ذَٰلِكُمْ خَيْرٌ لَّكُمْ لَعَلَّكُمْ تَذَكَّرُونَ ﴿٢٧﴾﴾ [النور].

ب- وفي اقتصاده ومعاملاته: ﴿وَيْلٌ لِّلْمُطَفِّفِينَ ﴿١﴾ الَّذِينَ إِذَا اكْتَالُوا عَلَى النَّاسِ يَسْتَوْفُونَ ﴿٢﴾ وَإِذَا كَالُوهُمْ أَو وَّزَنُوهُمْ يُخْسِرُونَ ﴿٣﴾﴾ [المطففين]، ﴿وَإِن كُنتُمْ عَلَىٰ سَفَرٍ وَلَمْ تَجِدُوا كَاتِبًا فَرِهَٰنٌ مَّقْبُوضَةٌ فَإِنْ أَمِنَ بَعْضُكُم بَعْضًا فَلْيُؤَدِّ الَّذِي اؤْتُمِنَ أَمَٰنَتَهُ وَلْيَتَّقِ اللَّهَ رَبَّهُ وَلَا تَكْتُمُوا الشَّهَٰدَةَ وَمَن يَكْتُمْهَا فَإِنَّهُ ءَاثِمٌ قَلْبُهُ وَاللَّهُ بِمَا تَعْمَلُونَ عَلِيمٌ ﴿٢٨٣﴾﴾ [البقرة] .

ج- وفي سياسته وحكمه: ﴿إِنَّ اللَّهَ يَأْمُرُكُمْ أَن تُؤَدُّوا الْأَمَٰنَٰتِ إِلَىٰ أَهْلِهَا وَإِذَا حَكَمْتُم بَيْنَ النَّاسِ أَن تَحْكُمُوا بِالْعَدْلِ إِنَّ اللَّهَ نِعِمَّا يَعِظُكُم بِهِ إِنَّ اللَّهَ كَانَ سَمِيعًا بَصِيرًا ﴿٥٨﴾﴾ [النساء].

4- ومن أخلاق الإسلام ما يتعلق بغير العقلاء؛ من الحيوان والطير، كما في الحديث: (اتقوا الله في هذه البهائم المعجمة فاركبوها صالحة وكلوها صالحة) (أبو داود:2550)، وفي الحديث: (في كل كبد رطبة أجر) (2234).

5- من أخلاق الإسلام ما يتعلق بالكون من حيث إنه مجال التأمل والاعتبار والنظر والتفكر والاستدلال، بما فيه من إبداع وإتقان على وجود مبدعه وقدرته على علمه وحكمته، كما قال تعالى: ﴿إِنَّ فِي خَلْقِ السَّمَاوَاتِ وَالْأَرْضِ وَاخْتِلَافِ اللَّيْلِ وَالنَّهَارِ لَآيَاتٍ لِأُولِي الْأَلْبَابِ ﴿١٩٠﴾ الَّذِينَ يَذْكُرُونَ اللَّهَ قِيَامًا وَقُعُودًا وَعَلَىٰ جُنُوبِهِمْ وَيَتَفَكَّرُونَ فِي خَلْقِ السَّمَاوَاتِ وَالْأَرْضِ رَبَّنَا مَا خَلَقْتَ هَٰذَا بَاطِلًا سُبْحَانَكَ فَقِنَا عَذَابَ النَّارِ ﴿١٩١﴾﴾ [آل عمران]. ومن حيث إنه مجالٌ للانتفاع والاستمتاع بما أودع فيه من خيرات وما بث فيه من قوى مسخرة لمنفعة الإنسان وما أسبغ فيه من نعم تستوجب الشكر لواهبها والمنعم بها. كما قال تعالى: ﴿أَلَمْ تَرَوْا أَنَّ اللَّهَ سَخَّرَ لَكُمْ مَا فِي السَّمَاوَاتِ وَمَا فِي الْأَرْضِ وَأَسْبَغَ عَلَيْكُمْ نِعَمَهُ ظَاهِرَةً وَبَاطِنَةً ۗ وَمِنَ النَّاسِ مَنْ يُجَادِلُ فِي اللَّهِ بِغَيْرِ عِلْمٍ وَلَا هُدًى وَلَا كِتَابٍ مُنِيرٍ ﴿٢٠﴾﴾ [لقمان]، ﴿يَا أَيُّهَا الَّذِينَ آمَنُوا كُلُوا مِنْ طَيِّبَاتِ مَا رَزَقْنَاكُمْ وَاشْكُرُوا لِلَّهِ إِنْ كُنْتُمْ إِيَّاهُ تَعْبُدُونَ ﴿١٧٢﴾﴾ [البقرة].

6- وقبل ذلك كله وفوق ذلك كله ما يتعلق بحق الخالق العظيم الذي منه كل النعم وله كل الحمد: ﴿الْحَمْدُ لِلَّهِ رَبِّ الْعَالَمِينَ ﴿٢﴾ الرَّحْمَٰنِ الرَّحِيمِ ﴿٣﴾ مَالِكِ يَوْمِ الدِّينِ ﴿٤﴾ إِيَّاكَ نَعْبُدُ وَإِيَّاكَ نَسْتَعِينُ ﴿٥﴾ اهْدِنَا الصِّرَاطَ الْمُسْتَقِيمَ ﴿٦﴾﴾ [الفاتحة].

فهو وحده المستحق بأن يحمد الحمد كله وأن ترجى رحمته الواسعة وأن يخشى عقابه العادل يوم الجزاء، وهو وحده الذي يستحق أن يعبد ويستعان، وأن تطلب منه الهداية إلى الصراط المستقيم، وبهذا يتجلى شمول الأخلاق الإسلامية من حيث موضوعها ومحتواها، ولكن الشمول في الأخلاق الإسلامية يبدو كذلك إذا نظرنا إلى فلسفتها ومصدر الإلزام بها، لقد شاء الله للإسلام أن يكون الرسالة العامة الخالدة؛ فهو هداية الله للناس كافة -كل الأمم وكل الطبقات، وكل الأفراد، وكل الأجيال- والناس تختلف مواهبهم وطاقاتهم الروحية والعقلية والوجدانية، وتتفاوت مطامحهم وآمالهم ودرجات اهتمامهم وطاقاتهم الروحية والعقلية والوجدانية، ولهذا جمعت الفكرة الأخلاقية وتفسيرها لمصدر الإلزام الخلقي، فلم يكن كل ما قالته هذه المذاهب والنظريات باطلًا كما لم يكن كله حقًّا، وإنما كان عيب كل نظرية أنها نظرت من زاوية وأغفلت أخرى، وهو أمر لازم لتفكير البشر الذي يستحيل عليه أن ينظر في قضية نظرًا يستوعب كل الأزمنة والأمكنة، فلا غرو إذا كانت نظرة الإسلام جامعة محيطة مستوعبة لأنها ليست نظرة بشر بل وحي من أحاط بكل شيء علمًا وأحصى كل شيء عددًا، لهذا أودع الله في هذا الدين ما يشبع كل نهمة معتدل وما يقنع كل ذي وجه ويلائم كل تطور، فمن كان مثاليًّا ينزع إلى الخير لذات الخير وجد في أخلاقية الإسلام ما يرضي

مثاليته، ومن كان يؤمن بمقياس السعادة وجد في الفكرة الإسلامية ما يحقق سعادته وسعادة المجموع معه، ومن كان يؤمن بمقياس المنفعة فردية كانت أو جماعية وجد في الإسلام ما يرضي منفعته، ومن كان يؤمن بالترقي إلى الكمال وجد فيه ما يحقق طلبه، ومن كان همه التكيف مع المجتمع وجد فيه ما يلائم اجتماعياته، حتى الذي يؤمن بأهمية اللذة الحسية يستطيع أن يجدها في ما أعد الله للمؤمنين في الجنة من نعيم مادي وحسي: ﴿يُطَافُ عَلَيْهِم بِصِحَافٍ مِّن ذَهَبٍ وَأَكْوَابٍ وَفِيهَا مَا تَشْتَهِيهِ الْأَنفُسُ وَتَلَذُّ الْأَعْيُنُ وَأَنتُمْ فِيهَا خَالِدُونَ (٧١)﴾ [الزُّخرُف].

هذا الشمول في الأخلاق الذي يتمتع به الإسلام يجب على وسائل الاتصال أن تبرزه وعلى القائمين على هذه الوسائل معرفة هذا الشمول في محاوره المختلفة حتى يستطيعوا أن يحموا المجتمع من الأخلاق السيئة التي تقعد بالمجتمع ولا يستطيع أن يؤدي مهامه وفق المبادئ الإسلامية.

وإذا التزمت وسائل الاتصال في عرضها هذا الشمول على في مجال الأخلاق سوف تحقق الانضباط المرجو على ضوء الإسلام[1].

والإسلام كما جاءت الأخلاق فيه شاملة كانت واقعية؛ إذ إن الإسلام جاء بالأخلاق الواقعية التي راعت الطاقة المتوسطة المقدورة لجماهير الناس فاعترفت بالضعف البشري والدوافع البشرية والحاجات البشرية والنفسية.

أ - لم يوجب الإسلام على من يريد الدخول فيه أن يتخلى عن ثروته وأمور معيشته كما يحكي الإنجيل عن المسيح أنه قال لمن أراد اتباعه: دع مالك واتبعني. فلم قال القرآن ما قال الإنجيل بل راعى الإسلام حاجة الفرد والمجتمع إلى المال، واعتبره قوامًا للحياة وأمر بتنميته والمحافظة عليه، وامتن القرآن بنعمة الغني والمال في غير موضع، قال الله تعالى: ﴿وَوَجَدَكَ عَائِلًا فَأَغْنَىٰ (٨)﴾ [الضُّحى].

وقال رسول الله ﷺ: (ما نفعني مال قط ما نفعني مال أبي بكر) (الترمذي:94).

وقال لعمر بن العاص: (نعم المال الصالح للمرء الصالح) (مسند أحمد:17798).

ب- لم يجيء في القرآن ولا السنة ما جاء في الإنجيل من قول المسيح أحبوا أعداءكم... باركوا لأعنيكم ...من ضربك على خدك الأيمن فأدر له الأيسر... ومن سرق

(1) يوسف القرضاوي، الخصائص العامة للإسلام، مرجع سابق، ص 117-121.

قميصك فأعطه إزارك[1].

قد يجوز هذا في مرحلة محدودة ولعلاج ظرف خاص، ولكنه لا يصلح توجيهًا عامًا خالدًا لكل زمان ولكل الناس في كل عصر، وفي كل بيئة وفي كل حال؛ فإن مطالبة الإنسان العادي بمحبة عدوه ومباركة لاعنه، قد يكون فوق ما يحتمله؛ لذا اكتفى الإسلام بمطالبته بالعدل مع عدوه: ﴿ يَٰٓأَيُّهَا ٱلَّذِينَ ءَامَنُواْ كُونُواْ قَوَّٰمِينَ لِلَّهِ شُهَدَآءَ بِٱلْقِسْطِۖ وَلَا يَجْرِمَنَّكُمْ شَنَـَٔانُ قَوْمٍ عَلَىٰٓ أَلَّا تَعْدِلُواْۚ ٱعْدِلُواْ هُوَ أَقْرَبُ لِلتَّقْوَىٰۖ وَٱتَّقُواْ ٱللَّهَۚ إِنَّ ٱللَّهَ خَبِيرٌۢ بِمَا تَعْمَلُونَ ٨ ﴾ [المائدة:8] .

ولقد تجلت واقعية الإسلام حين شرع مقابلة السيئة بمثلها بلا حيف ولا عدوان، فأقر بذلك مرتبة العدل ودرء العدوان، ولكنه حث على العفو والصبر والمغفرة للمسيء على أن يكون ذلك مكرمة يرغب فيها لا فريضة يلزم بها وهذا واضح في مثل قوله تعالى: ﴿ وَجَزَٰٓؤُاْ سَيِّئَةٖ سَيِّئَةٞ مِّثْلُهَاۖ فَمَنْ عَفَا وَأَصْلَحَ فَأَجْرُهُۥ عَلَى ٱللَّهِۚ إِنَّهُۥ لَا يُحِبُّ ٱلظَّٰلِمِينَ ٤٠ ﴾ [الشورى].

وقال تعالى: ﴿ وَإِنْ عَاقَبْتُمْ فَعَاقِبُواْ بِمِثْلِ مَا عُوقِبْتُم بِهِۦۖ وَلَئِن صَبَرْتُمْ لَهُوَ خَيْرٞ لِّلصَّٰبِرِينَ ١٢٦ ﴾ [النحل].

ج- ومن واقعية الأخلاق الإسلامية أنها أقرت التفاوت الفطري والعلمي بين الناس، فليس كل الناس في درجة واحدة؛ من حيث قوة الإيمان والالتزام بما أمر الله به من أوامر والانتهاء عما نهى عنه من نواهي والتقيد بالمثل العليا، فهناك مرتبة الإيمان ومرتبة الإحسان (وهي أعلاهن).

وهناك الظالم لنفسه والمقتصد والسابق، كما أرشد إلى ذلك القرآن الكريم، وإلى هؤلاء يشير قوله تعالى في سورة فاطر: ﴿ ثُمَّ أَوْرَثْنَا ٱلْكِتَٰبَ ٱلَّذِينَ ٱصْطَفَيْنَا مِنْ عِبَادِنَاۖ فَمِنْهُمْ ظَالِمٞ لِّنَفْسِهِۦ وَمِنْهُم مُّقْتَصِدٞ وَمِنْهُمْ سَابِقُۢ بِٱلْخَيْرَٰتِ بِإِذْنِ ٱللَّهِۚ ذَٰلِكَ هُوَ ٱلْفَضْلُ ٱلْكَبِيرُ ٣٢ ﴾ [فاطر] .

فالآية الكريمة تجمل هؤلاء الأصناف الثلاثة على تفاوت مراتبهم من الأمة التي اصطفاها الله من عباده وأورثها الكتاب.

د- ومما يكمل هذا المعنى: أن الأخلاق الإسلامية لم تفترض في أهل التقوى أن يكونوا

---

(1) المرجع السابق، ص 165.

براء من كل عيب معصومين من كل ذنب كأنما هم ملائكة أولو أجنحة، بل قدرت أن الإنسان مكون من طين وروح، فإذا كانت الروح تعلو به تارة فإن الطين يهبط به طورًا. ومزية المتقين إنما هي في التوبة والرجوع إلى الله، كما وصفهم الله تعالى بقوله: ﴿وَٱلَّذِينَ إِذَا فَعَلُوا۟ فَٰحِشَةً أَوْ ظَلَمُوٓا۟ أَنفُسَهُمْ ذَكَرُوا۟ ٱللَّهَ فَٱسْتَغْفَرُوا۟ لِذُنُوبِهِمْ وَمَن يَغْفِرُ ٱلذُّنُوبَ إِلَّا ٱللَّهُ وَلَمْ يُصِرُّوا۟ عَلَىٰ مَا فَعَلُوا۟ وَهُمْ يَعْلَمُونَ ﴿١٣٥﴾﴾ [آل عمران].

ومن واقعية الأخلاق الإسلامية أنها راعت الظروف الاستثنائية كالحرب؛ فأباحت من أجلها ما يباح في ظروف السلم؛ كهدم المباني وتحريق الأشجار ونحوه، ومثل الكذب لتضليل العدو عن حقيقة الجيش الإسلامي وعدده، وعتاده وخططه، فإن الحرب -كما جاء في الحديث- خدعة [1].

وبما أن الأخلاق في الإسلام أخلاق واقعية قابلة للتطبيق كان لابد لوسائل الاتصال في الدولة الإسلامية الالتزام بالمنهج الأخلاقي الإسلامي، والأخلاق كما تقدم شاملة لكل نواحي الحياة، مما يجعل لوسائل الاتصال مادة متنوعة تعالج من خلال هذه المادة كل البرامج من منظور أخلاقي إسلامي.

ولم تقتصر الأخلاق الإسلامية التي تدعو لها الدولة الإسلامية من خلال وسائل الاتصال على الحياة الإنسانية الظاهرة والباطنة والفردية والجماعية، الداخلية والخارجية والمحلية والعالمية، بل أضافت لها بعدًا جديدًا وخطيرًا تمثل في إقامة دولة عالمية على أساس أخلاقي متين، فكان شيئًا فريدًا في نوعه أن يستوي الحاكم والمحكوم، وأن يقتص الحاكم من نفسه لأدنى رعاياه، وأن يعفّ عن أموال الدولة حتى يصل درجة الجوع والاستدانة، وأن يحرم الغدر ولو بالأعداء، وتحترم المعاهدات معهم حتى ينبذ إليهم على سواء، وغير ذلك كثير مما لم يكن للدولة به عهد ولا اعتبار، وربما كان لديهم مبادئ نظرية في هذا لكنها لم ترق إلى مواقع التنفيذ، فضلًا عن أن يصبح واقعًا عمليًا لحياة الناس الواسعة المتقلبة، ومن هنا ندرك معنى قوله ﷺ: (إنما بعثت لأتمم مكارم الأخلاق) (السنن الكبرى للبيهقي: 20571).

ذلك لأن الأخلاق من قبله لم تظفر بهذا التأسيس النظري والتطبيق العملي مع مدها إلى آفاق شاسعة من الحياة وأرجاء واسعة من الأرض، حتى أصبح للأخلاق ثقلها العظيم في الناس بعد أن كانت تتوارى، وغدت للدولة أخلاق ردت للإنسان معنى إنسانيته فيه، بعد أن

---

(1) يوسف القرضاوي، الخصائص العامة للإسلام، مرجع سابق، ص 165- 168.

جردته الجاهليات وأضاليلها من خير معانيه وجماع الأخلاق الإسلامية يعود إلى أمرين، هما: (الخير والحق). وينبغي لوسائل الاتصال في الدولة الإسلامية الاهتمام بها. ولم يترك الله تعالى شيئًا من خلال الحق وخصال الخير إلا قرره وأكده، وبغض للناس نقيضه وأنذر من فعله [1].

ووسائل الاتصال في الدولة الإسلامية عندما يتم ضبطها بالأخلاق الإسلامية فهي تحقق أهداف عليا، وهي الأهداف التي هدفت لها الرسالات السماوية نفسها، إذ إن هدف الرسالات السماوية كلها هدف أخلاقي لأنها تستهدف إرشاد الإنسان إلى طريق الخير وإبعاده عن الشر في الدنيا وسوء العاقبة في الآخرة، وهذا هو موضوع الأخلاق.

ولهذا قال رسول الله ﷺ: (الدين حسن الخلق).

وكانت عائشة -رضي الله عنها - تفهم هذا المعنى من الدين الإسلامي، ولهذا فهي عندما سئلت عن أخلاق النبي ﷺ قالت: (كان خلقه القرآن).

ويؤيد ذلك قول الرسول ﷺ: (لأن أحسن الناس خلقًا أحسنهم دينًا) [2]. وقوله كذلك: (ما من شيء أثقل في الميزان من حسن الخلق) وروي أنه قال: (حسن الخلق خلق الله الأعظم) [3].

وعندما سئل رسول الله ﷺ: أي الإسلام أفضل قال: (من سلم المسلمون من لسانه ويده) (البخاري:10). وقال تعالى: ﴿ وَإِنَّكَ لَعَلَىٰ خُلُقٍ عَظِيمٍ ﴾ [القلم] أي: على دين فيه أخلاق عظيمة، ولأن الدين عبارة عن واجبات نحو المخلوقات الحية الأخرى، وإذا علمنا أن الله لم يصف أحدًا من أنبيائه بالخلق العظيم وإنما وصفهم بأوصاف مثل رشيد وصالح وحليم علمنا السر في أهمية الأخلاق.

وللرسالة الإسلامية غايات، ومن هذه الغايات والتي تريد الرسالة الإسلامية تحقيقها الغاية الإنسانية السامية، وهي أن يكون للإنسان خلق كريم وسلوك نظيف يليق بكرامة الإنسان ويتفق مع ما خلق له من خلافة عن الله في الأرض، وهذه هي الغاية التي حاولها الفلاسفة والعلماء والمصلحون عبر قرون مضت ولم يبلغوا منها شأوا ولم يصلوا إلى تحقيق هذا

---

(1) عبدالستار فتح الله سعيد، المنهاج القرآني في التشريع، مرجع سابق، ص 408- 409.
(2) محمد بن عيسى الترمذي، سنن الترمذي، الجزء 4، ص 362.
(3) أبوالقاسم سليمان بن أحمد الطبراني، المعجم الأوسط الجزء الثامن (القاهرة: دار الحرمين، 1415هـ ص 184).

الأمل المنشود، وجعلها الإسلام غاية وحرص على تحقيق هـذه الغايـة الخلقيـة النبيلـة لإيجـاد عنـاصر قوية وأفرادًا صالحين كي يستطيعوا أن يسهموا بقلوبهم وعقولهم في ترقية الحيـاة وإعلائهـا وليكونـوا أهـلًا لجوار اللـه ورضوانه فيما وراء هذه الحياة.

إن المثل الأعلى للأفراد هو الشرف والنزاهة والاستعلاء على الهوى وعرفان الحق والصواب والاستمساك بأهداب الفضيلة، والاندماج في جو روحي خالص بعيد عن نقـائص المـادة وشـوائب الـروح والمثـل الأعـلى للجماعة هو التعاون والإثار والنصيحة وإنكار الذات والمحبة والمودة والصدق والإخلاص والأمانة والتسامح وسلامة الصدر.

فإذا سارت وسائل الاتصال وفق الأطر الأخلاقية التي جاء بها الإسـلام فإنهـا بترسـيخ الأخـلاق الإسـلامية تصل بالإنسان إلى الكمال المتمثل في:

1- تفجير طاقات الإنسان كلها في طريقها الصحيح؛ العملية، والعقلية والروحية، والنفسية والجسـدية، فلا تبقى طاقة معطلة، فيصبح العلم فريضة والتفكير فريضة والصفاء الروحي فريضة، والأخـلاق اكتسـابها والتحقق بها فريضة، وتدريب الجسم فريضة، والزواج في الإسلام أفضل من التفرغ للعبادة كما نـص عليـه فقهاء الحنفية.

2- أن كثيرًا من أخلاق النفس الإنسانية تموت لعدم استعمالها وتنميتها، أما في الإسلام فـلا يبقـى خلـق للنفس إلا وقد نما من الحنان إلى الكرم إلى الحلم إلى الهداية إلى الرحمة إلى اللطف، وما من خلـق للـنفس إلا نما التنمية الصحيحة السليمة.

3- أن كثيرًا من الظواهر المرَضِية تنمو عند الكافرين، كالحسد والغل والحقـد والكبر والتعـالي. أمـا في الإسلام فإن هذه الظواهر تجتث اجتثاثًا.

4- أن بالأخلاق الإسلامية وحدها يحقق الإنسـان حكمـة وجـوده ويعـثر بهـا عـلى ملحـه الصـحيح في الوجود، وهو سيد الكون عند اللـه.

5- أن الأخلاق الإسلامية وحدها هي التي تجعل الإنسان يؤدي إلى كل ذي حق حقـه -حيوانًـا كـان أو إنسانًا أو جمادًا أو نباتًا- فضلًا عن قيامه بحقوق رب العالمين.

وبهذا يكون المسلم وحده هو الإنسان في وضعه السـليم الصـحيح، ومـا عـداه فـلا نطلـق عليـه صـفة الإنسان إلا تجاوزًا.

إن اللـه قد خلق رسوله مستجمعًا لكل الكمالات الإنسانية التي لا يبقى معها مزيدًا

لمستزيد، فإذا ما فرض اللـه على كل مسلم ومسلمة الاقتداء برسول اللـه ﷺ فشيء عادي الآن أن يكون المسلم الحق مستجمعًا من الكمال ما لا يستجمعه أحد [1].

وتستطيع وسائل الاتصال في الدولة الإسلامية أن تصل بالإنسان إلى الكمال في مجال الأخلاق، وأن تعلـن أن رسول اللـه ﷺ كمثل أعلى كملت أخلاقه، وأن تقود وسائل الاتصال أفراد المجتمع في الدولة الإسلامية حتى تقنعهم بأن يجعلوا الرسول ﷺ أسوتهم في مكارم الأخلاق، ذلك أن الرسول ﷺ هو الذي استجمع كل الكمالات البشرية لاسيما في الأخلاق، والأخلاق التي ينبغي أن تضبط وسائل الاتصال في الدولة الإسلامية هي نظام من العمل من أجل الحياة الخيرة وطريقة التعامل الإنساني مع الغير أيًّا كان هذا الغير مادام كائنًا حيًّا، من حيث ما ينبغي أن يكون عليه هذا السلوك إنساني من الخير تجاه الآخرين، وذلك بناء على مكانته في الكون ومسئولياته فيه، والتي يجب أن ينهض بها، وبناء على ما وضع له خالقه من أهداف في هذه الحياة. والسلوك الأخلاقي في الإسلام يمثل روح الإسلام وحقيقته ونظامه.

**وتتميز الأخلاق الإسلامية عما عرفته البشرية في الماضي والحاضر بخاصيتين:**

**الأولى:** أن الأخلاق الإسلامية وحي من اللـه سبحانه وتعالى، والمسلم مطالب بتطبيقه والأخذ به ظاهرًا وباطنًا بحريته واختياره.

**الثانية:** أن الأخلاق الإسلامية طابعها إنساني، لا تتقيد بحدود الزمان والمكان، وهي أخلاق صالحة للبشرية مادامت على الأرض، وأن طابعها الثبات وعدم التحول أو التبدل، لأنها أيضًا إلهية مستمرة فيها صلاح العباد [2].

فما أحوج وسائل الاتصال في الدولة الإسلامية إلى أن تنضبط بالضوابط الأخلاقية الإسلامية، وهي تحمل هذه الميزات وتنفرد بها عن غيرها من المذاهب، فلابد لهذه الوسائل أن تدعو للخير كميزة، وهي أسمى الغايات وأنبل المقاصد، ولابد أيضًا أن يحرص الإنسان على الخير ويسارع إليه.

والإنسان يسمو بالدعوة إلى الخير ويتشبه بالملائكة ويتخلق بأخلاق اللـه البار بعباده الرحيم بخلقه، فالله يأمر بفعل الخيرات والمسابقة إليها يقول تعالى: ﴿وَلِكُلٍّ وِجْهَةٌ هُوَ مُوَلِّيهَا فَٱسْتَبِقُوا۟ ٱلْخَيْرَٰتِ أَيْنَ مَا تَكُونُوا۟ يَأْتِ بِكُمُ ٱللَّهُ جَمِيعًا إِنَّ ٱللَّهَ عَلَىٰ كُلِّ شَىْءٍ قَدِيرٌ ١٤٨﴾ [البقرة].

إن غايات الناس مختلفة وأهدافهم شتى، فمنهم من تتحكم فيه الشهوات النفسية كالحياة

---

(1) سعيد حوى، الإسلام، الطبعة الثالثة (بيروت، دار الكتب العلمية، 1991) ص 319-319.
(2) عباس محجوب، أصول الفكر التربوي الإسلامي، مرجع سابق، ص 45.

والرئاسة والعلو في الأرض، وهو ما يسمى عندهم بالكرامة والشرف، أما الإسلام فإنه يجعل وجهة المسلم متجهة إلى فعل الخير والمسابقة إليه دائمًا، وقد أكثر الله سبحانه وتعالى من الدعوة إلى الخير وجعله أحد عناصر الفلاح والفوز: ﴿يَٰٓأَيُّهَا ٱلَّذِينَ ءَامَنُواْ ٱرۡكَعُواْ وَٱسۡجُدُواْ وَٱعۡبُدُواْ رَبَّكُمۡ وَٱفۡعَلُواْ ٱلۡخَيۡرَ لَعَلَّكُمۡ تُفۡلِحُونَ ۩ ٧٧﴾ [الحج] .

وأخيرًا أنه أوحى إلى أنبيائه ورسله فعل الخيرات فقال: ﴿وَجَعَلۡنَٰهُمۡ أَئِمَّةً يَهۡدُونَ بِأَمۡرِنَا وَأَوۡحَيۡنَآ إِلَيۡهِمۡ فِعۡلَ ٱلۡخَيۡرَٰتِ وَإِقَامَ ٱلصَّلَوٰةِ وَإِيتَآءَ ٱلزَّكَوٰةِۖ وَكَانُواْ لَنَا عَٰبِدِينَ ٧٣﴾ [الأنبياء].

ومدح المسارعين إليه والحريصين عليه فقال: ﴿فَٱسۡتَجَبۡنَا لَهُۥ وَوَهَبۡنَا لَهُۥ يَحۡيَىٰ وَأَصۡلَحۡنَا لَهُۥ زَوۡجَهُۥٓۚ إِنَّهُمۡ كَانُواْ يُسَٰرِعُونَ فِي ٱلۡخَيۡرَٰتِ وَيَدۡعُونَنَا رَغَبٗا وَرَهَبٗاۖ وَكَانُواْ لَنَا خَٰشِعِينَ ٩٠﴾ [الأنبياء] .

وجعل الله جزاء الخير الجنة، فقال تعالى: ﴿وَمَا تُقَدِّمُواْ لِأَنفُسِكُم مِّنۡ خَيۡرٖ تَجِدُوهُ عِندَ ٱللَّهِ هُوَ خَيۡرٗا وَأَعۡظَمَ أَجۡرٗاۚ﴾ [المزمل:20].

وروى ابن ماجه عن سهل بن سعيد أن رسول الله ﷺ قال: (إن هذا الخير خزائن، ولتلك الخزائن مفاتيح، فطوبى (الخير الكثير) لعبد جعله الله مفتاحًا للخير مغلاقًا للشر، وويل لعبد جعله الله مفتاحًا للشر مغلاقًا للخير) (ابن ماجه:238).

ووسائل الاتصال في الدولة الإسلامية مطلوب منها أن تقوم بالعمل الذي ذكره الحديث في حق الأفراد، وأن تكون هذه الوسائل مفتاحًا لهذا الخلق الكريم الخير، والله سبحانه وتعالى يوازن بين المثل العليا والاتصاف بالمكارم، ويبين أن الفضائل أبقى وأعظم زخرًا وأجدر باهتمام الإنسان وخير له في الدنيا والآخرة.

يقول تعالى: ﴿ٱلۡمَالُ وَٱلۡبَنُونَ زِينَةُ ٱلۡحَيَوٰةِ ٱلدُّنۡيَاۖ وَٱلۡبَٰقِيَٰتُ ٱلصَّٰلِحَٰتُ خَيۡرٌ عِندَ رَبِّكَ ثَوَابٗا وَخَيۡرٌ أَمَلٗا ٤٦﴾ [الكهف] ، ويقول: ﴿فَمَآ أُوتِيتُم مِّن شَيۡءٖ فَمَتَٰعُ ٱلۡحَيَوٰةِ ٱلدُّنۡيَاۖ وَمَا عِندَ ٱللَّهِ خَيۡرٞ وَأَبۡقَىٰ لِلَّذِينَ ءَامَنُواْ وَعَلَىٰ رَبِّهِمۡ يَتَوَكَّلُونَ ٣٦﴾ [الشورى].

ومن الأخلاق التي تضبط وسائل الاتصال في الدولة الإسلامية الحياء، وأن لا تقدم وسائل الاتصال ما يتعارض مع المبادئ الإسلامي في الحياء؛ لأنه من أقوى البواعث على الاتصال بما هو حسن واجتثاث ما هو قبيح، وإذا تخلق به المرء سارع إلى مكارم الأخلاق

وبعد عن رذائل الصفات وكان سلوكه نظيفًا مهذبًا؛ فلا يكذب في القول، ولا تطاوعه نفسه في اقتراف الإثم ولا تطارده الميول الفاسدة ولا يستبد به الهوى أو تتقلب عليه نزوات الشيطان. والحياء بهذا المعنى هو الذي عناه الرسول ﷺ وهو يحض صحابته على الاستمساك به بقوله: (استح من الله استحياء رجل ذي الهيبة من أهله) [1]، والاستحياء من الله يبينه رسول الله ﷺ بقوله: (استحيوا من الله حق الحياء. قالوا: يا نبي الله، إننا لنستحيي والحمد لله. قال: ليس ذلك، ولكن الاستحياء من الله حق الحياء: أن تحفظ الرأس وما وعى، وتحفظ البطن وما حوى، وتذكر الموت والبلى، ومن أراد الآخرة ترك زينة الدنيا. فمن فعل ذلك فقد استحيا من الله حق الحياء) (الترمذي:2458).

الحديث يشير إلى أن الحياء ليس هو الانكسار الذي يعتري الإنسان من خوف ما يذم عليه ولكن يتمثل في أمور، هي:

1 - حفظ الحواس السمع والبصر واللسان من أن تأتي منكرًا أو تفعل ما تندم عليه.

2 - حفظ البطن من الشراهة وكثرة تناول الطعام، وحفظها من أكل ما حرم الله وحفظ الفرج من الزنا والفواحش.

3 - ترك ما حرم الله من زينة الدنيا.

فهذا هو الحياء الكامل، والخلق الذي يريده الله للناس، وهو الأمر الذي يجب أن تسعى وسائل الاتصال في الدولة الإسلامية إلى إشاعته والانضباط به، والإنسان إذا تحلى به يبلغ نهاية الكمال، وإذا تخلى عنه سارع إلى الشر، والحياء من خلق الإسلام؛ يقول رسول الله ﷺ: (إن لكل دين خلقًا وخلق الإسلام الحياء) (الترمذي:2458).

إن تعاليم الإسلام في الحياء يجب أن تنضبط بها وسائل الاتصال كواحدة من الضوابط الأخلاقية، ولا تعرض عنها لأن الإعراض عن هذا الخلق تنشأ عنه آثار سيئة، والملاحظ أن وسائل الاتصال في هذا العصر- أعرضت عن هذا الخلق وهذه التعاليم؛ لذا نجد تفشي- الاستهتار في المجتمع بالقيم الرفيعة والاستهانة بالتقاليد الحسنة والتحرر من الفضائل الموروثة، وانتشرت الرذائل وأخذت طريقها إلى إفساد القلوب والعقول، فمن مناظر التبرج وعرض مفاتن الجسد إلى أغاني رخيصة مبتذلة إلى كتب جنسية مثيرة إلى قصص عابثة إلى

(1) أبو الفرج عبد الرحمن بن أحمد بن رجب الحنبلي، جامع العلوم والحكم، الطبعة الأولى (بيروت: دار المعرفة، 1408هـ).

صور فاضحة على شاشات التلفزيون إلى أفلام سينمائية خليعة تغري بالفسق والفجور، وكثير من أمثال هذه النقائص التي تسلب الإنسان الحياء وتزين له الشر وتغمسه في الشهوات والآثام. في الدولة الإسلامية يقع على عاتق وسائل الاتصال وضع خطة محكمة لتطهير أفراد الدولة الإسلامية من هذه المفاسد وتخليصهم من دعاة الإباحية والتحلل[1].

مما تقدم تتضح لنا أهمية الحياء في الإسلام، وكيف أنه من الأخلاق الأساسية لتقويم مسار المجتمع، وكذلك تقويم وسائل الاتصال في الدولة الإسلامية.

بجانب خلق الخير والحياء هنالك خلق مهم ينبغي أن تنضبط به وسائل الاتصال وهي تمارس دورها في التغيير الاجتماعي في الدولة الإسلامية؛ وهو خلق الأمانة، إذ لابد لوسائل الاتصال أن تشيع خلق الأمانة في المجتمع، وأن ينضبط الأداء في وسائل الاتصال بهذا الخلق. والأمانة واحدة من المبادئ الإسلامية المهمة، قال تعالى: ﴿ إِنَّا عَرَضْنَا ٱلْأَمَانَةَ عَلَى ٱلسَّمَٰوَٰتِ وَٱلْأَرْضِ وَٱلْجِبَالِ فَأَبَيْنَ أَن يَحْمِلْنَهَا وَأَشْفَقْنَ مِنْهَا وَحَمَلَهَا ٱلْإِنسَٰنُ إِنَّهُۥ كَانَ ظَلُومًا جَهُولًا ﴿٧٢﴾ ﴾.

[الأحزاب]

الأمانة خلق إيجابي لا يستحق أن يوصف به إلا من سنحت له فرصة الخيانة فأظهر المناعة وقوة الإرادة والعفة المبنية على السمو في النفس والروح، والأمانة في المجتمع لا تكون بقوة السلطان؛ وإنما هي أخلاق يربى عليها المجتمع، ولذلك وجب على وسائل الاتصال في الدولة الإسلامية أن تقوم بتوجيه أفراد الدولة على الأمانة، وعرض مواقف وبرامج توضح أهمية الأمانة في المجتمع، وكيف أن المجتمع الذي تتوفر في أفراده الأمانة يمكن أن يكون مجتمعًا فاضلًا[2].

إن الآيات الواردة في الأخلاق وشمولها كثيرة ومثبتة في السور المكية والمدنية، وقد احتوت قواعد وتلقينات وتوجيهات أخلاقية شخصية أمرًا ونهيًا وحثًّا وتحذيرًا، لأن النظم السياسية والاقتصادية في الإسلام إنما تقوم على الأفراد، وتتأثر هذه النظم بالأفراد صلاحًا وفسادًا وقوة وضعفًا، والآيات لم تترك صغيرة ولا كبيرة من فاضل الأخلاق ورذيلها إلا وضحتها.

تجد وسائل الاتصال العديد من الأخلاق التي يمكن أن تضبط بها الأداء في مجالات شتى؛

---

(1) السيد سابق، إسلامنا، مرجع سابق، ص 156-160.
(2) عبد الغني الدقر، لمحات من الكتاب والنبوة الحكمة، 1998م، ص 29.

كالأمر بالأخلاق الحميدة مثل: الصبر، والصدق، والبر، والأمانة، والتواضع، والإخلاص، واللين، والعفو، والتسامح، والإحسان، والعفة، والاعتدال، والبذل، وقول الحق، وفعله، ونصرته، والبر بالفئات الضعيفة، وجعل الحسنى قاعدة التعامل، ودرء السيئة، والعدل والإنصاف المجردين من كل شائبة ونزوة وعاطفة، والتعاون على البر والتقوى، والدعوة إلى الخير والحق، والأمر بالمعروف والنهي عن المنكر، والتواصي بالصبر، والرحمة، والاستمتاع بالطيب الحلال في حدود الاعتدال، والطهارة في البدن والثياب، واحترام الغير، ودمه، وعرضه، وماله.

والتنفير من الأخلاق الذميمة، مثل: الجزع، والكذب، والنكث، والخيانة، وشهادة الزور، والكبر، والزهو، والنفاق، والرياء، والفظاظة، والحقد، والفحش، والإسراف، والبخل، وكتم الحق، وخذله، واضطهاد الفئات الضعيفة، ومقابلة الإحسان بالإساءة، والبغي، والأنانية، والأثرة، والانهماك في اللذات والشهوات، والتعاون على الإثم والعدوان، والأمر بالمنكر، وإشاعة الفاحشة، والعدوان على حق الغير، ودمه، وعرضه، وماله.

فتتناول هذه القيم مشيرة إليها منوهة بالأولى وفاعليتها ومنددة بالثانية ومقترفيها وزاجرة عنها، ومبينة في الوقت ذاته ما للأخلاق الفاضلة من أثر في صلاح الإنسان وسعادته وطمأنينته وصلاح الإنسانية كذلك وسعادتها وطمأنينتها، وما لأضدادها من أثر سيء في حياة الإنسان والإنسانية مما انفرد به القرآن عن سائر الكتب السماوية شمولًا وأسلوبًا [1].

* * *

(1) محمد عزه دروزة، الدستور في شئون الحياة، دار إحياء الكتب العربية، ص 513، 514.

# الفصل السابع

# صور واقعية لنظام الإعلام الإسلامي

**ويتضمن المباحث التالية:**

* * *

## المبحث الأول

## وسائل الاتصال في مكة (عهد الرسول ﷺ)

يتناول هذا المبحث: أنواع الاتصال، ووسائله التي كانت مستخدمة في مكة؛ كالاتصال الشخصي والجمعي المتمثل في ملاقاة الوفود في المواسم، وغيرها من وسائل الاتصال التي كانت مستخدمة في العهد المكي.

أولاً: الاتصال الشخصي :

الاتصال الشخصي كما هو معروف يعد من أقوى أنواع الاتصال تأثيراً؛ لأسباب عديدة، منها: أنّ الإنسان في هذا الاتصال يتكلم مباشرة إلى الشخص الذي يريد مخاطبته مما يجعل الشخص المخاطب يثق في الذي يتكلم إليه، وهذا الاتصال يتم على أساس معرفة سابقة، ويستطيع المرسل أن يعدل في رسالته حسب الانطباع الذي تتركه الرسالة على المستمع.

يؤكد هذا المعنى الدكتور إبراهيم إمام؛ حيث يرى أن الاتصال الشخصي يتم بين الجماعات الصغيرة التي يعرف فيها الناس بعضهم بعضًا، فيتناقشون ويتحدثون ويتبادلون الرأي والمشورة ويدركون انطباعات أحاديثهم على بعضهم البعض[1].

والمتتبع لأنماط الاتصال المستخدمة يجد أن رسول الله ﷺ قد جمع كل مميزات الاتصال الشخصي ورتب الأولويات في الاتصال: وكان من الطبيعي أن يعرض الإسلام على ألصق الناس به، وآل بيته وأصدقائه فدعاهم إلى الإسلام، ودعا إليه كل من توسم فيه خيراً ممن عرفهم ويعرفونه فأرشدهم إلى حب الخير والحق، وتحري الصدق والصلاح، فأجابوه ولم تخالجهم ريبة قط في عظمة الرسول ﷺ ونبل مقصده وصدق خبره، وكان في مقدمة هؤلاء

---

(1) إبراهيم إمام ، الإعلام والاتصال بالجماهير ، الطبعة الثالثة ( القاهرة ، مكتبة الأنجلو المصرية ، 1984م ) ص28 .

زوجة النبي ﷺ أم المؤمنين خديجة بنت خويلد، ومولاه زيد بن حارثة، وابن عمه علي بن أبي طالب -وكان صبيًا في كفالة الرسول ﷺ وصديقه أبو بكر الصديق، أسلم هؤلاء في أول عهد الدعوة المباركة[1] .

وقد استخدم رسول الـلـه ﷺ كل فنيات الاتصال الشخصي المؤثر المتمثل في لقائه مع زعيم قريش (عتبة بن ربيعة) وحواره الطويل معه:

روى ابن إسحاق في سيرته عن محمد بن كعب القرظي، قال: حدثني أن عتبة بن ربيعة قال يومًا وهو جالس في نادي قريش ورسول الـلـه جالس في المسجد وحده: يا معشر قريش، ألا أقوم إلى محمد فأكلمه، وأعرض عليه أمورًا لعله يقبل بعضها فنعطيه أيها شاء ويكف عنا؟ قالوا: بلى يا أبا الوليد، قم إليه فكلمه. فقام عتبة، حتى جلس إلى الرسول ﷺ فقال: يا ابن أخي، إنك منا حيث قد علمت من السّلطة في العشيرة والمكان في النسب، وإنك أتيت قومك بأمر عظيم، فرقت به جماعتهم وسفهت به أحلامهم وعبت آلهتهم ودينهم وكفرت به من مضى من آبائهم، فاسمع مني أعرض عليك أمورًا تنظر فيها لعلك تقبل منا بعضها، فقال رسول الـلـه ﷺ: (قل يا أبا الوليد، أسمع). قال عتبة: يا ابن أخي، إن كنت تريد بما جئتنا به من هذا الأمر مالًا جمعنا لك أموالنا حتى تكون أكثر مالًا، وإن كنت تريد شرفًا سودناك حتى لا نقطع أمرًا دونك، وإن كنت تريد ملكًا ملكناك علينا، وإن كان الذي يأتيك رئيًا لا تستطيع رده عن نفسك طلبنا الطب وبذلنا فيه أموالنا حتى نبرئك منه، فإنه ربما غلب التابع على الرجل حتى يداوى منه. فلما فرغ عتبة ورسول الـلـه ﷺ يسمع منه قال رسول الـلـه: (أقد فرغت يا أبا الوليد) ؟ قال: نعم. قال: فاسمع مني.

قال عتبة: أفعل. فقرأ رسول الـلـه ﷺ: بسم الـلـه الرحمن الرحيم ﴿حمٓ ﴿١﴾ تَنزِيلٌ مِّنَ ٱلرَّحْمَٰنِ ٱلرَّحِيمِ ﴿٢﴾ كِتَٰبٌ فُصِّلَتْ ءَايَٰتُهُۥ قُرْءَانًا عَرَبِيًّا لِّقَوْمٍ يَعْلَمُونَ ﴿٣﴾ بَشِيرًا وَنَذِيرًا فَأَعْرَضَ أَكْثَرُهُمْ فَهُمْ لَا يَسْمَعُونَ ﴿٤﴾﴾ [فُصِّلَت] إلى قوله تعالى: ﴿لَهُمْ أَجْرٌ غَيْرُ مَمْنُونٍ ﴿٨﴾﴾ [فُصِّلَت] ومضى رسول الـلـه ﷺ يقرؤها عليه، فلما سمعها منه عتبة أنصت لها، وألقى يديه خلف ظهره معتمدًا عليهما يستمع منه حتى انتهى رسول الـلـه إلى السجدة،

(1) صفي الدين المباركفوري، الرحيق المختوم، الطبعة الأولى (جدة: مؤسسة الطباعة والصحافة والنشر، 1980م) ص85 .

فسجد ثم قال رسول الله: (قد سمعت يا أبا الوليد فأنت وذاك).

ثم رجع عتبة إلى أصحابه من ملأ الوثنية والشرك، فلما رأوه قال بعضهم لبعض: نحلف بالله لقد جاءكم أبو الوليد بغير الوجه الذي ذهب به، فلما جلس إليهم، قالوا: ما وراءك يا أبا الوليد؟ قال: ورائي أني سمعت قولًا و الله ما سمعت مثله قط، و الله ما هو بالشعر ولا بالسحر ولا الكهانة، يا معشر قريش أطيعوني واجعلوها بي، خلو بين هذا الرجل وبين ما هو فيه فاعتزلوه، فوالله ليكونن لقوله الذي سمعت منه نبأ، فإن تصبه العرب فقد كفيتموه بغيركم، وإن يظهر على العرب فملكه ملككم وعزه عزكم، وكنتم أسعد الناس به، قالوا: سحرك يا أبا الوليد بلسانه، قال عتبة: هذا الرأي فيه، فاصنعوا ما بدا لكم[1].

**ونورد مثالًا آخر للاتصال الشخصي**، وهو ما كان بين رسول الله ﷺ وسويد بن الصامت إذ قدم مكة، وعلم رسول الله ﷺ بمقدمه إلى الله عز وجل وإلى الإسلام، فقال له سويد: لعل الذي معك مثل الذي معي! فقال رسول الله ﷺ: (ما الذي معك)؟ فقال سويد: مجلة لقمان - يعني حكمة لقمان - فقال رسول الله ﷺ بعد أن سمع من سويد ما عرضه عليه من حكمة لقمان: (إن هذا الكلام حسن، والذي معي أفضل منه؛ قرآن أنزله الله -عز وجل- عليّ، هو هدى ونور)، وقرأ عليه القرآن، ودعاه إلى الإسلام، فأحسن سويد الرد، ولم يبعد عن رسول الله ﷺ وقال: هذا قول حسن، ثم انصرف سويد عائدًا إلى قومه في يثرب، فقدم على قومه وفي نفسه ما فيها من تأثير بما سمع من القرآن الكريم ومن سَمْتِ رسول الله وسمو أدبه ومكارم أخلاقه ومحاسن دعوته، وجلال الرسالة التي جاء بها[2].

هذان نموذجان للذين اتصل عليهم رسول الله ﷺ اتصالًا شخصيًا، ولا شك أن اتصال رسول الله ﷺ قد ترك أثرًا عظيمًا فيهما، وكان لكلٍّ منهما تأثر بما سمع من رسول الله، بل إن عتبة بن ربيعة تبنى الدعوة وذهب يحاول إقناع قومه من الكفرة والمشركين، فما كان منهم إلا أن قالوا: سحرك بلسانه [3].

وقد كان الرسول ﷺ دائم الاتصال بأصحاب العقول في ذلك الزمان، وكان يتخير منهم

---

(1) محمد الصادق عرجون ، محمد رسول الله ﷺ ، الطبعة الأولى ( بيروت : دار القلم ، 1985م ) ج2، ص 186-187 .
(2) المرجع نفسه، ص374 .
(3) المرجع نفسه .

أصحاب الرجاحة والفهم، وهم الذين يطلق عليهم في الإعلام الحديث (قادة الرأي). ولقد اتصل بعدد من الرجال، وحصل منهم على ردودِ فعل إيجابية، كانت في صالح الدعوة، بل آمن بعضهم بسبب هذا الاتصال الشخصي المباشر **نذكر من هؤلاء:**

1- سويد بن الصامت من أهل يثرب.

2- إلياس بن معاذ.

3- أبو ذر الغفاري، وقد أسلم وأسلمت معه غفار.

4- الطفيل بن عمرو الدوسي، الذي أسلم ونقل ذلك إلى قبيلته فأسلمت .

5- ضماد الأزدي[1] .

ثانيًا: الاتصال الجمعي:

استخدم رسول الله ﷺ الاتصال الجمعي في لقائه بأصحابه في دار الأرقم بن أبي الأرقم وفي لقاء الوفود واتصاله على عدد من القبائل على النحو الذي نورده فيما يلي:

**أولًا: لقائه بأصحابه في دار الأرقم:**

لقد اتخذ رسول الله ﷺ من دار الأرقم بمكة مركزًا للدعوة إلى الإسلام، وذلك في طور الدعوة السري، وكانت تسمى دار الإسلام يلتقي فيها بالمسلمين الأوائل، وقد التف حوله هذا النفر يسمعون منه القرآن، ويتعلمون مبادئ الإسلام، ثم ما لبثت هذه الدار أن أصبحت محط أنظار المسلمين ومعهدهم[2] .

**ثانيًا : لقاء العقبة الأولى :**

وهو من أشهر لقاءات رسول الله ﷺ باليثربيين الخزرجيين، فبينما كان رسول الله ﷺ عند العقبة الأولى، عقبة الجمرة، يدعو الناس إلى الإسلام، لقي رهطًا من يثرب من قبيلة الخزرج أراد الله لهم الهداية وسخر لهم الخير، فقال لهم: (من أنتم؟) قالوا: نفر من الخزرج. فقال رسول الله ﷺ: (من موالي يهود) ؟ -أي حلفائهم- قالوا: نعم. فقال رسول الله ﷺ: (ألا تجلسون أكلمكم)؟ قالوا: من أنت؟ فانتسب لهم رسول الله ﷺ، وأخبرهم خبره، قالوا: بلى. فجلس إليهم، فدعاهم إلى الله وعرض عليهم الإسلام وتلا عليهم القرآن[3] .

---

(1) صفي عبد الرحمن المباركفوري ، مرجع سابق، ص105.
(2) محمد سيد محمد ، المسئولية الإعلامية في الإسلام ، الطبعة الأولى ( القاهرة : مكتبة الخانجي ، 1983م ) ص72.
(3) محمد الصادق عرجون ، مرجع سابق، ص380 .

وكان لهذا الاتصال نتائج مثمرة وطيبة، وكان نقطة تحول لنشر الإسلام في المدينة، وبداية قيام دولة الإسلام الأولى في مقر هؤلاء الذين قابلوا رسول الله ﷺ عند جمرة العقبة الأولى، وعندما انصرف هؤلاء النفر إلى المدينة، وأخبروا قومهم خبر رسول الله ﷺ ودعوهم إلى الإسلام وإلى الله ورسوله، فلم تبق دار من دور الأنصار إلا فيها ذكر رسول الله ﷺ، وظهر الإسلام وانتشر، وتحدث به الناس حديثًا معلنًا جهيرًا بعد الهمس والإسرار (1).

وبعث معهم رسول الله ﷺ مصعب بن عمير، وأمره أن يعلمهم الإسلام، ويفقههم في الدين، ولم يبق من بيوت الأنصار بيتًا إلا دخله مصعب بن عمير معلمًا للإسلام، وقام بالمهمة خير قيام وقد كان له اتصال شخصي وآخر جمعي.

ثالثًا : الاتصال بالقبائل:

خرج رسول الله ﷺ في سبيل الدعوة يعرض نفسه والدين الذي معه على القبائل، وكان أول من بدأ بهم ثقيف في الطائف، حيث خرج رسول الله ﷺ إلى الطائف يلتمس النصرة من ثقيف، ويعرض عليهم أن يدخلوا في الإسلام، وكان له ﷺ صلة بأهل الطائف، وقد رضع في بني سعد وهم بالقرب من الطائف وفيهم مراضعه وحواضنه.

وكانت الطائف مقرَّ اللات؛ الصنم الذي كان يعبد ويحج إليه، والطائف تضارع مكة في هذا، بينما كانت مكة مقرَّ هبل صنم قريش الأكبر (2).

إلا أن أهل الطائف لم يؤمنوا برسالته ﷺ، بل آذوه وطردوه حتى **قال الدعاء المشهور:** (اللهم إليك أشكو ضعفي، وقلة حيلتي، وهواني على الناس، يا أرحم الراحمين، أنت رب المستضعفين، وأنت ربي، إلى من تكلني؟ إلى بعيد يتجهمني؟ أم إلى عدو ملكته أمري؟ إن لم يكن بك علي غضب فلا أبالي، غير أن عافيتك هي أوسع لي، أعوذ بنور وجهك الذي أشرقت له الظلمات، وصلح عليه أمر الدنيا والآخرة، من أن ينزل بي غضبك، أو يحل عليَّ سخطك، لك العتبى حتى ترضى ولا حول ولا قوة إلا بالله)(3).

وقد عرض رسول الله ﷺ الإسلام على كثير من القبائل، **نذكر منها:** بنو عامر بن صعصعة، ومحارب بن خصفة، وفزارة، وغسان، ومرة، وحذيفة، وسليم، وعبس، وبنو نصر.

---

(1) المرجع نفسه، ص382-383.

(2) أبو الحسن علي الحسني الندوي، السيرة النبوية، الطبعة الثالثة ( جدة : دار الشروق ، 1981م ) ص124.

(3) أبو محمد عبد الملك بن هشام ، السيرة النبوية ( القاهرة : مكتبة الكليات الأزهرية ، د . ت ) ص48.

وبنو البكاء، وكنده، وكلب، والحارث بن كعب، والحضارمة، فلم يستجبْ منهم أحد[1].

رابعًا: الهجرة وإرسال الوفود إلى خارج مكة:

لقد توالت فدائح البلاء على أصحاب رسول الله ﷺ، ورسالته، وأحب الناس إليهم، وشعَر ﷺ بما ينال أصحابه من الأذى وقواصم البلاء، ونظر إلى ما هو فيه من العافية لمكانته من الله، وأنه ﷺ لا يستطيع أن يمنع أصحابه مما هم فيه من البلاء وهم صابرون ومحتسبون، وليس لهم إذن برد الاعتداء؛ لأنهم دعاة هداية وأصحاب رسالة، أرادوا تبليغها إلى كافة الناس في أرض الله، ولن يستطيعوا تبليغ رسالة ربهم إذا زجوا بأنفسهم في مضايق الثارات والتدافع، والتقاتل فأمروا أن يصبروا وليعفوا وليصفحوا وليغُضُّوا الطرف عن سفاهة السفهاء، وقسوة الآباء والأمهات حتى يقضي الله بالفرج[2].

وكان الفرج هو الهجرة إلى الحبشة حيث أرسل رسول الله أول وفد إلى خارج مكة.

وكان جعفر بن أبي طالب بمثابة القائم بالاتصال والمبلغ عن رسول الله ﷺ عندما سأله النجاشي قائلًا: (ما الذي فارقتم فيه قومكم ولم تدخلوا في ديني ولا دين أحد من الملل؟ قال رضي الله عنه: أيها الملك كنّا قومًا أهل جاهلية نعبد الأصنام، ونأكل الميتة، ونأتي الفواحش، ونقطع الأرحام، ونسيء الجوار، ويأكل منا القوي الضعيف، فكنا على ذلك حتى بعث الله إلينا رسولًا منا نعرف حسبه وصدقه وأمانته، فدعانا إلى الله لنوحده ونعبده ونخلع ما كنا نعبد نحن وآباؤنا من دونه من الحجارة والأوثان، وأمرنا بصدق الحديث، وأداء الأمانة، وصلة الرحم، وحسن الجوار، والكف عن المحارم والدماء ونهانا عن الفواحش وقول الزور، وقذف المحصنات، وأمرنا أن نعبد الله وحده ولا نشرك به شيئًا، وأمرنا بالصلاة والزكاة والصيام - فعدد أمور الإسلام - فصدقناه وآمنا به واتبعناه على ما جاءنا به من دين الله وحده، فلم نشرك به شيئًا وحرمنا ما حرم علينا، وأحللنا ما أحل لنا، فعدا علينا قومنا فعذبونا وفتنونا عن ديننا ليردونا إلى عبادة الأوثان، من عبادة الله تعالى، وحالوا بيننا وبين ديننا، فخرجنا إلى بلادك واخترناك على من سواك، ورغبنا في جوارك ورجونا ألا نظلم عندك أيها الملك)[3].

---

(1) صفي الرحمن المباركفوري ، مرجع سابق، ص147.
(2) محمد الصادق عرجون ، مرجع سابق، ص10-11.
(3) صفي الدين المباركفوري ، مرجع سابق، ص109.

لقد كانت رسالة جعفر بن أبي طالب رسالة إعلامية قوية ومؤثرة ومستوفية لشروط الرسالة التي وضعها علماء الاتصال في العصر الحديث.

ويمكننا أن نوجز أهم العناصر التي تجعل الرسالة مؤثرة -وهي متضمنة في رسالة جعفر ابن أبي طالب للنجاشي-: والعناصر هي أن تهم الرسالة أكبر عدد من الناس، ورسالة جعفر كانت موجهة لكل جماهير الحبشة آنذاك؛ لأنها كانت في حضرة القساوسة وهم علماء الأمة الحبشية، وألا تكون الرسالة متناقضة مع تقاليد المجتمع، وكذلك جعفر أطلق رسالته في مجتمع متدين تقاليده تشابه تقاليد رسول الله ﷺ [1].

مما دعا النجاشي أن يقول بعد أن سمع تلاوة القرآن من جعفر: إنّ هذا والذي جاء به عيسى- يخرج من مشكاة واحدة [2].

ما من وسيلة مشروعة في ذلك الزمان إلا استغلها رسول الله ﷺ لتبليغ الدعوة ونشرها، وقد كان بلاغه بلاغًا مبينًا بحق، وحري بالذين يدعون إلى الله أن يتبعوا خطى رسول الله ﷺ في هذا المجال، وأن يقدموا الإسلام في أجمل أسلوب وأحسن وسيلة وأوضح بيان.

\* \* \*

(1) محيي الدين عبد الحليم، الإعلام الإسلامي وتطبيقاته العملية (القاهرة: مكتبة الخانجي، 1980م ) ص37.
(2) أبو بكر الجزائري، هذا الحبيب، الطبعة الرابعة (جدة: مكتبة السوادي للتوزيع، 1995م ) ص124.

المبحث الثاني

وسائل الاتصال في المدينة (عهد الرسول ﷺ)

يتناول هذا المبحث الاتصال بأنواعه ووسائله المختلفة التي استخدمت في المدينة بعد أن أصبح للإسلام دولة ذات سيادة، وتوسعت مهام هذه الدولة، الأمر الذي أدى إلى زيادة الاهتمام بالاتصال ووسائله، **وقد تمثل ذلك في عدد من المواقف والخطوات منها:**

أولاً: مؤاخاة الرسول ﷺ بين المهاجرين والأنصار:

وهو نمط من أنماط الاتصال الشخصي: إذ تآخوا في الله أخوين أخوين، أخذ رسول الله ﷺ بيد علي رضي الله عنه، وقال: هذا أخي. وكان عمه حمزة وزيد بن حارثة مولى رسول الله أخوين في الله [1].

وقد ذكرت كتب السيرة أسماء صحابة كثر تآخوا في الله، وصار بينهم اتصال شخصي قوي ومؤثر، كان من نتائج هذا الإخاء قيام المجتمع المسلم، ومن ثم، الدولة الإسلامية الأولى في المدينة.

ثانيًا: إرسال الرسل خارج المدينة:

أرسل رسول الله ﷺ بعض أصحابه لنشر الدعوة، وكانوا من خيرة أصحابه، ونورد نماذج من ذلك.

---

(1) عبد العزيز شرف، السيرة النبوية والإعلام الإسلامي (القاهرة: مكتبة مصر) ص173.

**أ- بعث الرجيع:**

أقبل جماعة من قبيلة عضل والقارة، وأظهروا أمام رسول الله أنهم قد أسلموا ورجوه أن يرسل معهم عددًا من الصحابة يعلمونهم القرآن ويفقهونهم في الدين، فاستجاب لهم النبي ﷺ وأرسل معهم عددًا من الرجال ، وسميت هذه البعثة النبوية (بعث الرجيع)[1].

وغدرت هذه القبائل برسل رسول الله، وكان فيهم خبيب بن عدي رضي الله عنه، وقد قال في استشهاده بعض الأبيات، **من أشهرها قوله:**

ولست أبالي حين أقتل مسلمًا على أي جنب كان في الله مصرعي

**ب- بعث معاذ إلى اليمن:**

بعث رسول الله ﷺ معاذ بن جبل إلى اليمن، فقال له: (كيف تقضي إذا عرض لك قضاء). قال: أقضي بكتاب الله، فقال: إن لم يكن في كتاب الله؟ قال: فبسنة رسول الله ﷺ. قال: فإن لم يكن في سنة رسول الله؟ قال: اجتهد رأيي ولا آلو. فضرب رسول الله على صدره، وقال: (الحمد لله الذي وفق رسول رسولِ الله لِما يرضي رسول الله). أخرجه أحمد وأبوداود والترمذي والدارمي والبيهقي في المدخل وابن سعد في الطبقات، وابن عبد البر في (جامع بيان العلم وفضله)[2]، وفي رواية البخاري: أن رسول الله بعث إلى اليمن معاذ بن جبل وأبا موسى الأشعري، روى البخاري عن أبي بردة قال: بعث رسول الله أبا موسى ومعاذ بن جبل إلى اليمن، وبعث كل واحد منهما على مخلاف، قال: واليمن مخلافان. ثم قال: (يسرا ولا تعسِّرا وبشِّرا ولا تنفرا). فانطلق كل واحد منهما إلى عمله... (البخاري: 4086)[3].

ثالثًا: الاتصال الشخصي:

وقد استمر رسول الله ﷺ في الاتصال الشخصي؛ إذ إن الاتصال الشخصي وسيلة قوية من وسائل الاتصال، ومن أشهر اللقاءات في المدينة لقاء عبد الله بن سلام مع رسول الله ﷺ.

روى ابن ماجه عن عبد الله بن سلام قال: لمّا قدم رسول الله المدينة انجفل إليه الناس، وقيل: قدم رسول الله. فجلست في الناس لأنظر إليه، فلما استبنت وجه رسول الله عرفت أن وجهه ليس بوجه كذاب، فكان أول شيءٍ تكلم به أن قال: أيها الناس أفشوا السلام،

---

(1) أحمد الشرباصي ، موسوعة الفداء في الإسلام ، الطبعة الأولى ( بيروت : دار الجيل ، 1402هـ ) ص585.
(2) نقلًا عن، أكرم ضياء العمري، المجتمع المدني في عهد النبوة، الطبعة الأولى، 1994م، ص249.
(3) سعيد حوى، الأساس في السنة وفقهها، الطبعة الأولى (القاهرة: دار السلام للطباعة، 1989م ) ج1، ص1002.

وأطعموا الطعام، وصلوا بالليل والناس نيام، تدخلوا الجنة بسلام )(1) .

رابعًا: الوفود التي جاءت إلى المدينة:

سمي العام التاسع من الهجرة بعام الوفود؛ لأن كثيرًا من القبائل العربية وفدت إلى المدينة، - أو أرسلت رسولًا ينوب عنها- لرسول الله ﷺ. ولقد كان لهذه الوفود أثرٌ كبيرٌ في نشر- الدعوة إلى الله خاصة بعد أن يسلم الوفد ويعلمه رسول الله ﷺ القرآن، أو يرسل معهم من يعلمهم القرآن ويفقههم في الدين، ويستعرض الكاتب نماذج من هذه الوفود كما جاءت في كتب السيرة وكتب التراجم فيما يلي:

## أ- قدوم الأشعريين وأهل اليمن:

روى أحمد والطبراني عن فيروز قال: إنهم أسلموا فبعثوا وفدهم إلى رسول الله ببيعتهم وإسلامهم. فقبل ذلك منهم فقالوا: يا رسول الله، نحن مَن قد عرفت، وجئنا مَن قد علمت، وأسلمنا، فمن ولينا؟ قال: (الله ورسوله)؟ قالوا: حسبنا، رضينا (2).

## ب- وفود نجران:

ومن الوفود وفد نصارى نجران، وكانوا ستين راكبًا، دخلوا المسجد وعليهم ثياب الحبرة وأردية الحرير مختمين بالذهب، ومعهم بسط فيها تماثيل ومسوح (3)، جاءوا بها هدية للنبي ﷺ، فلم يقبل البسط وقبل المسوح. ولما جاء وقت صلاتهم صلوا مستقبلين بيت المقدس، ولما أتموا الصلاة دعاهم ﷺ للإسلام، فأبوا، وقالوا: كنا مسلمين قبلكم. فقال ﷺ: يمنعكم من الإسلام ثلاث: عبادتكم الصليب، وأكلكم لحم الخنزير، وزعمكم أن لله ولد، قالوا: فمَن مثل عيسى خلق من غير أب؟ فأنزل الله تعالى في ذلك في سورة آل عمران: ﴿ إِنَّ مَثَلَ عِيسَىٰ عِندَ ٱللَّهِ كَمَثَلِ ءَادَمَ خَلَقَهُۥ مِن تُرَابٍ ثُمَّ قَالَ لَهُۥ كُن فَيَكُونُ ۝ ٱلْحَقُّ مِن رَّبِّكَ فَلَا تَكُن مِّنَ ٱلْمُمْتَرِينَ ۝ فَمَنْ حَآجَّكَ فِيهِ مِنۢ بَعْدِ مَا جَآءَكَ مِنَ ٱلْعِلْمِ فَقُلْ تَعَالَوْا۟ نَدْعُ أَبْنَآءَنَا وَأَبْنَآءَكُمْ وَنِسَآءَنَا وَنِسَآءَكُمْ وَأَنفُسَنَا وَأَنفُسَكُمْ ثُمَّ نَبْتَهِلْ فَنَجْعَل لَّعْنَتَ ٱللَّهِ عَلَى ٱلْكَٰذِبِينَ ۝ ﴾

[آل عمران:59]

فدعاهم رسول الله لذلك فامتنعوا، ورضوا بإعطاء الجزية، ثم قالوا: أرسل معنا أمينًا

---

(1) المرجع نفسه، ص417.

(2) نقلًا عن: سعيد حوى، الأساس في السنة، مرجع سابق، ج2، ص 1008-1009.

(3) المسوح جمع مسح وهو: الكساء من الشعر. وقيل: هو ثوب الراهب. حسن عطية، المعجم الوسيط، الطبعة الثانية ( القاهرة : مجمع اللغة ، 1972م ) مجلد 2 ، ص868.

فأرسل لهم أبا عبيدة عامر بن الجراح، وكان لذلك يسمى أمين هذه الأمة[1].

**ج- وفود كنده:**

أرسلت كنده وفدها إلى رسول الله ﷺ، وفيهم الأشعث بن قيس، وكان وجيهًا مطاعًا في قومه. ولما دخلوا على رسول الله خبأوا له شيئًا، وقالوا: أخبرنا عما خبأناه لك؟ فقال: (سبحان الله إنما يفعل ذلك بالكاهن، والتكهن في النار ثم قال: إن الله بعثني بالحق، وأنزل عليّ كتابًا لا يأتيه الباطل من بين يديه ولا من خلفه). فقالوا: أسمعنا منه فتلا عليهم: ﴿وَالصَّافَّاتِ صَفًّا (١) فَالزَّاجِرَاتِ زَجْرًا (٢) فَالتَّالِيَاتِ ذِكْرًا (٣) إِنَّ إِلَٰهَكُمْ لَوَاحِدٌ (٤) رَّبُّ السَّمَاوَاتِ وَالْأَرْضِ وَمَا بَيْنَهُمَا وَرَبُّ الْمَشَارِقِ (٥)﴾ [الصافات].

ثم سكت وسكن، ودموعه تجري على لحيته، فقالوا: إنا نراك تبكي، أفمن مخافة من أرسلك تبكي؟ قال: إن خشيتي منه أبكتني، بعثني على صراط مستقيم في مثل حد السيف، إن زغت عنه هلكت، ثم تلا: ﴿وَلَئِن شِئْنَا لَنَذْهَبَنَّ بِالَّذِي أَوْحَيْنَا إِلَيْكَ ثُمَّ لَا تَجِدُ لَكَ بِهِ عَلَيْنَا وَكِيلًا (٨٦) إِلَّا رَحْمَةً مِّن رَّبِّكَ ۚ إِنَّ فَضْلَهُ كَانَ عَلَيْكَ كَبِيرًا (٨٧)﴾ [الإسراء].

ثم قال لهم ﷺ: ألم تسلموا؟ قالوا: بلى. قال: ما بال هذا الحرير في أعناقكم؟ فعند ذلك شقوه وألقوه[2].

وكان عدد القبائل التي وفدت على رسول الله ﷺ كبيرًا، في هذا العام الذي سمي بعام الوفود، وقد كان لاتصال الرسول ﷺ بهم أثر عظيم؛ حيث آمن منهم من آمن، وتعلموا من رسول الله ﷺ عقائد الإسلام وشرائعه، وانتشر الإسلام في جزيرة العرب.

نكتفي بهذه النماذج من خبر الوفود كواحدة من وسائل الاتصال على عهد رسول الله ﷺ. ونذكر منها دون تفصيل: وفود عبد القيس ووفود بني حنيفة، ووفود طي، ووفود رسول ملوك حمير، ووفود همدان، ووفود بني هزيم وغيرها من الوفود[3].

واتصال الرسول ﷺ بهذه الوفود يعد اتصالًا جمعيًا، وبعد الهجرة كان أكبر اتصالٍ جمعيٍّ قام به رسول الله ﷺ هو مخاطبة جموع المسلمين في حجة الوداع التي كانت يوم الحج الأكبر بعرفة. حيث أرسل رسول الله ﷺ رسالة جامعة لها مضامين أساسية من دين الإسلام؛ فقد

---

(1) الشيخ محمد الخضري بك ، نور اليقين في سيرة سيد المرسلين ، ص246-247.
(2) الشيخ محمد الخضري بك ، مرجع سابق، ص250.
(3) المرجع نفسه، ص246.

خطب رسول الله ﷺ في جموع المسلمين من الصحابة قائلًا: (أيها الناس أسمعوا قولي، فإني لا أدري لعلي لا ألقاكم بعد عامي هذا بهذا الموقف أبدًا، أيها الناس، إنّ دماءكم وأموالكم عليكم حرام إلى أن تلقوا ربكم كحرمة يومكم هذا وكحرمة شهركم هذا، وإنكم ستلقون ربكم فيحاسبكم على أعمالكم، وقد بلّغتُ، فمن كان عنده أمانة فليؤدها إلى من ائتمنه عليها، وإن كل ربا موضوع.... إلى أن قال: اللهم هل بلغت)[1].

خامسًا: مكاتبة الملوك والأمراء:

الكتابة وسيلة اتصال قديمة، كان لها أثر كبير في كل العصور، فما من حضارة إلا وكان لها لغة مكتوبة استطاعت عن طريقها التفاهم والانتشار، ووسيلة الاتصال هذه اهتم بها رسول الله ﷺ اهتمامًا كبيرًا، حتى أنه جعل إطلاق سراح بعض أسرى بدر مقيدًا بأن يعلموا أبناء المسلمين القراءة والكتابة، ثم أطلق سراحهم بعد تعليم هؤلاء الأبناء[2].

ويدل على اهتمام النبي ﷺ بالكتابة: أنَّ رسول الله ﷺ اتخذ كُتّابًا للوحي من أجلّاء الصحابة، كعلي ومعاوية وأبي بن كعب وزيد بن ثابت، تنزل الآية فيأمرهم بكتابتها، ويرشدهم إلى موضعها من سورتها، حتى تظاهر الكتابة في السطور الجمع في الصدور[3].

لقد ساهمت الكتابة كوسيلة اتصال في نشر الإسلام ومخاطبة الملوك والأمراء، من خلال المراسلات التي تدعوهم للإسلام، وتشرح تعاليمه.

- **ومن أمثلة هذه المكاتبات:**

في أواخر السنة السادسة حين رجع رسول الله ﷺ من الحديبية كتب إلى الملوك يدعوهم إلى الإسلام، واختار من أصحابه رسلًا لهم معرفة وخبرة، وأرسلهم إلى الملوك.

**أ- الكتابة إلى النجاشي ملك الحبشة:**

كتب رسول الله ﷺ إلى النجاشي الكتاب التالي:

بسم الله الرحمن الرحيم

من محمد رسول الله إلى النجاشي عظيم الحبشة، سلام على من اتبع الهدى. أما بعد، فإني أحمد إليك الله، الذي لا إله إلا هو، الملك القدوس السلام المؤمن المهيمن، وأشهد أن عيسى

(1) عبد السلام هارون، تهذيب سيرة ابن هشام، الطبعة السابعة (الكويت: دار البحوث العلمية، 1980م ) ص369-370 .
(2) محمود شيت خطاب ، الرسول القائد ، الطبعة الثالثة ( الكويت : دار القلم ، 1964م ) ص113.
(3) مناع القطان ، مباحث في علوم القرآن ، الطبعة الخامسة عشر ( بيروت : مؤسسة الرسالة ، 1985م ) ص123.

ابن مريم روح الله وكلمته، ألقاها إلى مريم البتول الطيبة الحصينة، فحملت منه بعيسى من روحه ونفخه، كما خلق آدم بيده. وإني أدعوك إلى الله، وحده لا شريك له، والموالاة على طاعته، وأن تتبعني، وتؤمن بالذي جاءني، فإني رسول الله. وإني أدعوك وجنودك إلى الله عز وجل، وقد بلغت ونصحت، فاقبل نصيحتي، والسلام على من اتبع الهدى)[1] .

وقد أثَّر هذا الخطاب في النجاشي، وكان سببًا في أن يستجيب لدعوة الإسلام، مما يدل على فاعلية الكتابة في ذلك الزمان، وأنها كانت وسيلة ناجحة لنشر الدعوة والاتصال والبلاغ.

ب- وكتب إلى كل الملوك آنذاك؛ إذ كتب إلى المقوقس ملك مصر، وكتب إلى كسرى ملك فارس، وإلى قيصر الروم، وإلى المنذر بن ساوي حاكم البحرين، وإلى هوذة بن علي صاحب اليمامة، وإلى الحارث بن أبي شمر الغساني صاحب دمشق، وإلى ملك عمان، بهذه الكتب بلغ النبي ﷺ دعوته إلى أكثر ملوك الأرض، فمنهم من آمن ومنهم من كفر[2] .

\* \* \*

وفي إيجاز شديد؛ فقد استعرض هذا المبحث وسائل اتصال رسول الله ﷺ في سبيل تبليغ دعوة الإسلام، واتضح أن رسول الله ﷺ استثمر كل الوسائل المعروفة في زمانه لنشر الدعوة، مما كان له أعظم الأثر في أن يصل صوت الإسلام إلى الملوك والزعماء والقبائل والدول.

\* \* \*

(1) صفي الرحمن المباركفوري ، مرجع سابق، ص393.
(2) صفي الرحمن المباركفوري ، مرجع سابق ص405

## المبحث الثالث

## وسائل الاتصال في الدولة الأموية

## ( من 41هـ – إلى 132هـ )

بعد استشهاد الخليفة الرابع علي بن أبي طالب -رضي الله عنه- سنة 40هـ كانت الأمة في حاجة إلى صلح؛ لجمع الشمل وحقن الدماء، وقد تم الصلح بين معاوية والحسن بن علي سنة 41هـ وتنازل الحسن بن علي بموجب هذا الصلح عن الخلافة لمعاوية بـن أبي سفيان، وبايعه في الكوفة عـام 41هـ واستبشـر المسلمون بهذا الصلح الذي وضع حدًا لسفك الدماء ودرء الفتن، وسموا هذا العام عام الجماعة.

كانت هذه بداية الدولة الأموية التي امتدت من 41هـ –132هـ وعاشت زهاء الواحد والتسعين عامًا، وانتهت بنهاية إمارة آخر خلفاء بني أمية؛ مروان بن محمد بن مروان [1].

**ويؤكد هذا الأمر الشيخ محمد الخضري بك، حيث يقول:** إن الدولة الأموية التي بدأت بخلافة معاوية بن أبي سفيان، عندما بايعه أهل العراق والشام عام 41هـ (الذي سمي فيما بعد بعام الجماعـة، لاتفـاق كلمة المسلمين بعد الفرقة)، وعليه تكون بداية هذه الخلافة في ربيع الأول سنة 41هـ [2].

وفي عهد معاوية بن أبي سفيان بدأت مسيرة الدولة الأموية تتوسع حتى وصلت إلى السـند شرقًا وإلى شمال إفريقيا غربًا، وواصلت زحفها حتى تم لها فتح إسبانيا والبرتغال، ووصل المسلمون إلى جبال البرانس في جنوب فرنسا [3].

لقد احتاجت الدولة الأموية إلى وسائل اتصال عديدة لربط العالم الإسلامي المترامي الأطراف. ويتساءل الإنسان هنا عن وسائل الاتصال التي ربطت هذه الدولة، وجعلت الأطراف المتباعـدة مربوطة بالقلب – حاضرة الدولة – وجعلت هذه الدولة تعمر من سنة 41هـ حتى سنة 132هـ ويتعاقب عـلى خلافتها أربعة عشر خليفة، بين قوي مؤثر وضعيف أثره محدود.

(1) عبد الشافي محمد بن عبد اللطيف ، العالم الإسلامي في العصر الأموي ، الطبعة الأولى (1984م ) ص110.
(2) الشيخ محمد الخضري بك ، تاريخ الأمم الإسلامية ، الدولة الأموية ( القاهرة : المكتبة التجارية الكبرى 1969م ) ص15.
(3) عمر فروخ ، تاريخ صدر الإسلام والدولة الأموية ( بيروت : دار العلم للملايين ، 1972م ) ص128.

**ومن أمثلة وسائل الاتصال في الدولة الأموية:**

استخدم بنو أمية وسائل الاتصال الآتية:

1- الخطابة.   2- الكتابة.   3- ديوان البريد.   4- إرسال العمال إلى الأمصار.

**أولًا: الخطابة:**

يورد الباحث خطبة معاوية -رضي اللـه عنه- في أهل الشـام كنموذج للخطابـة التـي تمثـل نوعًـا مـن الاتصال الجمعي في دولة الخلافة الأموية.

خطب معاوية ذات مرة في أهل الشام، واعتذر عن عدم سلوكه طريقة الخلفاء الراشدين قبله، فقال: (وأين مثل هؤلاء؟ ومن يقدر على أعمالهـم؟ هيهـات أن يـدرك فضلهم أحـد مـن بعـدهم -رحمـة اللـه ورضوانه عليهم- غير أنني سلكت بها طريقًا لي فيه منفعة، ولكم فيه مثل ذلك، ولكم فيه مؤاكلة حسنة ومشارب جميلة، ما استقامت السيرة، وحسنت الطاعة، فإن لم تجدوني خيركم فأنا خير لكم، و اللـه لا أحمل السيف على من لا سيف له، ومهما تقدم مما قد علمتموه قد جعلته دبر أذني، وإن لم تجدوني أقوم بحقكم كله فأرضوا مني ببعضه... وإياكم والفتنة فلا تهموا بها، فإنها تفسـد المعيشـة، وتكدر النعمـة، وتورث الاستئصال، وأستغفر اللـه لي ولكم)[1].

**ومن الأمثلة كذلك:** خطبة معاوية رضي اللـه عنه في آخر عهده؛ إذ خطب قبل موته قائلًا: (إني كـزرع مستحصد، وقد طالت إمارتي حتى مللتكم ومللتموني، وتمنيت فـراقكم وتمنيتـم فراقـي، ولـن يـأتيكم مـن بعدي إلا من أنا خير منه، كما أن من كان قبلي خير مني، وقد قيل: من أحب لقاء اللـه أحب اللـه لقاءه، اللهم إني قد أحببت لقاءك فأحبب لقائي وبارك لي)[2].

ضربت مثلًا بخطبتين لمعاوية باعتباره مؤسس هذه الدولة، وقد سلك من جاء بعده سلكه خاصـة في مخاطبة الرعية عند تولي الخلافة، وفي المناسبات العديدة، فقد كانت الخطابة إحـدى وسـائل الاتصـال الشائعة، والمهمة في دولة بني أمية، ولهم خطب عديدة لا يتسع المجال لـذكرها، وحسبي أن أشرت إلى نموذج من هذه الخطب ذات الأثر في ربط الراعي بالرعية.

(1) عبد الشافي محمد عبد اللطيف ، مرجع سابق، ص114.
(2) عبد الرحمن بن خلدون، تاريخ ابن خلدون، الطبعة الأولى ( بيروت : دار الفكر ، 1981م ) ج3، ص 77.

**ثانيًا: الكتابة:**

لقد كانت الكتابة والمراسلات من أهم وسائل الاتصال في الدولة الأموية، وفيما يـلي يستعرض الباحـث بعض الأمثلة التي توضح أهمية الكتابة، وكيف ساهمت في ربط الدولة فيما بينها والدولة بـالمجتمع، والمجتمع ببعضه البعض، لقد كان أكثر الخلفاء استثمارا للكتابة عمر بن عبد العزيز -رضي الله عنه- ولقد نسب المؤرخون أعمالًا تميز الخلفاء الأمويين عن بعضهم البعض، فمـثلًا: عبد الملـك بـن مـروان قـد وحد الدولة، وفي عهد الوليد وسليمان توسعت الفتوحات العسكرية، وانتظمت السياسة والإدارة، وينسب إلى عمر بن عبد العزيز أنه قد اتجه إلى الشيء الأهم والأعظم والأبقى؛ حيث بذل كل جهده في نشر ـ الـدعوة الإسلامية في أقطار الأرض، فكتب إلى ملوك الهند يدعوهم إلى الإسلام والطاعة على أن تبقى أملاكـهم وإمارتهم بأيديهم، ولهم ما للمسلمين وعليهم ما عليهم، وقد بلغت رسائل عمر ومذهبه في الحكم والحياة إلى هؤلاء، فأسلموا، وتسموا بأسماء عربية، كما دفع عمر برسائله ووفوده إلى ملوك ما وراء الهند يـدعوهم إلى الإسلام، فاستجاب له كثير مـن الأهالي في تلك المناطق، فأمر ببناء الحانات وهي أشبه مـا تكـون بالاستراحات الآن، لكي يأوي إليها الغرباء، وتكون محطات للمسافرين والمنقطعين.

كما كتب إلى (ليو) الثالث إمبراطور الروم يدعوه إلى الدخول في الإسلام [1].

لقد شاعت الكتابة وأصبح العلماء يكتبون إلى الخلفاء؛ فقد كتب الحسن البصري رسالة إلى عمر بـن عبد العزيز، جاء فيها: (اعلم يا أمير المؤمنين أن اللـه جعل الإمام العادل قوام كل مائل، وقصد كـل جـائر، وصلاح كل فاسد ، وقوة كل ضعيف، ونُصْفَة كـل مظلـوم، ومفرح كـل ملهـوف، والإمـام العـادل يـا أمـير المؤمنين كالراعي الشفيق على إبله، الرفيق بها، الذي يرتاد لها أطيب المراعي، ويذودها عن مواضع الهلكة، ويحميها من السباع، ويكفها عن أذى الحر والقر، والإمام العادل يا أمير المؤمنين كالأب الحـاني عـلى أولاده؛ يسعى لهم صغارًا ويعلمهم كبارًا، يكتسب لهم في حياته، ويدخر لهم بعد مماته، والإمام العـادل يـا أمـير المؤمنين كالأم الشفيقة البارة بولدها حملته كرهًا ووضعته كرهًا وربته طفلًا، تسهر بسهره وتسكن بسكونه، ترضعه تارة وتفطمه تارة أخرى، وتفرح بعافيته، وتغتم بشكايته [2].

واتسعت رقعة الدولة الإسلامية، ودخل فيها أجناس عديدون من فرس وسوريين

---

(1) عبد الحليم عويس ، بنو أمية ، الطبعة الأولى ( القاهرة : دار الصحوة ، 1987م ) ص29-30.

(2) مصطفى الشكعة، معالم الحضارة الإسلامية، الطبعة الثانية (بيروت: دار العلم للملايين، 1975م ) ص224.

وغيرهم، وكبرت مسئولية الخليفة الذي لا يجد بدًّا من أن يستعين بالكُتَّاب، ويلمع من كُتَّاب الأمويين عبد الحميد بن يحيى الكاتب، وكان وزيرًا لمروان بن محمد آخر خلفاء بني أمية الذي قتل عام 132هـ[1].

لقد بلغت الكتابة كوسيلة اتصال في دولة بني أمية شأوًا عظيمًا، على الرغم من غلاء الورق وندرته.

### ثالثًا: إرسال العمال في الأمصار:

يعد هذا من أهم وسائل الاتصال في الدولة الأموية، ولقد كان له أثر عظيم في تماسك الدولة. فقد حاول الخلفاء منذ قيام الدولة إرسال الرجال الأذكياء إلى الأمصار البعيدة لإدارتها، وتصريف الأمور فيها، حتى يكون هذا العامل حلقة وصل بين الخليفة والرعية، وقد استمرت هذه الوسيلة تؤدي دورها منذ عهد معاوية بن أبي سفيان، حيث إنه عندما اشتغل بالخلافة عام الجماعة بعث بالعمال إلى الأمصار[2].

### رابعًا: ديوان البريد:

ساهم البريد في إدارة الدولة الأموية، وكان واحدًا من وسائل الاتصال الحديثة في تلك الدولة، وكان وسيلة فاعلة، **والبريد في المصطلح هو:** أن تجعل خيلًا مضمرات في عدة أماكن، فإذا وصل صاحب الخبر المسرع إلى المكان الآخر -وقد تعب فرسه- ركب فرسًا آخر مستريحًا، فإذا وصل إلى المكان الآخر ركب فرسًا آخر، وهكذا إلى أن يصل إلى المكان المطلوب. **وله معنى في اللغة، إذ ذكر بأنه:** مسافة معلومة قدرت باثني عشر ميلًا. وقدره الفقهاء وعلماء المسالك بأربعة فراسخ، والفرسخ ثلاثة أميال. وقد كان يطلق على الرسول البريد، واللفظ عربي، وقيل: إنه فارسي، وقد كانوا يضعون البريد في أماكن معينة لحفظ الأموال، وسرعة وصول الأخبار، وأُدخل نظام البريد في الإسلام في عهد معاوية بن أبي سفيان رضي الله عنه، ثم أُدخل عليه عبد الملك بن مروان عدة تحسينات، وبذلك أصبح أداة مهمة في إدارة شئون الدولة، وبلغ من اهتمامه بالبريد أن أوصى، أن لا يمنع عامل البريد من الدخول إليه ليلًا أو نهارًا؛ لأن عدم دخوله ساعة قد يفسد أعمال الولاية سنة كاملة[3].

(1) عبد الرحمن بن خلدون ، مرجع سابق، ص5.
(2) المرجع نفسه، ص5.
(3) حسن إبراهيم حسن، تاريخ الإسلام ج1، الطبعة السابعة ( القاهرة : مكتبة النهضة المصرية ، 1964م ) ص459.

لقد استطاعت إدارة الدولة الأموية أن تستفيد من وسائل الاتصال المتاحة آنذاك في ربط القمة بالقاعدة، وفي إدارة شئون الدولة الممتدة الأطراف، والتي عاشت ردحًا من الزمن، وسخر خلفاء الدولة وسائل الاتصال من اتصال شخصي وجمعي، وأساليب خطابة والكتابة والمراسلات، وبعث العمال والأمراء إلى الأمصار المختلفة، وأدخلوا نظام البريد والاتصال السريع، واختصار المسافات، وقدروا أهمية ساعي البريد الذي سمح له أن يدخل إلى بعض الخلفاء، ولا يمنع من ذلك ليلًا كان ولا نهارًا.

* * *

المبحث الرابع
وسائل الاتصال في الدولة العباسية
من سنة 132هـ –656هـ :

حكمت دولة بني العباس حوالي خمسة قرون، من سنة 132هـ –السنة التي تولى فيها أبو العباس السفاح الخلافة- إلى زوال هذه الدولة على أيدي التتار سنة 656هـ –1258م، يقول صاحب الفخري في الآداب السلطانية: (إن هذه الدولة من كبريات الدول التي ساست العالم سياسة ممزوجة بالدين والملك، فكان أخيار الناس وصلحاؤها يطيعونها تدينًا، والباقون يطيعونها رهبة أو رغبة، ثم مكثت فيها الخلافة والملك حدود ستمائة سنة)[1].

استخدمت الدولة العديد من وسائل الاتصال، وكان أبرز هذه الوسائل: انتشار الدعاة، الكتابة، المسجد، نشر العلم، الكتاب، التجارة والتجار، والبريد.

**ويتناول هذا المبحث كل وسيلة من هذه الوسائل بشيء من التفصيل فيما يلي:**

**أولًا: انتشار الدعاة:**

لقد ضيق الأمويون على البيت العلوي والعباسي؛ لأن هذين البيتين نافسا الدولة الأموية، ويرى كل بيت أن له حقًّا مغتصبًا من قبل الدولة الأموية، خاصة البيت العلوي، وكان العباسيون يشدون من أزر العلويين إلى أن تنازل زعيم العلويين للبيت العباسي، ومن ثم استخدم العباسيون كل وسائل الاتصال لبث فكرتهم، ومن ذلك الدعاة والنقباء والمبشرون، وذلك من أجل الدعوة للعباسيين، والترويج لهم وبحقهم في الخلافة، وظل الدعاة يدعون سرًّا لمدة طويلة، وفي تنظيم دقيق.

وقد بدأ أسلوب الدعوة بعد قدوم أبي هاشم عبد الله بن محمد بن الحنفية، وذلك عندما قدم على سليمان بن عبد الملك عام 98هـ فأعجب به، وقضى حوائجه وصرفه وضم إليه من سمه، فلما شارف الشراة أحس بذلك، وقال لأصحابه: ميلوا بي إلى ابن عمي محمد بن علي بن عبد الله بن العباس، وهو يقيم بكذا من الشراة من كور البلقاء من أرض دمشق، فلما صار إليه أخبره بأن الخلافة صائرة إلى ولده، وأفشى إليه أسراره، وعرفه بالدعاة، وقال له: إذا مضت المائة الأولى فوجه دعاتك[2].

(1) حسن إبراهيم حسن، تاريخ الإسلام ج 1 ، مرجع سابق، ص21.
(2) علي عبد الرحمن العمرو، أثر الفرس السياسي في العصر العباسي الأول ( القاهرة : مطابع الدجوي، 1979م ) ص95- 96.

يتبين من هذا النص أنّ الدعوة والدعاة قد انتقلا من البيت العلوي الذي يمثله عبد الله بن محمد بن الحنفية، إلى محمد بن علي بن عبد الله بن العباس، الذي يمثل البيت العباسي، وأن الدعاة الذين كانوا يدعون إلى البيت العلوي أصبحوا دعائم الاتصال للدولة العباسية.

تم تنظيم الدعاة تنظيمًا دقيقًا وكانت الدعوة للدولة العباسية تقوم على أساس ديني، ومن الأمور التي ساعدت رجال الدعوة قيامها على أساس ديني، وأنها إلى جانب ذلك نظمت تنظيمًا دقيقًا، واستغلت العصبية. وكانت بداية الدعوة مطلع القرن الثاني الهجري.

خرج رسل الدعوة العباسية سنة 100هـ من الحميمة مركز قائد الدعوة محمد بن علي بن عبد الله بن العباس، وهم: ميسرة العبدي ومحمد بن خنيس، وأبو عكرمة السراج، وحيان العطار، بعث أحدهم إلى العراق وثلاثة منهم إلى خراسان، وقد أخفى محمد بن علي نفسه بأن تكون الدعوة إلى واحد من آل البيت، واختار مراكز إستراتيجية الدعوة، من هذه المراكز الحميمة، وهو أول مركز للدعوة يقع في موقع صغير في طريق القوافل التجارية بعيدًا عن المسرح السياسي، وقد اتخذت الكوفة مقرًا للدعاة في العراق؛ لأنها ذات ولاء لآل البيت، وكانت نقطة اتصال، حيث تصدر التعليمات من الحميمة مع الدعاة الوافدين من خرسان لعرض نتائج مساعيهم، وجهودهم في سبيل الدعوة في مناطق خرسان وليتلقوا الأوامر. واختار خرسان مقرًا لنشاط الدعوة، واختيارهم لهذه المنطقة يدل على عبقرية ورجاحة عقله، ذلك لأن الاتصال يصبح سالكًا بينه وبين دعاته[1].

من الأقاليم التي كان للدعاة فيها أثر بليغ خرسان، حيث اتسعت الدعوة وتعمقت جذورها في سهول خرسان وجبالها، ونشطت حركة الدعاة، وأصبح لابد للدعوة من رئيس على درجة كبيرة من الكفاءة والقدرة يشرف على شئونها وينظم مسيرتها، وقد أوضح دعاة خرسان لإبراهيم الإمام الذي تسلم الدعوة بعد وفاة والده محمد بن علي احتياج الدعوة في خرسان إلى قائد وزعيم يتولى مسئولياتها ويضع الخطط للتحركات التي يقوم بها رجال الدعوة، ويعد العدة إلى إطلاق الشرارة في اليوم المنتظر، فاختار لهذا الأمر رجلًا فارسيًا في مقتبل العمر ذا حزم وعلم، وهو أبو مسلم الخراساني، أرسله الإمام إبراهيم ليتولى رئاسة الدعاة في خراسان سنة 127هـ وأمر الشيعة بالسمع والطاعة له[2].

قد كان الدعاة والنقباء يتصلون سرًا لفترات طويلة، وكان أمرهم في طي السر والكتمان،

---

(1) علي عبد الرحمن العمرو، مرجع سابق، ص98- 99.
(2) المرجع نفسه، ص109.

واستمر هذا النوع من الاتصال إلى أن أطيح بالدولة الأموية، واتسع المجال أمام الخلافة العباسية[1].

**ثانيًا: الكتابة والمراسلات:**

كان كل خليفة من بني العباس يتولى الخلافة يستكتب أفضلَ كُتَّابه في رسالة تقرأ على أنصار الخلافة، وهي بمثابة منشور في عصرنا الحاضر، هذه الرسالة تحدّد أهداف الخليفة وتوضّح هويته، وقد اختيرت خراسان بشكل خاص لكي توجه لها وإلى أهلها هذه الرسالة. والرسالة تعدد مآثر الخليفة الجديد، وتذكرُ فضائله ويجتمع الناس من كل حدب وصوب للاستماع لهذه الرسالة[2].

من أهم الرسائل كانت رسائل الخُمِيس (الجيش)، وكانت أخطر وأشهر رسائل الخميس جميعًا الرسالة التي كتبها أحمد بن يوسف للمأمون، والسبب في ذلك: أنَّ المأمون تولّى إمرة الدولة بعد فتنة دموية قتل فيها أخوه محمد الأمين، وهو ولد الرشيد من زبيدة، وهو عربي الأم والأب، وكان الهدف من الرسالة تهدئة الناس، ووضع القضايا أمامهم، ولا يستطيع هذا إلاّ كاتب رسالة الخميس، ولهذا السبب كان خطر رسالة الخميس التي كتبها أحمد بن يوسف، والتي نُعِتَ بسببها أنه واحدٌ من ألمع كتّاب العربية[3].

لقد كانت الكتابة من أهم وسائل الاتصال، وبها يتم توثيق وتقييد الأمور المهمة، فمثلًا عندما حضرت الوفاة أبا العباس السفاح، كتب عهدًا عهد فيه لأخيه أبي جعفر من بعده، ثم إلى عيسى بن موسى، وكتب هذا العهد وختمه بخاتمه، وسلمه إلى عيسى بن موسى بن محمد العباس[4].

**ثالثًا: المسجد كوسيلة اتصال:**

استمر المسجد يؤدي دوره كواحد من وسائل الاتصال في كل العصور، منذ عصر النبوة حتى الخلافة الأموية، وقد استغلّ خلفاء دولة بني العباس وعمالهم هذه المؤسسة في الاتصال وترسيخ قواعد دولتهم وتماسكها، وقد كانت سنَّة واضحة سنَّها مؤسس الدولة الأول؛ فعندما ولّي أول خلفاء بني العباس عبد الله بن محمد بن علي بن عبد الله بن عباس وقف على

---

(1) حسن أحمد محمود، العالم الإسلامي في العصر الحديث (القاهرة: دار الفكر العربي، بدون تاريخ) ص 15-16.
(2) مصطفى الشكعة، مرجع سابق، ص 235.
(3) المرجع نفسه، ص 236.
(4) حسن إبراهيم حسن، مرجع سابق، ص 28.

المنبر وخطب الناس (الجماهير)، وبين بعض سياسته في غضبه على بني أمية، ونوه بفضل آل محمـد، ومدح أهل الكوفة وأهل العراق، وقال: أنا السفاح المبيح، والثائر المبير ( ) [1]. يعني أنه المهلك. واستمرت

للمسجد مكانته في الاتصال طيلة عهد الدولة العباسية، واستثمره كـل الـولاة والحكـام، واشتهرت مسـاجد كبرى في العالم الإسلامي كانت تقوم بـدورٍ رائـدٍ كوسيلة اتصال، منها: مسـاجد بغداد حاضرة الخلافة العباسية، والكوفة، ودمشق، والمسجد النبوي، والحرم المكي، وغيرها من المساجد في أنحاء الدولة الإسلامية .

### رابعًا: العلم والتعليم:

العلم والتعليم والتربية من علوم الاتصال، التي يعوّل عليها في تماسـك المجتمـع، ووسيلة ناجحـة مـن وسائل الاتصال الجماهيري [2]. فمما سهل الاتصال بين أفراد المجتمع في الخلافة العباسية نشرَ العلـم الـذي خلق جوًا من الانسجام وتوحدًا في المجتمع آنذاك.

فعندما تولى العباسيون الخلافة أدركوا خطر ترك البناء الثقافي العـام سائبًا، كـما أدركوا مكانة علمـاء المدينة وقيمة ما عندهم من علوم، فكان لابد من تعليم العامة، حتى تنسجم في الدولة الجديدة، وتنسجم مع الخط العام الذي تبناه علماء المدينة. **يروي ابن عبد البر:** أن أبا العباس السفاح لمّا ولي الخلافة بعـث إلى المدينة فأقدم عليه عامة مَن كان في المدينة مِن أهل العلم، وأن أبا يوسف صاحب أبي حنيفة المشهور درس على أولئك العلماء في بغداد. وتابع أبو جعفر المنصور هـذه السياسـة؛ فحض علماء المدينة عـلى القدوم إلى بغداد، ويسر لهم مكانة مرموقة، وكان من بين قضاة بغداد عدد من أهل الحجاز، منهم: أبـو يحيى بن سعيد الأنصاري، وأبو عبد اللـه بن محمد الجمحي، وسعيد بـن عبـد الـرحمن الجمحي، كـما رحب بمقدم ابن إسحاق، وهو الذي وضع كتاب المغازي والسير وأخبار المبتدأ، ولم تكن قبل ذلك مجموعةٌ ولا معروفةٌ. وكان أبو جعفر قد نظر في العلم، وقرأ المذاهب والآراء، ووقف عـلى النَّحَـل وكتـب الحـديث، فكثرت في أيامه روايات الناس، وكثرت علومهم. وتابع المهدي الاهـتمام بعلـوم الإسلام، والعنايـة بعلـماء المدينة فجلب سنة 160هـ عددًا من أهل المدينة، وسكّنهم بغداد وقرّبهم إليـه، وأغـدق عليهم العطـاء وأطلق عليهم اسم (الأنصار)، وكانت لهم في بغداد قطيعة وقنطرة ومسجد ومقابر خاصة بهـم، كـما كان لهم نقيب خاص. عمل

---

(1) المرجع نفسه، ص 22 .
(2) إبراهيم إمام، الإعلام والاتصال الجماهيري ، الطبعة الثالثة ( القاهرة : مكتبة الأنجلو المصرية ، 1984م ) ، ص13.

هؤلاء العلماء بتشجيعٍ من الخلفاء العباسيين الأولين على نشر علوم القرآن، والحديث والفقه وسيرة رسول الله ﷺ، وأخبار العرب وأشعارهم، وهي علوم سبق أن وضع العرب أُسُسَها وتعهدوها؛ لأنها معبرة عن ميولهم واتجاهاتهم السابقة.

وقد كان لنشر العلوم أثر كبير في توحيد المجتمع وتماسكه حيث أصبح العلم والتعليم بمثابة وسيلة اتصال تحكمت في أن ينسجم المجتمع.

وسرعان ما اتضحت معالم التعليم والتعلم، وازدادت العناية به وتقديره، وأصبح العلماء في هذه العلوم لهم الحظوة الأولى، كما أصبحت بغداد حاضرة الدولة العباسية المركز الأول والأكبر لهذه العلوم في الدولة الإسلامية، فمن هذه المراكز تتدفق العلوم والمعلومات وينتشر العلماء القائمون بالاتصال حول سائر أمصار ونواحي الدولة العباسية(1).

كما شاع التعليم الذي أسهم في الاتصال إلى جانب نشر العلم، وبذا أسهم التعليم في ربط الأجيال بعضها ببعض، ونقل التراث من جيل إلى جيل، ولذلك كان اهتمام الدولة العباسية به مما ساعد على ازدهاره في هذه الدولة، حيث قامت معاهد ومؤسسات تبنت التعليم، ولأهمية هذه المؤسسات نلقي بالضوء عليها:

**1- مدارس الكتّاب:** وقد كانت هذه المدارس منتشرة، وكان بها قدر من المعلمين، قال ابن قتيبة: من المعلمين علقمة بن أبي علقمة مولى عائشة، كان يروي عن مالك بن أنس، وكان له مكتب يُعلِّم فيه العربية والنحو والعروض، ومات في خلافة أبي جعفر المنصور، وبعض المعلمين كانوا يعلِّمون حسبةً؛ أي لا يأخذون أجرًا. **روى ابن قتيبة:** أن الضحاك بن مزاحم وعبد بن الحارث كانا يعلمان ولا يأخذان أجرًا وبعضهم كان يأخذ أجرًا من الصبيان(2).

**2- المسجد:** لقد كان المسجد أكبر معاهد الدراسة في تلك العصور، ولم تكن المساجد للعبادة وللشعائر وحدها، ولكن كانت تؤدى فيها أعمال عديدة ومفيدة، منها: أنها كانت للعبادة وللخطابة والاتصال، وما يهمني في ذلك أن المسجد كان مكانًا للاتصال، ولنقل التراث من جيل إلى جيل(3)؛ إذ كان المسجد أكبر معهد لنقل التراث، وربط المجتمع ببعضه البعض، وربط الراعي بالرعية. أذكر من هذه المساجد التي كانت تقوم بدور التعليم والتربية: مسجد عمرو بن العاص، ومسجد البصرة، ومسجد الكوفة، بالإضافة إلى الحرمين المكي

---

(1) صالح أحمد العلي ، العراق في التاريخ ( بغداد : دار الحرية للطباعة ، 1982م ) ص 288-289.
(2) أحمد أمين ، ضحى الإسلام ج2 ، الطبعة الأولى ( القاهرة : مكتبة النهضة المصرية ، 1979م ) ص 50 - 51.
(3) المرجع نفسه، ص50-51.

والنبوي، وغيرها من المساجد التي كانت تقوم مقام المدارس والجامعات في العصر الحديث.

لقد كان المسجد مكانًا للتعليم والتعلم منذ عهد رسول الله ﷺ، وكان وسيلة اتصال بين المسلمين، بل كان أهم وسائل الاتصال في ذلك العهد المبكر، واستمر مكانًا لتعليم القرآن والحديث، وللقصاص يعظون فيه، والفقهاء يعلمون الفقه مدة العهد الأموي، وعندما تنوعت العلوم في العصر العباسي تنوعت كذلك حلقات الدروس، فنجد حلقات الشعر والأدب وغيرها من العلوم[1].

**3- مجالس المناظرة:** من أهم معاهد العلم التي أدت إلى انسجام المجتمع معاهد العلم، ومجالس المناظرة في الدور والقصور وبين العلماء، وفي حضرة الفقهاء، وذلك بنشر علوم الفقه والنحو، وغيرها من العلوم آنذاك. وقد سجلت كل المناظرات بين الفقهاء والعلماء، وأصحاب المذاهب وحفلت بها كتب التاريخ الإسلامي والحضارة الإسلامية.

**4- المكتبة:** إلى جانب المعاهد الأخرى التي أسهمت في التعليم وتعديل الرأي العام، بل وتوجيهه كانت المكتبة. وأول مكتبة عامة أسهمت في الاتصال الثقافي والحضاري هي مكتبة (دار الحكمة) التي أنشأها المنصور في بغداد، وجمع لها الكتب اليونانية من الإمبراطورية، وترجمت إلى العربية. وكانت تحوي كل العلوم التي اشتغل بها العرب، وقد ظلت تؤدي دورها إلى أن جاء التتار سنة 656هـ وجاسوا خلال الديار الإسلامية ودمروها تدميرًا[2].

**5- الكتاب:** لقد كان الكتاب وسيلة اتصال قوية وناجحة في الدولة العباسية، فمثلًا عندما احتدم الخلاف بين الشعوبيين والعرب كلٌّ ألف الكتب في مثالب الآخر ومدح بالطبع نفسه. يروي لنا التاريخ أن سعيد بن حميد البختكان قد ألف كتابًا سماه (انتصاف العجم من العرب)، وكتابه (فضل العجم على العرب وافتخارها)، وبعضهم وضع الكتب في تلك الحقبة لتكون أحد الوسائل التي تساهم في الاتصال في ذلك العهد، وكانت تقوم بوظائف المطبوع الذي يسهم في الاتصال، والذي له كثير من المميزات، لقد أصبحت الكتب من وسائل الاتصال، ذات الأثر القوي، وكتبت الكتب ورد العلماء على بعضهم البعض، حيث كتبت كتبا كثيرة في علم الكلام، وشاعت الكتب والردود عليها[3].

**6- الحركة التجارية والتجار:** لقد أسهم التجار بتحركاتهم التجارية في الاتصال وربط

---

(1) المرجع نفسه، ص 50.
(2) المرجع نفسه، ص 66.
(3) عبد الرحمن بدوي ، مذاهب الإسلاميين ج1 الطبعة الثانية ( بيروت ، دار العلم للملايين ، 1979م ) ص 206.

الدولة، وقد شجع الخلفاء التجارة، عندما حفروا الآبار وأقاموا المحطات على الطريق التجاري وعلى طرق القوافل، كما أنشأوا المنابر على الثغور وأدى وصول المسلمين الأوائل إلى سواحل إفريقيا الشرقية وسرنديب (سيلان) والملايو والصين، وإلى كثير من الجهات، أدى هذا إلى تنوع السلع وانتشار الإسلام إلى حيث ما وصل قدم التجار المسلمين(1).

كان التجار من القائمين بالاتصال في الدولة العباسية، فالتجارة صلة بين الشعوب الإسلامية وغيرها، فهي اتصال حضاري مشهود له في ربط الحضارات والثقافات ونقلها، والتجارة في العصر العباسي ازدهرت وبلغت أوجها، والسبب اتساع رقعة الدولة وتنوع الأقاليم، والذي أدى إلى تنوع المناخ في هذه الدولة.

7- **البريد:** صار البريد في العهد العباسي محكمًا جدًا، والخطابات كانت ترسل بالخيل، وزيد عدد الخيل في المدن الرئيسية، وكانت هذه الخيول تقطع مسافة خمسة أيام في يوم واحد، وعبر البريد إلى بلاد الهند، وربطت مدن بغداد والبصرة والأهواز وشيراز ومنها إلى مدن نرماشم ومكران، ثم إلى كير في بلاد الهند، وهذه محطات في طريق البريد الصادر من بغداد إلى شرق الخلافة العباسية، إن النظام البريدي في الخلافة العباسية كان بالغ التنظيم، وأدى إلى ربط أقاليم البلاد بحاضرة الخلافة في بغداد وربط القلب بالأطراف(2).

* * *

وبهذا نكون قد أوردنا أهم وسائل الاتصال على عهد الخلافة العباسية إجمالًا من غير تفصيل وذلك خشية الإطالة، وحسبه أن فتح الباب أمام الباحثين للدراسة التفصيلية، هذا من ناحية ولأن مهمة هذا الكتاب محددة لا تستقصى كل كبيرة وصغيرة، ويكفينا أن قدمنا سبعة من وسائل الاتصال في الخلافة العباسية، كانت هذه الوسائل مجتمعة ذات أثر عظيم في تماسك الدولة، وكانت تصل الراعي بالرعية والرعية بعضها ببعض.

لقد بدأتُ الحديث عن الدعاة الذين كانوا يتصلون ببعضهم البعض سرًا في أول الدعوة للخلافة العباسية والكتابة التي استغلها الخلفاء والمساجد والمعاهد والحركة العلمية التي ساعدت في انسجام المجتمع، وغيرها من وسائل الاتصال كالتجارة والكتاب، وأخيرًا البريد الذي كان متطورًا في عهد الخلافة العباسية.

---

(1) شوقي أبو خليل ، الحضارة العربية والإسلامية ، الطبعة الأولى ( طرابلس ، منشورات كلية الدعوة الإسلامية ، 1987م ) ص 238.

(2) محمد يوسف النجرامي ، العلاقة السياسية والثقافية بين الهند والخلافة العباسية ، الطبعة الأولى ( بيروت : دار الفكر ، 1979م ) ص 64.

# السيرة الذاتية للمؤلف

**الاسم** : د. محمد موسى محمد أحمد البر.                    **الميلاد** : 1952م.

أستاذ مساعد بكلية الدعوة والإعلام – جامعة القرآن الكريم والعلوم الإسلامية، ورئيس قسم الدعوة ونظم الاتصال.

**أولاً : المراحل الدراسية :**

1- وادي سيدنا الثانوية – خريجة عطبرة الثانوية، العام الدراسي 1970-1971م.

2- ليسانس آداب – جامعة القاهرة (السودان) عام 1975م.

3- إكمال أولى آداب – كلية التربية- جامعة الخرطوم.

4- ماجستير في الإعلام 1982 م من جامعة الإمام محمد بن سعود الإسلامية بالرياض.

5- دكتوراه بعنوان: وسائل الاتصال في الدولة الإسلامية – دراسة وصفية تحليلية – من جامعـة القرآن الكريم والعلوم الإسلامية بتقدير ممتاز في 2002/6/9م.

**ثانيًا : كورسات تأهيلية :**

1- كورس معلمي الثانوي العام لمدة ستة شهور.

2- كورس أئمة ودعاة المركز الإسلامي الإفريقي بالسودان.

**ثالثًا : الخبرات في مجال التعليم العام والتعليم العالي :**

1- أستاذ ثانوي عام بالسودان.

2- أستاذ ثانوي باليمن الشمالي.

3- أستاذ ثانوي بالمملكة العربية السعودية.

4- داعية وأستاذ بالدانمارك وسط الجالية الإسلامية.

5- أستاذ ثانوي عالي بالسودان.

6- محاضر بجامعة إفريقيا العالمية لمدة عام.

7- محاضر متعاون مع جامعة أم درمان الإسلامية – كلية الدعوة والإعلام.

8- محاضر متعاون بجامعة القضارف.

9- أستاذ مساعد بكلية الدعوة والإعلام بجامعة القرآن الكريم والعلوم الإسلامية – كلية الدعوة والإعلام

رابعًا : مشاركات في العمل العام :

1- سكرتير أئمة مساجد القضارف للمطالبة بتطبيق الشريعة الإسلامية.

2- سكرتير اللجنة التنفيذية لتليفزيون ولاية القضارف.

3- عضو مجلس أمناء تليفزيون ولاية القضارف.

4- عضو لجان شعبية وخدمية على مستوى السكن بالحي.

5- مقدم برامج متنوعة من تليفزيون وإذاعة ولاية القضارف.

6- تقديم محاضرات في مناسبات مختلفة في كل من ولاية القضارف وولاية الخرطوم.

7- رئيس لجان الإعلام بولاية القضارف لمناسبات عديدة لمدة أربع سنوات.

8- رئيس لجنة مناصرة الشعب الفلسطيني بجامعة القرآن الكريم والعلوم الإسلامية.

9- رئيس رابطة أبناء منطقة قرية الشيخ الصديق بالعاصمة المثلثة.

10- رئيس لجنة مستشفى محلية الشيخ الصديق.

11- داعية للإصلاح الاجتماعي من خلال المساجد والمحاضرات منذ فترة الصغر.

خامسًا : البحوث والكتابات والكتب:

1- بحث بعنوان : التنصير – الاستشراق – الاستعمار والصهيونية العالمية (مطبوع).

2- بحث بعنوان : التبشير النصراني (مطبوع ).

3- بحث بعنوان : الصهيونية العالمية (غير مطبوع).

4- بحث بعنوان : الآيات الكونية في القرآن الكريم (غير مطبوع).

5- بحث بعنوان : المدخل إلى علم الاتصال الجماهيري ( غير مطبوع).

6- بحث بعنوان : الإعلام الإسلامي – دراسة تأصيلية (مطبوع).

7- بحث بعنوان : الصراع الإسلامي الصليبي (غير مطبوع).

8- كاتب وباحث من خلال مجلة جامعة القرآن الكريم والعلوم الإسلامية.

9- كاتب ومراسل بجريدة الراية – السودان.

10- كاتب بجريدة الأسبوع – السودان.

11- كاتب بجريدة ألوان – السودان.

12- كاتب بجريدة الحياة – السودان.

13- كاتب بجريدة الرأي العام – السودان.

**العنوان:** السودان – أم درمان – جامعة القرآن الكريم والعلوم الإسلامية – كلية الدعوة والإعلام – ت : 537333.

د. محمد موسى محمد أحمد البر

# فهرس الموضوعات

\* \* \*

Printed in the United States
By Bookmasters